现代化与政治认同

Modernization and Political Identity

常轶军　著

中国社会科学出版社

图书在版编目(CIP)数据

现代化与政治认同 / 常轶军著. —北京：中国社会科学出版社，2020.5
（2023.12 重印）
（中国社会科学博士论文文库）
ISBN 978-7-5203-5647-3

Ⅰ.①现… Ⅱ.①常… Ⅲ.①政治文化—研究—中国 Ⅳ.①D6

中国版本图书馆 CIP 数据核字（2019）第 248779 号

出 版 人	赵剑英
责任编辑	许　琳
责任校对	鲁　明
责任印制	李寡寡

出　　版	中国社会科学出版社
社　　址	北京鼓楼西大街甲 158 号
邮　　编	100720
网　　址	http://www.csspw.cn
发 行 部	010-84083685
门 市 部	010-84029450
经　　销	新华书店及其他书店

印刷装订	北京盛通印刷股份有限公司
版　　次	2020 年 5 月第 1 版
印　　次	2023 年 12 月第 2 次印刷

开　　本	710×1000　1/16
印　　张	13.25
插　　页	2
字　　数	236 千字
定　　价	68.00 元

凡购买中国社会科学出版社图书，如有质量问题请与本社营销中心联系调换
电话：010—84083683
版权所有　侵权必究

《中国社会科学博士论文文库》编辑委员会

主　　任：李铁映
副 主 任：汝　信　江蓝生　陈佳贵
委　　员：(按姓氏笔画为序)
　　　　　王洛林　王家福　王缉思
　　　　　冯广裕　任继愈　江蓝生
　　　　　汝　信　刘庆柱　刘树成
　　　　　李茂生　李铁映　杨　义
　　　　　何秉孟　邹东涛　余永定
　　　　　沈家煊　张树相　陈佳贵
　　　　　陈祖武　武　寅　郝时远
　　　　　信春鹰　黄宝生　黄浩涛
总 编 辑：赵剑英

学术秘书：冯广裕

总　序

在胡绳同志倡导和主持下，中国社会科学院组成编委会，从全国每年毕业并通过答辩的社会科学博士论文中遴选优秀者纳入《中国社会科学博士论文文库》，由中国社会科学出版社正式出版，这项工作已持续了12年。这12年所出版的论文，代表了这一时期中国社会科学各学科博士学位论文水平，较好地实现了本文库编辑出版的初衷。

编辑出版博士文库，既是培养社会科学各学科学术带头人的有效举措，又是一种重要的文化积累，很有意义。在到中国社会科学院之前，我就曾饶有兴趣地看过文库中的部分论文，到社科院以后，也一直关注和支持文库的出版。新旧世纪之交，原编委会主任胡绳同志仙逝，社科院希望我主持文库编委会的工作，我同意了。社会科学博士都是青年社会科学研究人员，青年是国家的未来，青年社科学者是我们社会科学的未来，我们有责任支持他们更快地成长。

每一个时代总有属于它们自己的问题，"问题就是时代的声音"（马克思语）。坚持理论联系实际，注意研究带全局性的战略问题，是我们党的优良传统。我希望包括博士在内的青年社会科学工作者继承和发扬这一优良传统，密切关注、深入研究21世纪初中国面临的重大时代问题。离开了时代性，脱离了社会潮流，社会科学研究的价值就要受到影响。我是鼓励青年人成名成家的，这是党的需要，国家的需要，人民的需要。但问题在于，什么是名呢？名，就是他的价值得到了社会的承认。如果没有得到社会、人民的承认，他的价值又表现在哪里呢？所以说，价值就在于对社会重大问题的回答和解决。一旦回答了时代性的重大问题，就必然会对社会产生巨大而深刻的影响，你也因此而实现了你的价值。在这方面年轻的博士有很大的优势：精力旺盛，思想敏捷，勤于学习，勇于创新。但青年学者要多向老一辈学者学习，博士尤其要很好地向导师学习，在导师的指导下，发挥自己的优势，研究重大问题，就有可能出好的成果，实现自己的价值。过去12年入选文库的论文，也说明了这一点。

什么是当前时代的重大问题呢？纵观当今世界，无外乎两种社会制度，一种是资本主义制度，一种是社会主义制度。所有的世界观问题、政治问题、理论问题都离不开对这两大制度的基本看法。对于社会主义，马克思主义者和资本主义世界的学者都有很多的研究和论述；对于资本主义，马克思主义者和资本主义世界的学者也有过很多研究和论述。面对这些众说纷纭的思潮和学说，我们应该如何认识？从基本倾向看，资本主义国家的学者、政治家论证的是资本主义的合理性和长期存在的"必然性"；中国的马克思主义者，中国的社会科学工作者，当然要向世界、向社会讲清楚，中国坚持走自己的路一定能实现现代化，中华民族一定能通过社会主义来实现全面的振兴。中国的问题只能由中国人用自己的理论来解决，让外国人来解决中国的问题，是行不通的。也许有的同志会说，马克思主义也是外来的。但是，要知道，马克思主义只是在中国化了以后才解决中国的问题的。如果没有马克思主义的普遍原理与中国革命和建设的实际相结合而形成的毛泽东思想、邓小平理论，马克思主义同样不能解决中国的问题。教条主义是不行的，东教条不行，西教条也不行，什么教条都不行。把学问、理论当教条，本身就是反科学的。

在21世纪，人类所面对的最重大的问题仍然是两大制度问题：这两大制度的前途、命运如何？资本主义会如何变化？社会主义怎么发展？中国特色的社会主义怎么发展？中国学者无论是研究资本主义，还是研究社会主义，最终总是要落脚到解决中国的现实与未来问题。我看中国的未来就是如何保持长期的稳定和发展。只要能长期稳定，就能长期发展；只要能长期发展，中国的社会主义现代化就能实现。

什么是21世纪的重大理论问题？我看还是马克思主义的发展问题。

我们的理论是为中国的发展服务的，绝不是相反。解决中国问题的关键，取决于我们能否更好地坚持和发展马克思主义，特别是发展马克思主义。不能发展马克思主义也就不能坚持马克思主义。一切不发展的、僵化的东西都是坚持不住的，也不可能坚持住。坚持马克思主义，就是要随着实践，随着社会、经济各方面的发展，不断地发展马克思主义。马克思主义没有穷尽真理，也没有包揽一切答案。它所提供给我们的，更多的是认识世界、改造世界的世界观、方法论、价值观，是立场，是方法。我们必须学会运用科学的世界观来认识社会的发展，在实践中不断地丰富和发展马克思主义，只有发展马克思主义才能真正坚持马克思主义。我们年轻的社会科学博士们要以坚持和发展马克思主义为己任，在这方面多出精品力作。我们将优先出版这种成果。

2001年8月8日于北戴河

序

现代化作为当今人类社会的主旋律和最强音，尽管不同的国家或地区有所差异，但就整体而言，可谓浩浩荡荡，气势磅礴，势不可挡。众所周知，影响现代化进程有诸多因素，公众的政治认同作为现代化不可或缺的内驱力，直接决定现代化是否顺畅。与此同时，现代化进程促进政治认同的累积和提升。换言之，没有强大而可持续的政治认同，现代化很可能受阻滞。基于对中国现代化的本土关怀，作者对现代化进程中的政治认同及相关问题进行了深入研究，并就早发现代化与后发现代化的政治认同模式进行比较，分析其各自的特点，对现代化进程中政治认同可能有的困惑进行了深入分析。

作者对于现代化进程中政治认同问题做出了一定理论贡献。

第一，厘清了现代化与政治认同的内在复杂关系。作者采用规范分析方法辨析了现代化与政治认同的关系，分析两者契合与悖离决定和塑造政治认同的"下限"和"上限"以及政治认同发展空间。作者认为，契合之处体现为：自我觉醒是两者的同一起点；发展性是两者的共同特点；求同性是两者的相同倾向。悖离之处表现为：现代化的客观性与政治认同的主观性；现代化的未来性与政治认同的历史性；现代化的批判性与政治认同的保守性。"合"是指现代化从战略上有助于政治认同的形成，政治认同有利于促动现代化实现，两者从积极意义上而言，具有正相关性。"悖"是指在现代化实践中，具体到不同的时空范围和条件下，现代化有可能导致政治认同的危机，政治认同可能危及现代化进程。"合"意味着真正稳固的政治认同必须围绕现代化的"主轴"，脱离现代化的时空背景的政治认同是短暂和不牢固的。"悖"意味着政治认同并非随着现代化必然生成，现代化能否促进政治认同，政治认同究竟对现代化进程能够发挥何种功能，取决于政治认同的指向。现代化进程中政治认同建构，一方面拓展政治认同的空间上限，深刻挖掘政治认同的资源，另一方面坚守政治认同的"下限"，坚决保障政治认同的现代化指向。

第二，依据政治认同的主体——人的基本属性为分析维度，从哲学高度提出政治认同的四大支柱：历史记忆、现实利益、价值观念与话语体系。作为特定时空坐标系中的人，历史记忆是政治认同的参照资源；作为客观现实存在的人，现实利益是政治认同的直接资源；作为道德空间中意义存在的人，价值观念是政治认同的核心资源；作为区别于兽的自我解释动物的人，话语体系是政治认同的统摄性资源。以权力的基本运行逻辑划分政治认同的对象层次，提出意识形态认同、制度认同和政策行为认同三个层面。政治认同资源与对象存在直接或间接、或强或弱的对应关系，从而有利于更加准确而深刻地理解和分析政治认同问题，也为塑造政治认同找到了着力点和聚焦点，最终有利于形成相互强化的网络状政治认同体系。

第三，不同现代化模式的政治认同比较。作者从经验层面梳理了早发现代化与后发现代化的基本特点，以政治认同资源与对象为切入点考察它们政治认同的差异。早发现代化早发性、内生性和渐进性的特点，使得其政治认同资源：历史记忆、现实利益、价值观念、话语体系具有全面性和高度一致性，显现出意识形态—制度—行为政治认同对象发展的递进性与层次性，有利于形成相互强化的政治认同路径。后发现代化的后发性、外生性和叠加性，使得政治认同资源具有单一性和堆积性，政治认同对象具有逆向性与捆绑性，不利于稳定而持续的政治认同的形成。不同类型现代化的政治认同模式都具有一定的现实合理性。但后发现代化进程中的政治认同模式存在局限性。中国特色社会主义政治认同建构，必须置于社会主义现代化的视阈中，充分利用现代化与政治认同的契合与悖离之间的张力，拓展政治认同的空间，挖掘政治认同的资源。同时，在观照特殊性的基础上，借鉴早发现代化过程中政治认同发展的经验，实现政治认同模式的创造性转换。而转换的关键在于对根本性政治问题的认定，实现问题"牵着"认同向认同"引导"问题的变迁。

基于学术研究的本土关怀，作者为中国特色社会主义政治认同建构提供了理论建议。一方面必须置于社会主义现代化的背景下，充分利用政治认同建构空间，深刻挖掘政治认同资源。同时，以中国特色社会主义政治的权威性肯定为切入点，以坚持和发展中国特色社会主义为主线，坚定道路自信、理论自信、制度自信和文化自信，实现问题"牵着"认同的"鸟巢模式"向认同"引导"问题的"年轮模式"的创造性转换。特别是十八大以来，中共中央深刻意识到政治认同模式转换的重要性，习近平新时代中国特色社会主义思想的主线就是政治认同。一系列治国理政的新理念、新思想、新战略围绕塑造中国特色社会主义政治认同展开。其中，"四个自信"是政治认同的建构起点，自信是自我认同的核心，也是引导他人认同的关键；"中国梦"是政治认同的关键代码，超越民族、政治身份、社会阶层、年龄代沟等因素，被全体中华儿女接受，是最大的政治公约数；历史记忆是政治认同的重要资源，十八大以来举行的一系列历史纪念活动，力图唤醒中国人民共同的历史记忆，增强中国特色社会主义政治认同；腐败是中国政治认同之癌，威胁中国共产党的执政之基和良好政治生态，反腐败是重塑认同的得力武器，深受广大人民群众拥护和支持。群众路线教育实践活动为官员与群众良好的交流和互动打通了渠道，化解社会矛盾和纠纷，减少误解和仇恨，形成良好的官民关系，打通政治认同的重要命脉；国家安全的关键是政治安全，而政治认同是政治安全的基石，政治认同攸关国家安全。

由此可见，本书既具有理论意义，也具有现实意义。从研究本身来看，反映作者具有敏锐的理论嗅觉和问题意识，对于现代化进程中政治认同发生、发展、特点、来源等一系列重大理论问题提出了具有解释力的概念体系和理论框架，特别是对于早发现代化与后发现代化中政治认同模式的概括，对于认识当前中国特色社会主义政治认同问题，对于巩固中国政治认同具有重要的借鉴价值。但研究也存在一定不足，比如早发现代化与后发现代化的二分法显得简单，凸显了两种类型现代化中政治认同模式的差异性而忽略了同一类型现代化不同国家的区别。再比如，对于不同领域现代化对于政治认同的影响分析不够深入，如何协调经济、政治、文化现代化之间关系从而实现持续稳定的政治认同。

杨海蛟
2019 年 5 月 13 日

摘　　要

政治认同与现代化都关乎人类社会与政治共同体的兴衰与存亡，两者有合有悖。契合之处体现为：自我觉醒是两者的同一起点；发展性是两者的共同特点；求同性是两者的相同倾向。悖离之处表现为：现代化的客观性与政治认同的主观性；现代化的革命性与政治认同的历史性；现代化的超越性与政治认同的保守性。"合"是指现代化从战略上有助于政治认同的形成，政治认同有利于推动现代化实现，两者从积极意义上而言，具有正相关性。"悖"是指在现代化进程中上，具体到不同的时空范围和条件下，现代化有可能导致政治认同的危机，政治认同可能危及现代化进程。"合"意味着真正稳固的政治认同必须围绕现代化的"主轴"，脱离现代化的时空背景的政治认同是短暂和不牢固的。"悖"意味着政治认同并非随着现代化必然生成，现代化能否促进政治认同，政治认同究竟对现代化进程能够发挥何种功能，取决于政治认同的指向。契合划定了政治认同建构的下限，悖离释放了政治认同建构的空间上限。现代化进程中政治认同建构，一方面拓展政治认同的空间上限，深刻挖掘政治认同的资源，另一方面坚守政治认同的"下限"，坚决保障政治认同的现代化指向。从人的基本属性和需求而言，实现政治认同应当具备历史记忆、现实利益、价值观念和话语体系等资源；以现代政治体系运行的基本逻辑为依据，政治认同对象包括行为认同、制度认同与意识形态认同三个层次。政治认同资源与对象存在复杂的多元对应关系，持续而稳定的政治认同需要政治认同资源多元化，和政治认同对象的内在逻辑一致性，从而形成相互强化的网络状政治认同图式。历史和现实反复告诉我们，经济、政治与文化现代化对政治认同具有十分重要的影响，不同维度的现代化与政治认同的关系极为复杂，既存在增强政治认同的因子，又隐藏着削弱政治认同的因子。比如，经济现代化有增强政治认同的可能,也可能削弱政治认同。"端起碗吃肉、放下碗骂娘"即是典型。同时,不同维度现代化对于政治认同产生复合式影响,正向作用与负向作用相互抵销,因而经济、政治、文化叠加现代化往往不利于政治认同的实现,容易产生政治认同问题,也是广大发展中国家比发达国家更容易出现政治认同危机的根源所在。早发现代化早发性、内生性和渐进性的特点与经验,历史记忆—现实利益—价值观念—话语体系的政治认同资源具有全面性和高度一致性,显现出意识形态—制度—行为的政治认同对象发展的递进性与层次性。后发现代化的后发性、外生性和叠加性,使得政治认同资源具有单一性和堆积性,政治认同对象具有逆向性与捆绑性。不同类型现代化的政治认同模式具有一定的现实合理性。当然,后发现代化进程中的政治认同模式存在重大局限性,能否超越局限性往往成为现代化成败的关键节点。政治认同的突破往往会推动现代化的发展,超越现代化瓶颈,从而跨入发达国家行列。否则,可能造成现代化的断裂和停滞。中国特色社会主义政治认同建构,必须置于社会主义现代化的视阈中,充分利用现代化与政治认同的契合与悖离的之间的博弈拓展政治认同的空间,挖掘政治认同的资源。同时,在观照特殊性的基础上,借鉴早发现代化过程中政治认同发展的经验,实现政治认同模式的创造性转换。而转换的关键在于对根本性政治问题的认定,实现问题"牵着"认同向认同"引导"问题的变迁。

关键词:现代性;现代化;政治认同

Abstract

Political identity and modernization are both related to the rise、 fall and survival of human society and the political community. The same points are: self-awakening is the same starting point of the two; development is the common characteristics of the two; seeking sameness is the same tendency of the two. The paradoxes are: the objectivity of modernization and the subjectivity of political identity; the revolutionary nature of modernization and the historical nature of political identity; the transcendence of modernization and the conservative nature of political identity. "same point" means that modernization is strategically conducive to the formation of political identity, and political identity is conducive to the realization of modernization. The two are related in a positive sense. "Paradox" means that in the process of modernization, specific to different time and space scope and conditions, modernization may lead to a crisis of political identity, and political identity may endanger the modernization process. "Integration" means that truly solid political identity must be centered around the "main axis" of modernization. Political identity that is separated from the time and space background of modernization is transient and unstable. "Paradox" means that political identity does not necessarily occur with modernization. Whether modernization can promote political identity and what function political identity can play in the modernization process depends on the direction of political identity. The same delimits the lower limit of political identity construction, and the deviation releases the upper space limit of political identity construction. The construction of political identity in the process of modernization, on the one hand, expands the spatial upper limit of political identity and deeply explores the resources of political identity; on the other hand, it adheres to the "lower limit" of political identity and resolutely guarantees the modernization of political identity. In terms of the basic attributes and needs of people, the realization of political identity should have resources such as historical memory, practical interests, values and discourse systems; based on the basic logic of the modern political system operation, the objects of political identity include behavioral identity, institutional identity and ideological identity. There is a complex and multiple correspondence relationship between political identity resources and objects. Continuous and stable political identity requires the diversity of political identity resources and the inherent logical consistency of political identity objects, thereby forming a mutually reinforcing network-like political identity pattern. History and reality have repeatedly told us that economic, political, and cultural modernization have a very important impact on political identity. The relationship between modernization in different dimensions and political identity is extremely complex. There are both factors that enhance political identity and factors that weaken political identity. For example, economic modernization may increase or weaken political identity. "Take the bowl to eat meat, put down the bowl and scold the mother" is typical. At the same time, different dimensions of modernization have a compound effect on political identity, and the positive and negative effects cancel each other out. Therefore, economic, political, and cultural superimposed modernization is often not conducive to the realization of political identity, and it is prone to political identity problems. The root cause of the crisis of political identity is more prone to countries than developed countries. The characteristics and experience of early-onset modernization and early - onset, endogenous and gradual, historical memory-real interests-values-discourse system political identity resources are comprehensive and highly consistent, showing the ideology-institution-behavior politics Identify the progressiveness and hierarchy of object development. The lateness, exogeneity and superposition of late-modernization make political identity resources singular and stacked, and political identity objects are reverse and binding. Different types of modern political identity models have realistic rationality. Of course, there are major limitations to the political identity model in the process of post-modernization. Whether or not to surpass the limitations often becomes a key node in the success or failure of modernization. Breakthroughs in political identity will often promote the development of modernization, surpass the bottleneck of modernization, and thus enter the ranks of developed countries. Otherwise, modernization may break and stagnate. The construction of socialist political identity with Chinese characteristics must be placed in the perspective of socialist modernization, make full use of the game between modernization and political identity, and expand the space of political identity, and tap the resources of political identity. At the same time, on the basis of observing the particularity and drawing on the experience of the development of political identity during the early modernization process, the creative transformation of the political identity model was achieved. The key to the transformation lies in the identity of fundamental political issues and the change from "issues leading" to "identity guiding".

Keywords: modernity; modernization; political identity

目 录

导 论 ……………………………………………………………… (1)
    一 研究缘起及意义 …………………………………………… (1)
    二 研究现状 …………………………………………………… (12)
    三 研究的思路与方法 ………………………………………… (29)
    四 可能的创新与不足之处 …………………………………… (30)

第一章 现代化与政治认同的相关性 ……………………………… (32)
  第一节 现代性与现代化 ………………………………………… (32)
    一 现代性 ……………………………………………………… (32)
    二 现代化 ……………………………………………………… (37)
  第二节 认同与政治认同 ………………………………………… (41)
    一 认同 ………………………………………………………… (41)
    二 政治认同 …………………………………………………… (45)
  第三节 现代化与政治认同塑造 ………………………………… (50)
    一 契合之处 …………………………………………………… (52)
    二 悖离之处 …………………………………………………… (55)
    三 现代化视阈中的政治认同塑造空间 ……………………… (58)

第二章 政治认同的资源与对象 ………………………………… (67)
  第一节 政治认同的资源 ………………………………………… (67)
    一 历史记忆 …………………………………………………… (67)
    二 现实利益 …………………………………………………… (71)
    三 价值观念 …………………………………………………… (73)
    四 话语体系 …………………………………………………… (75)

第二节　政治认同的对象 ·· (78)
　　　一　认同政治行为 ·· (78)
　　　二　认同政治制度 ·· (79)
　　　三　认同意识形态 ·· (81)

第三章　不同维度现代化对政治认同的影响 ························ (87)
　　第一节　经济现代化与政治认同 ·· (88)
　　第二节　政治现代化与政治认同 ·· (93)
　　第三节　政治文化现代化与政治认同 ································· (106)
　　小结　维度张力及其对政治认同的影响 ····························· (110)

第四章　年轮模式：早发现代化进程中的政治认同 ············ (113)
　　第一节　早发现代化的特点与政治认同 ····························· (114)
　　　一　早发性与政治认同优势 ·· (114)
　　　二　内生性与政治认同逻辑 ·· (117)
　　　三　渐进性与政治认同路径 ·· (120)
　　第二节　早发现代化进程中政治认同的资源与对象 ············ (123)
　　　一　政治认同资源：全面性与一致性 ······························· (123)
　　　二　政治认同对象：递进性与层次性 ······························· (130)
　　小结　年轮模式 ··· (136)

第五章　鸟巢模式：后发现代化进程中的政治认同 ············ (138)
　　第一节　后发现代化的特点与政治认同 ····························· (139)
　　　一　后发性与问题牵引的政治认同取向 ··························· (139)
　　　二　外生性与求同存异的政治认同困境 ··························· (141)
　　　三　压缩性与无序叠加的政治认同路径 ··························· (143)
　　第二节　后发现代化进程中政治认同的资源与对象 ············ (145)
　　　一　资源：单一性与堆积性 ·· (147)
　　　二　对象：逆向性与捆绑性 ·· (150)
　　小结　鸟巢模式 ··· (152)

第六章　现代化中的政治认同之惑 …………………………（154）
第一节　政治认同主体之变：公民身份的变幻莫测 …………（154）
第二节　政治认同客体之惑：民族、国家与世界 ……………（158）
第三节　政治认同面向之难：求同与存异之辨 ………………（162）
第四节　结论 ……………………………………………………（165）

参考文献 ……………………………………………………………（171）

索　引 ………………………………………………………………（185）

后　记 ………………………………………………………………（186）

Contents

Introduction ··· (1)
   1. Origin and significance of research ································· (1)
   2. Research status ·· (12)
   3. Research ideas and methods ··· (29)
   4. Possible innovation and deficiencies ································ (30)

Chapter 1 Modernity and political identity ······················ (32)
   Section 1 Modenity and modernization ································ (32)
      1. Modernity ·· (32)
      2. Modernization ··· (37)
   Section 2 Identity and political identity ······························· (41)
      1. Identity ·· (41)
      2. Political identity ··· (45)
   Section 3 Modernization and political identity ····················· (50)
      1. Matches ··· (52)
      2. Departures ··· (55)
      3. Political identity shaping space in the vision of modernization
         ··· (58)

Chapter 2 Resources and objects of political identity ········ (67)
   Section 1 Resources for political identity ······························ (67)
      1. Historical memory ·· (67)
      2. Practical interests ··· (71)
      3. Values ·· (73)

4. The discourse system ……（75）
Section 2　Objects of political identity ……（78）
　　1. Identity of political behavior ……（78）
　　2. Identity of political system ……（79）
　　3. Identity of ideology ……（81）

Chapter 3　The influence of modernization indifferent dimensions on political identity ……（87）
　Section 1　Economic modernization and political identity ……（88）
　Section 2　Political modernization and political identity ……（93）
　Section 3　Political and cultural modernization and political identity ……（106）
　Summary　Dimensional tension and its impact on political identity ……（110）

Chapter 4　The tree ring model: political identity in early modernization ……（113）
　Section 1　Characteristics of early modernization and political identity ……（114）
　　1. Early onset and political identity advantages ……（114）
　　2. Endogeny and the logic of political identity ……（117）
　　3. Progression and political identity paths ……（120）
　Section 2　Resources and objects of political identity in the early modernization process ……（123）
　　1. Political identity resources: comprehensiveness and consistency ……（123）
　　2. Objects of political identity: progression and hierarchy ……（130）
　Summary　tree ring pattern ……（136）

Chapter 5　The bird's nest model: political identity in the process of post modernization ……（138）
　Section 1　Features and political identity of late modernization ……（139）

1. Later-oriented and problem-oriented political identity ········· (139)
2. The political identity dilemma of exogenousness and seeking common ground while reserving differences ······················ (141)
3. Compression and disorderly superposition of political identity ·· (143)

Section 2　Resources and objects of political identity in the process of late modernization ································ (145)
1. Resources: unity and accumulation ································ (147)
2. Object: reverse and binding ·· (150)
Summary　Bird's nest pattern ··· (152)

Chapter 6　The puzzle of political identity in modernization ······ (154)
Section 1　Changes in the subject of political identity: unpredictable citizenship ·· (154)
Section 2　Objects of political identity: nations, state and world ··· (158)
Section 3　The difficulty of political identity: identity of similarity and difference ·· (162)
Conclusion as comparison ·· (165)

References ·· (171)

Index ·· (185)

Postscript ··· (186)

导　　论

一　研究缘起及意义

（一）研究缘起

认同是近年来人文社会科学普遍关注的重要话题之一。心理学、社会学、政治学、哲学、人类学都在各自的视域内界定、诠释和解释认同的内涵、发生、危机、变迁、功能等相关问题。这一方面说明认同是一个跨学科的、人文社会科学论题，不同学科需要运用不同的理论资源、视角、方法进行阐发；另一方面也说明认同是一个具有普遍性的社会现实问题，是现代文明社会的"要害"。查尔斯·泰勒称其为"给我们现时代以特征的伟大与危险、宏大与卑微（grandeur et misere）的独一无二的结合点"。[①]"在每一个地方，我们都遭遇到认同的话语。而且人民所讨论的不仅仅是认同问题，还涉及到变化问题：新的认同的涌现，旧的认同的复活，现存的认同的变迁。"[②] 同时，认同危机也是现代化中普遍遭遇的政治、社会问题。生活在现代社会的人，在享受自由的同时，面临着归属感匮乏的困境，陷入"我（们）是谁"的追思中。认同的学术研究的价值立场，显然将自我置于价值关怀的中心，希冀共同体如何能够获得公民个体的认同而不是自我应该主动、积极地认同共同体。主要突出客体满足主体而非主体依附客体，即共同体围绕自我运转作为其意义和价值的来源，自我以一定的价值和标准衡量和评判客体。而笔者在对认同问题的思索中，之所以确定现代化进程中的政治认同作为研究主题，原因有二：

[①] ［加］查尔斯·泰勒：《自我的根源：现代认同的形成》，韩震等译，译林出版社2012年版，第2页。

[②] Riehards Jenkins, *Soeial Identity*, NewYork: Routledge, 1996, p. 7.

首先，本质上而言，认同是个现代性命题。在现代化的时空背景下，认同问题才能得到更深刻的阐释。认同是自我对于共同体的一种心理归属和行为支持，给予自我以所在感和隶属感，赋予共同体以内聚力和向心力。认同来源于自我与共同体的持续互动中，自我是认同的主体，共同体是认同的客体。认同的形成需要具备一定的主客观条件，而条件的生成则是现代化的产物。"从主观条件看，认同需要自我意识的觉醒和个性的发现；从客观条件看，认同需要的却是差异的语境或背景。"[①] 而两者都与现代化紧密相关，离开现代化的语境无法理解认同。

从主观方面而言，自我意识的觉醒是现代化的产物或者说就是现代性的固有内涵。近代以前的西欧，人主要受自然法或者神的支配，处于附属地位。而现代社会中，人被从神的笼罩下拯救出来，具有了价值，被置于人类生活的世界中心。一般认为，笛卡尔最早对现代性进行阐发，提出了"我思故我在"。作为心灵的"我"，不仅不依赖自然而存在，甚至成为与"肉体"平行的实体存在。心灵通过自我努力，经过"理性怀疑"，破除以往各种蒙昧观念，最终发现真理。"我"不仅成为主体，而且"上帝"和"物质"也通过心灵的推理得到了证明。借用海德格尔的话说："借助自我意识之光，世界才得以澄明。"康德最终完成现代性的论证，提出"人为自然立法"。自然成为人的意识活动的结果，自然规律是可以被认知的，成为人认识自然的经验总结。他们的哲学思想带来西方哲学观念的重大变革，单子论哲学推动了社会进步。此后，人对世界的理解和重构变成人们自己的事务，成为世界的主人，人的主体性地位得到彻底确立。人的自我意识最终确立为认同的产生创造了主观条件。众所周知，传统社会是身份社会，每个人的地位主要是由出身决定的。固定的社会地位决定了个人行为，随之有了对于自我角色的认知。处于稳定的同质化程度高的社会中，无需为"我（们）是谁"而费心劳神。而在现代社会，人们摆脱了既定的人身依附关系，自由度得到提升，出现身份和认同的多元化，认同问题随之产生。换言之，现代性首先就是人的自我意识的觉醒，是对人的独立性、自主性的确认或者肯定，即人的主体性的确立。觉醒了的自我必须理解自己是谁，这就产生了认同问题。没有充分自我意识就不可能提出认同问题。因为自我价值发现之前，

[①] 韩震：《现代性、全球化及其认同问题》，《新视野》2005年第5期。

人或者是自然的一部分，或者是社会传统的顺其自然的延续者。生活主要是社会安排的结果，而不是自我选择和设计的结果。由于对于人的自我意识的发现，个体才从仅仅是社会的从属成为具有自我追求的个体，自我意识使得对自己生存的认同焦虑的出现。

从客观方面而言，现代化催生了差异，为认同创造了客观条件。国内外历史学界一般将1500年作为人类社会传统与现代的分水岭。传统社会由于无法跨越的技术性限制，不同种族人类的生活是相对隔绝的，封闭的，都生活在自己的"世外桃源"，相互交往的广度和深度是有限的。新大陆的发现使得原本交往很少的种族和国家相互碰面，交往的广度、深度、频率和规模大大加强。人类真正感受到差异性的存在，差异面前反思自身的特性，这就是认同问题的本质，差异性使得群体、民族、国家的认同成为可能。不同民族、国家的深入交往，一方面人借助现代科技展现自己的主体性力量，机器的普及和标准化社会大生产的出现，现代化具有抹平民族、国家与文化的差异的倾向；另一方面从个体的心理层面而言，每个人都极力寻找和保存灵魂深处的特殊感，民族、族群作为具有同样习俗、观念、文化的个体的集合，是个体理所当然的归属。每个特殊存在的民族、国家和文明都存在将自己的文化和价值观视为最优秀的倾向，贬低和排斥其他文化，从而形成了"文明冲突"，使差异更加突显，各种民族主义、原教旨主义的高涨就是反映。面对多元文明的人类图谱，不同文明、民族对于自身的定位面临前所未有的困惑，出现认同焦虑。在传统同质化的社会，人们是自然、上帝或者家族链条的一部分，位置感是明确的。而在多元复杂的现代社会，人们对于自身在人类文明中的定位却越来越不清楚。现代性由于普遍性的倾向而造成与特殊感之间的冲突，正是在特殊性与普遍性、相同与相异的艰难选择中，产生了认同问题。由此可见，现代化与认同往往是相伴随的。特别是随着现代化的深入发展，普遍性与特殊性的斗争愈趋激烈，认同的问题愈加突出。现代化的先行者由于在现代化版图上的时空优势，具有将自身的价值、制度和行为模式视为人类现代化的终极甚至唯一版本的动机和倾向，并为后来者树立了标杆。而后来者则在受到挤压的时空背景下，面临现代化路径的难以抉择，产生认同危机。从共时性比较而言，先行者巨大的发展优势，引诱后来者认同先行者的模式，后来者也有强烈的内在冲动学习、借鉴甚至移植其价值、制度，结果必然削弱自我认同。

从历时性对比而言，后来者充分继承和发扬自身的制度、精神和文化资源，坚持自身的发展道路，保持特殊性，具有强烈的心理和情感依赖，加强自我认同。先行者的压迫越强烈，后来者的反抗和保存自我的反应越激烈，认同的斗争越激烈。查尔斯·泰勒认为"人是一种自我解释的动物，我的认同是通过与他者半是公开、半是内心的对话、协商而形成的……我的认同本质性地依赖于我和他者的对话关系"。① 在相对孤立和稳定的传统社会，自我缺乏比较的坐标，一般不会出现差异性比较，因而不会产生对自己身份独特感的强烈感知，对自己的身份和地位不容易产生焦虑和不安，对内在心理不会产生强烈冲击。但是在充满动荡和危机的现代社会，既有的生活方式受到威胁，差异性"他者"明显存在时，自我会对自己的地位和价值产生强烈的感知，认同就成为一个明显的问题。因此，认同与现代社会的差异性密切相关。

其次，政治认同是认同问题的核心。认同反映着自我对共同体的情感、态度，是个体和共同体之间利益、情感、价值关系的体现。个体是人存在的基本形式，是构成共同体的基本单位。共同体成为实现和维护自我利益的工具，外在的一切都围绕自我运转，力争从个体满足中寻找意义和价值的源泉。依据认同发生的领域和共同体的性质，可以分为社会认同、文化认同和政治认同。其中社会认同是指"个体知晓他/她归属于特定的社会群体，而且他/她所获得的群体资格（group membership）会赋予其某种情感和价值意义"。② 社会认同与群体密不可分。之所以这样说，是因为某人对于"我是谁"的概念或定义在很大程度上是由自我描述构成的，而自我描述是与某人所归属的群体的特质联系在一起的。我们、"我群"或内群与他们、"他群"或外群之间存在着差别。"我群"内部人之间的关系是和平、有序、规范和互相帮助的。内群成员与所有外人或他群的关系是斗争或掠夺的，只有双方达成妥协，状况才会改观。文化认同是人类对于文化的倾向性共识与认可。这种共识与认可是人类对自然认知的深化和抽象，并形成影响和支配人类行为的思维方式与价

---

① Charles Taylor, *The Politics of Recognition*, in *Philosophical Arguments*, Cambridge: Harvard University Press, 1995, p. 231.
② [美] 迈克尔·A. 豪格、多米尼克·阿布拉姆斯：《社会认同过程》，高明华译，中国人民大学出版社2011年版，第10页。

值取向。由于人类存在具有不同特质的文化体系，文化认同也因此表现为对其文化的归属意识，同时也成为区分不同文化共同体的边界，即文化意义上的"我"和"他"的边界。文化认同的内涵随着人类文化的形成、整合及交融而不断扩展和演变。人类文化主要包括物质文化、制度文化、行为文化和精神文化四个层次，文化认同之"文化"属于精神文化的范畴。精神文化是文化体系构成的核心。精神文化所包括的宗教、价值观、意识、文化心理、民族性情等要素，其特性都是围绕认同展开的。从总体上讲，文化构成可以分为两大部分，一部分是文化的各种构成，一部分是文化认同，文化认同可以被视为文化的灵魂，二者相交融，构成文化中不同的意义结构。政治认同是指"人们在社会政治生活中产生一种感情和意识上的归属感"。[①] 属于认同主体和认同客体的关系范畴。是主体对一定的政权的政治情感、态度和行为的综合反映，是认同主体基于一定动因而产生的归属感及其外在行为表现，对于政权正常运行至关重要。依据政治认同的对象层次的不同，政治认同可以分为：政治意识形态（价值）认同、政治制度认同和政治行为认同。三者共同构成政治认同的对象体系并相互作用。政治意识形态认同即对政权的理想、理念、信仰、主张的认同，本质上是一切利益关系的最高和最集中的反映和体现，因而其也是政治认同最高层次的表现形式。政治制度认同是对政权运行依据的宪法、法律、制度、机制、规定等的认同。制度规范权力的运行轨迹，影响政策和行为倾向，直接决定认同主体的权利和利益实现程度。政治行为认同即对政治权力的具体运行中权力行使者的政策、行为过程和绩效的认同。而在由社会认同、文化认同和政治认同构成的认同体系中，政治认同处于核心地位：

第一，政治关系在社会关系中的支配性地位。人之所以为人，根本上是由人的社会性决定的。在任何社会形态中，每个人都必定与他人结成各种社会关系。在一切社会关系中，政治关系具有根本性。人们通过政治而达到更加完善的社会生活。罗伯特·达尔也指出："无论一个人是否喜欢，实际上都不能完全置身于某种政权之外。一位公民在一个国家、市镇、教会、商行、工会、俱乐部、政党、公民团体以及许多其他组织

[①] 《中国大百科全书（政治学卷）》，中国大百科全书出版社1992年版，第501页。

的治理部门中，处处都会碰到政治。政治是人类生存的一个无可回避的事实。"① 因此，政治关系则在社会关系结构中处于主导和支配地位。与政治关系相比较，其他社会关系具有很强的或然性和选择性。而政权的唯一性、权威性决定了政治关系的必然性和决定性。此外，由于政治关系的双方地位不对等，关系维系以权力的运用为基础，以暴力为后盾，因而政治关系又具有一定的强制性，进入或者退出政权受到严格的限制。相较而言，其他社会关系则更加平等和自由。

第二，政治认同直接关系政治统治的合法性和共同体的兴衰和存续。政治共同体建立之后，政治统治权力与政治认同密切相关。在权力运行过程中，政治主体与政治客体相互影响、相互制约。政治认同则是社会成员对于政权的归属和支持，主体的认同对于客体意义重大。首先，政治统治的合法性及其实现程度很大程度上来源于政治认同。让-马克·夸克指出："合法性即为统治的权利，而合法性由赞同、规范和法律一致性构成。"② 认同是统治权利的必要非充分条件。认同之所以在合法性的获得中起到作用，正是因为它在构成普遍意义上的权利与构成特别意义上的政治权力的这种相互关系中处于基础地位。只要存在认同，那么权力与权利的同一性将持续，也即意味着一种经过同意的统治。其次，共同体的兴衰和存续以相当程度的政治认同为前提。共同体的存在需要一定的凝聚力、向心力，需要对于权力的服从，而政治认同恰恰是权力的凝聚力的体现。缺乏政治认同的共同体犹如生长于戈壁滩的大树，暴风雨来临时很容易被连根拔起。

认同与现代性有关，认同是随着现代化在主客观方面的展开而呈现出来的，而认同体系的核心又表现为政治认同，所以本书选择现代化进程中的政治认同展开研究，力图站在现代化的中观视域内，探讨现代化与政治认同的内在关联、分析两者契合和悖离之处，分析政治认同的来源、对象及其复杂对应关系，现代化的经济、政治、文化维度及其对于政治认同的复杂影响，比较早发现代化与后发现代化进程中政治认同的

---

① ［美］罗伯特·达尔：《现代政治分析》，王沪宁、陈峰译，上海译文出版社1987年版，第5页。

② ［法］让-马克·夸克：《合法性与政治》，佟心平、王远飞译，中央编译出版社2002年版，第13页。

差异，并试图在现代化的语境下探索政治认同产生、发展和演变规律，思考中国特色社会主义政治认同建构的相关问题。

（二）研究意义

本书主要关注现代化与政治认同的契合与张力，现代化进程中政治认同的主体、客体、资源、对象等基本问题，探索不同维度现代化对于政治认同的复杂影响，并通过经验研究的方式分析早发与后发现代化政治认同的差异。一方面，将现代化的镜头聚焦于政治认同，有利于更全面地理解、把握现代化的实质内容，纠正现代化研究的倾向性偏差，实现研究主题的合理归位；另一方面，将政治认同的考量置于现代化的时空视域下，在一个更加科学、合理的时空坐标系中定位政治认同，追求一种更加科学、理性、稳定、可借鉴的政治认同理论。研究的理论意义主要表现在：

第一，促进现代化理论发展。现代化理论诞生于20世纪50年代的美国，由于严重的意识形态偏见、国家发展路径的差异，该理论具有浓厚的西方中心主义和经济决定论色彩。前者认为早发现代化模式是现代化的唯一版本，后发现代化国家只有借鉴早发现代化的发展模式才可以实现国富民强；后者强调只要实现了经济现代化，可以自动实现政治、文化、社会现代化，突出经济的优位性。该理论在后发现代化国家产生过巨大的影响力。以中国学界对此问题的早期探讨为例，中国的现代化研究专家罗荣渠先生概括的现代化涵义就具有鲜明的西方中心主义烙印，他认为：第一，现代化是指近代资本主义兴起后的特定国际关系格局下，经济上落后国家通过大搞技术革命，在经济和技术上赶上世界先进水平的历史过程；第二，现代化实质上就是工业化，更确切地说，是经济落后国家实现工业化的过程；[①] 很显然，这一定义中的经济决定论色彩十分浓厚。但是，20世纪60年代末70年代初，像印度尼西亚、智利、乌拉圭、菲律宾、尼日利亚等大批战后民主国家并没有按照现代化理论预言的轨迹由经济现代化走向政治现代化，走上西方早发现代化国家的发展道路，反而出现亨廷顿所谓的"第二次回潮"和艾森斯塔特所谓的"现代化的中断"（Breakdowns of modernization）等问题。简约式、线性逻辑

---

① 罗荣渠：《现代化新论——世界与中国的现代化进程》，商务印书馆2009年版，第9—15页。

的现代化理论遭遇失败的现实,迫使现代化理论出现分化,由此也就产生了所谓的修正现代化理论。与传统理论强调传统与现代对立相比,修正论者更加强调传统与现代的连续性,其典型代表人物西里尔·布莱克更加强调本国传统、历史文化的积极意义。[①] 在一段时间内,修正现代化理论对于社会与人、传统与现代关系的关注,直接推动了认同的研究。反过来说,对于认同的研究也使得学者们开始重新思考现代性,思考人在现代化中的位置,促进了现代化理论的发展。与此同时,后现代理论的勃兴也成为现代化理论发展转型的又一种主要范式。与现代化理论普遍主义、进步主义、世俗主义的取向不同,后现代理论主要运用"诠释"(interpret)、"建构"(construction)、"想象"(imagination)等建构主义视角对社会进行研究。建构主义者认为,认同是一股强大而神奇的力量。它虽然是想象的,却可以建构出实在来。不同的认同建构出不同的社会。后现代理论批判现代化理论物质进步的信念和普遍性知识的追求,强调异质性。后现代理论的冲击客观上推动现代化理论的反思,提供了一种对现代性的内在的更为全面的理解。吉登斯指出,"把后现代性看成现代性开始理解其自身,而不是对其本身的超越,肯定是很有意义的"。[②] 总之,无论是修正现代化理论还是形形色色的后现代理论,对于认同的研究都客观上有利于反思现代化理论。政治认同是人与政治共同体的关系问题。现代化进程中的政治认同研究,实现现代化进程中人与共同体的平衡关注,经济、政治、文化现代化的协调,传统与现代的衔接,以互动和均衡取代以往现代化理论的单向发展和线性逻辑,可以推动现代化理论的进一步发展。

第二,完善政治认同理论。政治认同研究缘起于"二战"后流行的发展主义、行为主义、结构功能主义等普遍主义模式主导的"求同"倾向的比较政治学遭遇失败,向"存异"的特殊主义模式的转变。"求同"与"存异"的对话中对于比较政治学的反思引发政治认同研究。政治认同理论发展于20世纪70年代世界学术话语的后现代转向。目前对于政治认同的研究有三条路径:一是心理归属视角,认为政治认同是人们在现

---

① 代表作是《比较现代化》,指出:"与其说现代化是与传统文化的决裂,还不如说它在实质上是传统的制度和观念在科学和技术进步的条件下对现代社会变化功能上的调整。"

② [英]安东尼·吉登斯:《现代性的后果》,田禾译,译林出版社2011年版,第42页。

实政治生活中形成的对于政治共同体的情感和心理上的归属感。源于政治心理学、政治文化的研究，以罗森鲍姆为典型。他在《政治文化》一书中提出，"政治认同，是指一个人感觉他属于什么政治单位（国家、民族、城镇、区域）、地理区域和团体，这是他自己的社会认同的一部分。这些认同包括那些他感觉要强烈效忠、尽义务或责任的单位和团体。该视角下"政治认同更多的是被当作一把尺子——即衡量一定的政治状况，但是较少关注尺子本身的来源、构造和变化，即忽略了政治认同的本体、过程和关系的研究"；[①] 二是利益分析视角，运用马克思主义的利益分析法，强调利益关系在政治关系中的核心地位，认为个体与共同体关系的实质是利益满足关系，也是认同的逻辑起点。例如，方旭光在博士论文《政治认同的基础理论研究》中提出，将政治认同纳入到政治实践的范畴，强调人们的利益关系构成认同活动的主轴。利益视角的分析具有利益决定论色彩，忽略了其他因素对于政治的影响，忽视了政治认同资源的多元性、复杂性和政治认同的主观性和建构性；三是公民身份视角，认为公民身份本质上指的是社会成员身份在现代政治共同体中的性质，规定着个人和共同体之间的关系。主要运用社会学、哲学的规范分析方法探讨公民身份的意义、内涵及其对于共同体的认同价值。而公民身份内在规定着哪些人归属或被排除在共同体范畴内，指涉的就是认同问题。心理归属视角更多的是微观视野，侧重关注特定时间、空间背景下政治认同的状况，结果重于过程，描述重于阐述，静态重于动态。利益视角聚焦于共同体对于个体的利益满足，也是微观视角，排斥了历史、文化等因素的影响，将个人与历史、社会割裂开来。公民身份视角则是醉心于宏大叙事，以纯哲学思辨的方式阐述公民身份与政治认同的关系，缺乏现实关照。现代化进程中的政治认同研究着眼于中观层次的学术考察，既是沟通微观与宏观的中介，又具有自身的独立性，对于把握长时空内政治认同的发生、发展规律具有重要理论价值。主要关注现代化进程开始以来早发和后发现代化国家的政治认同问题，无论时间、空间范围都具有中观属性，相比于微观视角关注即时即地的认同现状而言，更宽广的视角可以把握政治认同发展的普遍规律和长期趋势。相比于宏观视角而言，中观视角对于发挥政治认同理论的建设性作用具有重要意义，避

---

① 方旭光：《政治认同的基础理论研究》，博士学位论文，复旦大学，2006年。

免概念到概念的空洞和抽象。

　　研究的现实意义。政治认同是政治生活中的重要问题，直接影响到政权的合法性与凝聚力，关系社会的和谐与稳定。政治认同是政权凝心聚力、维护统治、降低治理成本的重要因素，是社会安居乐业、有序运行的重要保障，公民幸福、安全、尊严的重要支撑。但是在世界各国的现实政治生活中，认同危机像"瘟疫"一样流行，只是程度、形式不同而已。派伊（Lucian W·Pye）将认同危机作为政治发展中的六大危机之首提出，视之为第一个也是最根本的一个危机。① 当前，后发现代化国家经常出现的政变、内战、骚乱此起彼伏，显示了后发现代化国家面临的政治认同危机。对于中国而言，现代化建设正在如火如荼地进行，随着政治、经济和社会的大转型时代的来临，主体多元化、关系世俗化、观念多样化，传统的政治、经济和社会秩序被打破，社会矛盾累积严重，原有的价值体系被推翻，新兴的政治力量不断涌现，政治认同领域的挑战也仍然具有一定的现实性和严峻性。具体而言：第一，民族认同与政治认同冲突明显。民族是重要的政治、文化共同体，由于历史、文化、心理原因，民族身份在现代社会往往也是十分重要的身份认同来源之一。全球化和信息化带来的一体化造成民族差异的凸显，各民族地位、信仰、文化迥异，交往中的压迫感更加激发了民族自觉性，民族主义势力高涨，民族成员渴望民族与国家共同体的一体化，对于现有的国家政权的政治认同构成了巨大挑战。特别是对于民族信仰、风俗习惯、价值观念等民族文化差异明显的多民族国家而言，国家政治建构往往基于主体民族的文化基因，主体民族与少数民族的文化认同差异往往在政治领域呈现，各种少数民族的政治认同对于主流政治认同产生严重威胁。中国作为典型的多民族国家，民族因素是影响国家政治的重要力量，特别是一些极端民族主义势力严重影响国家政权稳定和民族团结，本书对于厘清政治认同与社会认同、文化认同的差异，把握政治认同形成的内在机理，化解民族认同与政治认同张力，巩固中国共产党执政地位，增强中国特色社会主义政治认同具有重要的现实意义；第二，全球化背景下西方政治话语对于中国特色社会主义政治认同的挑战。全球化使世界各国日益被

---

① ［美］鲁恂·派伊：《政治发展面面观》，任晓译，天津人民出版社2009年版，第81页。

卷入到全球政治中，除了经济全球化之外，文化与政治也出现全球化；此外，全球化不仅包括人才、资源等物质要素，也包括价值观念等精神要素，由此产生了趋同的现象，如民主、法治、人权、自由、平等的价值观念逐渐席卷非西方世界；另一方面外来政治力量的冲击使非西方国家本能地树起政治界标，排斥西方式的民主、宪政、人权、自由等政治价值和多党制、两院制、三权分立等政治制度，保持本国政治的特殊性。普遍性与特殊性、同与异的互动中形成了政治认同。但是政治领域什么是普遍的、什么是特殊的，什么应该求同、什么尚可存异的争论导致政治认同困惑。改革开放之后，全球化浪潮下中国特色社会主义政治认同面临巨大的挑战。西方的多党制、两院制、普选制、三权分立制等政治制度和自由、民主、宪政、人权等观念冲击着中国人的制度认同与价值认同，中国共产党十八大明确提出"不走改旗易帜的邪路"，以及此后提出的"道路自信、理论自信、制度自信、文化自信"是中国共产党力图塑造中国特色社会主义政治认同的新论断，也是对于现阶段政治认同危机的回应。在实现全面建设小康社会，实现中华民族伟大复兴的社会主义现代化征途中，从现代化视阈分析政治认同建设规律，不仅有利于强化中国特色社会主义政治认同，也有利于社会主义现代化的实现。

在国家政治认同面临巨大挑战的背景下，现代化进程中的政治认同研究，站在现代化的中观视域内，探讨政治认同发生、来源、发展的规律，为现代化中政治认同的巩固和提升提供理论借鉴，为中国特色社会主义政治认同建构提供智识支持。第一，明晰现代化与政治认同的内在关系，有利于科学、理性地对待中国特色社会主义建设中面临的政治认同问题，既不因片面追求现代化削弱中国特色社会主义政治认同，削弱中国共产党执政根基，也不因过度强调中国共产党的执政和中国特色社会主义政治认同，影响社会主义现代化的伟业和中华民族伟大复兴的中国梦的实现；第二，把握政治认同的资源构成与对象结构及其对应关系，为中国特色社会主义政治认同累积资源，厘清对象提供依据，从而形成网络状政治认同关系图式，实现可持续的、稳定的政治认同；第三，通过早发现代化与后发现代化政治认同的经验比较，在后发现代化语境下明辨中国政治认同的生成逻辑、基本特点、内在缺陷，为实现政治认同模式的创造性转变，巩固中国特色社会主义政治认同提供理论进路。

二　研究现状

（一）现代化研究

现代化一般指一个传统的、落后的、蒙昧的社会逐渐消逝，取而代之的是一个机械化的、理性的或世俗的发达社会的过程。现代化问题的研究直接起源于第二次世界大战之后美苏冷战背景下西方学界对于新兴独立国家的比较研究。由于新兴独立国家在国际事务中发挥着越来越重要的作用，新形势对于美国的对外政策提出了挑战。为了适应本国政府调整对外政策的需要，西方特别是美国学者开始专注于研究亚洲、非洲和拉丁美洲社会已经和即将发生的变化及其对于冷战格局的影响，从而为当局制定政策提供理论和实践依据。正是在此背景下，美国社会科学研究会经济增长委员会主办的杂志《文化变迁》于1951年6月在芝加哥大学举行学术会议，讨论当时有关贫困和经济发展不平衡以及美国的对外政策，现代化这个术语被学者广泛使用。正因如此，最初的现代化理论家将现代化定义为："西欧和北美产生的制度和价值观念从十七世纪以后向世界其他地区的传播过程。"[①] 实质上，这就意味着将现代化武断地等同于西方化，同时又将现代化化约为工业化及其所带来的经济增长。认为发展中国家只要从发达国家引进科学技术、管理方法、政治制度就可以跻身先进国家行列，具有鲜明的意识形态烙印。是以西方世界为底版为新兴国家描绘的一个美好蓝图，藉以将其拉拢入西方阵营。"二十世纪的社会科学家对第三世界的现代化曾经充满信心，就像十九世纪的马克思主义者对第一世界的革命充满信心一样。后者用过去的延续来预言未来，而前者则以过去的转变来预言未来。"[②] 但是，此后第三世界的发展令现代化理论家大失所望，一些后发现代化国家在构建政治国家和发展经济方面出现了原先理论估计之外的情况，不仅经济增长不具有可持续性，而且民主政治也经历回潮，即艾森斯塔特所谓的"现代化的中断"。一些西方学者开始转入批评现代化、修正现代化理论等研究，反思现代性和现代化本身，并推动现代化研究走向深入。其

[①] [美] 西里尔·E. 布莱克主编：《比较现代化》，杨豫译，上海译文出版社1996年版，第1页。

[②] 同上书，第50页。

中，部分人也开始站在更加普遍、客观、中立的立场上探讨传统与现代、人与现代化的关系，对于现代性做出脱离意识形态的普遍主义的界定。

总体而言，战后西方的现代化问题研究大致包含了两个方面的内容：

1. 共同体现代化的研究。将国家作为研究的重点是现代化理论的主流，丹尼尔·勒纳的《传统社会的消逝》是公认的开山之作。他将社会分为传统社会与现代社会两大类型，而现代化则是传统社会向现代社会转变的过程。该理论流派力图从传统社会与现代社会的不同纵切面剖析传统与现代，在对比中界定现代性，理解现代化。大体而言，围绕共同体的现代化问题研究包含以下几个维度：

第一，现代化的经济维度研究。20世纪50年代现代化理论发轫之初，由于战后恢复重建以及冷战的影响，随着发展社会学、发展经济学和发展政治学等新兴学科的建立，经济增长成为世界性话题。因此，发展（development）和现代经济增长（modern economic growth）之间的联系就成为现代化研究的核心议题。在很大程度上，现代化被化约为经济现代化，甚至直接对应于工业化和一系列量化经济指标。包括西蒙·库兹涅茨的《现代的经济增长：发现和思考》、刘易斯的《经济增长理论》、罗伯特·海尔布罗纳等的《现代化理论研究》，都倾向于认为，现代化就是人类从传统农业社会向现代工业社会转变的历史过程。而这一观点也得到了以罗荣渠为代表的国内现代化研究者的赞同。

第二，现代化的政治维度研究。政治现代化问题研究直接起源于比较政治学对于落后国家的政治与西方现代政治所做的比较研究的兴起。受行为主义、结构功能主义理论的影响，这一学派注重分析横向结构的静态模型，而忽视社会变迁的具体历史过程。在政治普遍主义取向的影响下，政治领域的传统与现代性被视为超时空的概念，"政治现代化指数"可以进行跨越时空的标准化、定量比较，既适用于西方也适用于非西方国家。西方学者相关的研究文献有亨廷顿的《第三波——20世纪后期民主化浪潮》、派伊的《政治发展面面观》、戴维·阿普特的《现代化的政治》等。派伊指出，政治现代化就是政治发展："政治发展是经济发展的前提；政治发展就是政治现代化；政治发展是民族国家的运转；政治发展是行政和法律的发展；政治发展是大众动员和大众参与；政治发展是民主制度的建立；政治发展是一种稳定而有序的变迁；政治发展是动员和权力；政治发展是多元社会变迁过程的一个方面。"① 阿普特则依据等级程度和价值类型将政治制度进行分类，第一个标准测量控制的严格程度，第二个标准测量终极目的在行动中体现的程度，据此将政治模式分为世俗—自由模式、神圣—集体模式、基马尔主义或新俾斯麦式、采邑模式。将竞争与选择作为政治现代性的一个基本特征，政治现代化就是公众积极地参与政治生活，由较少选择性的制度向较多选择性制度变迁的过程。总而言之，政治现代化研究大多将民主、投票、公民参与、竞争性的选举作为政治现代化的关键指标。即使是被称为传统现代化理论批评者的亨廷顿所著的《变化社会中的政治秩序》，虽具有保守主义的色彩但也仍然未跳出"西方中心的普遍主义"的窠臼，而是将政治现代化界定在权威的合理化、结构的分离和政治参与的扩大的范围内。中国学者施雪华在《政治现代化比较研究》一书中提出，政治现代化是传统政权向现代政权转变的全面的过程：既包括政治大系统，也包括政治系统内部各子系统；既包括传统政治结构，也包括传统政治功能；既包括传统政治心理和文化，也包括传统政治行为和过程；既包括传统政治价值，也包括传统政治方法与技术。

第三，现代化的社会维度研究。以帕森斯为代表的结构功能主义者认为，现代与传统社会之间的根本差别在于社会分层化和整合的程度。他们把社会系统当作分析的基本单位，分析传统"全能化的"的传统社会向"功能专门化"的现代社会转变的过程。如斯梅尔塞用结构分化的程度和功能的成熟性来区别传统社会和现代社会。在此视角下，现代社会的特征被定义为："第一，具有明确而具体功能的组织众多；第二，此种组织与团结性强或具有文化取向的社团之间分工明确；第三，一方面，在专业组织内血缘关系和狭隘的地缘基础的重要性在减少，另一方面，各类特殊化的组织和宽泛的先赋—团结性的群体的重要性也在降低。"② 上述观点在艾森斯塔特的《现代化：抗拒与变迁》、摩尔（Wibert E. Moore）和斯梅尔塞（Neil J. Smelser）合编的一套丛书《传统社会的现

---

① ［美］鲁恂·派伊：《政治发展面面观》，任晓等译，天津人民出版社2009年版，第49—61页。

② ［以］S·N. 艾森斯塔特：《现代化：抗拒与变迁》，张旅平等译，中国人民大学出版社1988年版，第8页。

代化》（共 12 种）、帕森斯的《社会系统》、列维的《现代化与社会结构》、摩尔的《民主与专制的社会起源》等著作中都有所体现。

第四，现代化的文化维度研究。现代化的文化研究认为，现代化主要表现为一种心理态度、价值观和世界观的变化过程。这一学派主要从文化人类学、心理学的视角理解现代化。其观点可以追溯到马克斯·韦伯对于资本主义社会的考察，后者指出，资本主义兴起与发展并不仅仅是经济和结构方面的问题，"归根到底，产生资本主义的因素乃是合理的常设企业、合理的核算、合理的工艺和合理的法律，但也并非仅此而已。合理的精神，一般生活的合理化以及合理的经济道德都是必要的辅助因素"。[①] 依据韦伯学派的观点看来，现代化就是理性化的扩展，以及随着理性的发展导致的人对于自然和环境的控制能力的增强，"上帝死了"成为迈向现代的号角，人作为世界的中心而发挥主体性作用。现代性意味着反对巫术迷信，不再盲目遵从传统，认为传统都是可以突破和批判的对象，反对无批判地顺从集体。同时在对人与人关系的理解方面，现代性又意味着普遍主义的处世态度，完全摆脱血缘、地缘、私情和情感等因素。文化维度的研究一般认为现代化的起点是文艺复兴、宗教改革和启蒙运动，高潮则是法国大革命。从事这一领域问题研究的学者大多认为现代性从本质上是文化存在，是理性化和个体化时代的主导性的精神。国外学者的相关研究文献如马克斯·韦伯的《新教伦理与资本主义精神》是这方面的力作，国内学者的相关研究如张凤阳《现代性的谱系》、衣俊卿的《现代性的维度》、于歌的《现代化的本质》都从该视角阐发了对于现代化的理解。

上述经济、政治、社会、文化不同维度的现代化研究分别从人类社会的不同横断面界定现代性和现代化，对于世界和国别的现代化历程进行研究。当然以此为基础，也有学者注意到了不同维度的内在关系，试图从人类社会整体出发理解现代化，抽象出现代化的属性。例如，有学者认为现代化包括以下九个层面的内涵和特点：（1）现代化是革命的过程；（2）现代化是复杂的过程；（3）现代化是系统的过程；（4）现代化是全球的过程；（5）现代化是长期的过程；（6）现代化是有阶段的过程；

---

① [德] 马克斯·韦伯：《世界经济通史》，姚增广译，上海译文出版社 1981 年版，第 301 页。

(7) 现代化是同质化的过程；(8) 现代化是不可逆转的过程；(9) 现代化是进步的过程。① 其中，革命性强调传统与现代的对立和差异，认为两者是根本不同的，转变的过程涉及整体的变化。传统性向现代性的转变甚至能与人类的起源和从原始社会向文明社会的变迁相比拟。复杂性意指现代化包括人类思想、行为等一切领域的变化，涉及工业化、城市化、社会流动、分化、世俗化、传播媒介的扩大、文化教育等。系统性强调一个因素的变化对于其他因素的影响形成的联动。现代化是"具有其本身的某些特殊属性的过程，这些属性可以解释为什么按照其规则而生活的民众会感到现代性是一个连贯的整体"。全球性强调现代化虽然起源于15—16世纪的欧洲，但已成为全球性现象。一切社会要么是现代社会，要么在走向现代社会的路上，没有任何一个共同体能够逃脱现代化的命运。长期性则强调传统性向现代化转变的过程是漫长的，后发现代化虽然是"压缩式"的，但是其时间仍然要用世纪计算。阶段性强调传统向现代过渡的历程中，不同社会在这个序列中处于不同的位置，但大致都要经历相同的若干阶段。同质性强调传统社会以不同的形式存在，唯一的共同之处就是缺乏现代性。而现代性则强调经济、政治、社会、文化、思想、制度等的普遍适用性，各个社会是如此同质化，以致可能形成一个世界国家。不可逆转性意味着现代化大潮虽然有高有低，但不可抗拒，顺之者昌，逆之者亡。进步性意味着现代性是人心所向，虽然现代性有负面效应，但是正面效应更大，可以增加人类的幸福和进步。对现代化进行综合性研究的文献有艾森斯塔特的《现代化：抗拒与变迁》等。对国别现代化展开研究的文献有吉尔伯特·罗兹曼的《中国的现代化》、布莱克的《日本和俄国的现代化》等。

2. 对人的现代化的研究。明确提出人的现代化的研究的是美国心理学家阿历克斯·英克尔斯。在《人的现代化》一书中，英克尔斯指出："一个国家可以从国外引进作为现代化最显著标志的科学技术，移植先进国家卓有成效的工业管理方法、政府机构形式、教育制度以及全部课程内容。但是，如果一个国家的人民缺乏一种赋予这些制度以真实生命力的广泛的现代心理基础，如果执行和运用这些现代化制度的人自身还没

---

① [美] 西里尔·E. 布莱克主编：《比较现代化》，杨豫等译，上海译文出版社1996年版，第44页。

有从心理、思想、态度和行为方式上都经历一个向现代化的转变,那么,失败和畸形发展的悲剧是不可避免的。"① 目前,学术界对于人的现代化的研究围绕以下几个方面展开:

第一,对于人的现代化的涵义的研究。高清海、余潇枫从"类哲学"的角度理解人,从最广义的角度界定人的现代化,认为人之为人的本质在于人本身,人是人自身活动所创造的作品。人产生自己的发端是人的劳动生产,人产生自己的性质是人对自然、自然性、自然关系的否定和超越,人产生自己的成效就是人的人格性的不断获得和提高。因此,"人的现代化即人的现时的生存方式将与过去不一样,人的心理、观念、行为、态度等将注入种种"现代性"而与昨天不同。这种变化或转变说到底就是人的历史形态的变迁,是人的生存方式与发展状态的历史转型"。② 绝大多数学者从人的素质角度界定人的现代性。③ 总体而言,素质现代化论者都倾向于强调素质在人的现代化中的重要性,区别在于对于人文素质、能力素质、心理素质、道德素质、人格素质等侧重点的强调。

第二,对于人的现代化的特点的研究。美国社会学教授贝迪阿·纳思·瓦尔马在《现代化问题探索》(*The Sociology and Politics of Development—A Theoretical Study*)中,从人的现代性的角度提出了一般的五个评判标准:(1)合理性;(2)个人主义;(3)现世主义;(4)科学主义;(5)平等主义。④ 学者杨国枢对于中国人的现代化问题也进行了大量研究,在揭示了中国人传统性的五项特质的基础上,提出了个人现代性的

---

① [美] 英克尔斯:《人的现代化》,殷陆君译,四川人民出版社1985年版,第4页。
② 高清海、余潇枫:《类哲学与人的现代化》,《中国社会科学》1999年第1期。
③ 从人的素质角度界定人的现代化的文献包括:赵克荣:《论人的社会化与人的现代化》,《社会科学研究》2001年第1期;石大建:《人的现代化——社会现代化之魂》,博士学位论文,广西师范大学,2000年;李德玲:《浅谈人的现代化》,《理论学刊》1998年第3期;徐一心:《人的现代化进程中的个性发展研究》,博士学位论文,北京交通大学,2009年;闫玉联:《论观念现代化及其在社会和人的现代化中的地位》,《毛泽东邓小平理论研究》2003年第2期;王正中:《人的现代化与社会现代化关系的哲学思考》,《理论学刊》2003年第1期;傅丽芬:《关于人的现代化的诠释与反思》,《理论探讨》1995年第1期。
④ [美] 贝迪阿·纳思·瓦尔马:《现代化问题探索》,周忠德等译,知识出版社1983年版,第6—9页。

五项内容,即平权开放、独立自愿、乐观进取、尊重情感和两性平等。[1] 总而言之,人的现代化是涉及诸多方面、全方位的复杂的系统工程;人的现代化就是实现从传统人到现代人的转变,实现人的全面发展。

第三,对于人的现代化与社会现代化关系的研究。人与社会在现代化中互动并塑造两者关系。关于两者关系的研究主要存在着三种观点:其一,社会现代化属于人的现代化范畴。有学者把人作为类存在物来加以考察,以人的方式去观照人的"类哲学"的视角思考现代化,"现代化"意指人不断地摆脱传统束缚、适应新情况、建立"新传统"、扬弃"新传统"、奔向无尽未来的生生不息的永恒发展过程。强调现代化的关键不是别的而是人的现代化,并且无论何种现代化均以人的现代化为其前提和归宿。[2] 其二,人的现代化是社会现代化的应有之义和核心。有学者认为,人的现代化是社会现代化的核心组成部分,是实现社会现代化的先决条件和重要保证。[3] 其三,现代化包括两个层面:一是外在现代化,即社会现代化;二是内在现代化,即人的现代化。人的现代化与社会现代化处在双向互动的过程,两者有机统一,但是发展存在不平衡性。"物的世界的增值同人的世界的贬值成正比。"[4] 总体而言,社会现代化研究处于强势地位,而个人现代化研究则是弱势地位。

(二) 政治认同研究

"二战"后发展主义、行为主义、结构功能主义等普遍主义模式主导的"求同"倾向的比较政治学遭遇失败,开始向"存异"的特殊主义模式的转变。在"求同"与"存异"的对话中,对于比较政治学的反思引发了政治认同问题的研究。与此相对应,对于政治活动的解释由经济决定论、原子主义、价值祛除转向对于政治文化、社会历史特殊性、共同体的关注。政治认同是近年来国内外政治学界的研究热点,无论研究内容还是研究视角都呈现出一些特点,取得了一些成绩,但还存在一些不足。

---

[1] 杨国枢:《现代化的心理适应》,台北巨流图书公司1978年版,第24页。
[2] 高清海、余潇峰:《类哲学与人的现代化》,《中国社会科学》1999年第1期。
[3] 邢媛:《试论人的现代化与社会现代化》,《山西大学学报》1999年第2期。
[4] 王正中:《人的现代化与社会现代化关系的哲学思考》,《理论学刊》2003年第1期;徐一飞:《人的现代化与社会现代化》,《延边大学学报》2007年第10期。

1. 研究内容

（1）政治认同涵义的研究。目前学术界对于政治认同的界定主要有赞同说、归属感说、实践说。

赞同说主要强调政治认同与权力合法性的重叠关系，侧重于从权力过程角度理解政治认同。典型代表人物如让-马克·夸克，他认为合法性包括认同、规范和法律一致性，其中认同是合法性的必要条件而不是充分条件。[1] 哈贝马斯认为合法性是一种值得认可的政治秩序。[2] 有学者认为："政治认同是指在一个政权中公民对某种或某些政治理念、政治信仰、政治价值的共识，并在此基础上对政治权力的承认、赞同与同意。"[3] 以上的经典论述大多认为合法性即政治权力能够获得政治认同。赞同说大多强调公民的同意在权力产生、运行过程中的地位和价值，即权力的合法性以对权利的尊重和保护为前提，强调权利相对于权力的优先性，公民表达政治认同的程序和行为对于政治统治权力的合法性的关键作用。

归属感说强调政治认同即公民对于政权的情感依赖，源于政治认同的心理学视角分析。第一次明确从归属感视角界定政治认同的是罗森鲍姆。他在《政治文化》一书中提出："政治认同，是指一个人感觉他属于什么政治单位（国家、民族、城镇、区域、地理区域和团体），这是他自己的社会认同的一部分。这些认同包括那些他感觉要强烈效忠、尽义务或责任的单位和团体。"[4] 该观点在国内学术界影响深远。权威工具书《中国大百科全书（政治学卷）》对于政治认同的界定是："人们在社会政治生活中产生一种情感和意识上的归属感。[5] 归属感说强调个体对于共同体的一种心理依赖状态，突出个体的主观感受和结果，更多地是现状描述，但是对于政治认同产生、发展等动态性规律问题关注较少。

实践说从实践性对于人和社会关系的根本价值出发，以马克思主义关于实践对于人类社会的根本作用为理论依据，持此观点的学者认为政

---

[1] ［法］让-马克·夸克：《合法性与政治》，佟心平、王远飞译，中央编译出版社2002年版，第18页。

[2] ［德］哈贝马斯：《交往与社会进化》，张博树译，重庆出版社1989年版，第184页。

[3] 高飞：《查尔斯·泰勒的政治认同观研究》，博士学位论文，福建师范大学，2011年。

[4] ［美］罗森鲍姆：《政治文化》，陈鸿瑜译，台北桂冠图书有限公司，1984年版，第6页。

[5] 《中国大百科全书（政治学卷）》，中国大百科全书出版社1992年版，第501页。

治认同是政治生活中认同主体和认同客体的关系范畴,是认同主体基于一定的利益诉求而进行的政治实践活动。有学者认为,政治认同是国民对政治组织、机构及其政治权威采取认可和拥护态度的体验,是社会协调、民心安定的表征之一。[1] 也有学者认为,政治认同是主体主动的、有意识的和能动的活动。实践性是政治认同的本质规定性。[2] 强调公民积极的政治生活体验、对于政治效能的理解、政治参与及其感受是政治认同的核心。

赞同说侧重从政治权力产生、运行和统治的过程界定政治认同,强调权力得到权利的认可、承认和同意。将政治认同作为合法性的必要条件,突出其程序性价值,主张权利的优先性,属于典型的西方程序正义论和程序民主论的思路,忽视了政治认同的历史性、主观性、建构性维度。归属感说从主体角度,以心理学视角分析公民对于共同体的政治归属感,强调政治认同的心理现状和主观感受。马克思主义哲学基本原理告诉我们,社会存在决定社会意识,主观感受是客观实在的反映。归属感说关注现象描述,但是只知其果、不问其因,只知现在,不知过去和未来,对于政治认同发展缺乏把握;实践说侧重主客体关系分析,将政治认同视为政治实践活动之一,是主体客体化和客体主体化的统一。将公民作为政治认同主体的主动性提升到重要高度,主张一种积极认同,忽略了公民积极政治行为的外在条件。而且积极政治行为本身是政治认同的表现形式之一,实践说存在着倒果为因的嫌疑。

(2) 政治认同来源的研究。政治认同的来源即影响和产生政治认同活动的一切因素和力量的总和。不同学者依据政治认同的时空背景的差异、从不同视角探讨政治认同的来源。洛克、奎因顿 (Anthony Quinton) 和格莱斯 (H·P·Grice) 认为,认同是人的一种观念记忆。[3] 认同基于人的经验理性。斯坦福大学哲学教授约翰·佩里 (John Perry) 进一步发展了这种关于认同的观念记忆理论,他认为人格认同以合理的经验记忆

---

[1] 邱柏生:《浅析我国政治心理学研究的现状》,《复旦学报》1996年第4期。
[2] 方旭光:《政治认同:政治实践的范畴》,《兰州学刊》2006年第9期。
[3] John Locke, Of Identity and Diversity, *Personal Identity*, Berkeley: University of California Press, 1975, p. 39.

为基础。① 方旭光认为，政治认同的资源包括：意识形态、政治制度运行公正、政治治理绩效和政治文化。② 孔德永认为，政治认同来源于：利益认同、制度认同和价值认同。③ 李友梅认为认同的支撑资源包括：社会福利系统、社会意义系统、社会组织方式。④ 李素华认为政治认同的资源包括：意识性资源即意识形态、制度性资源即社会公正、功绩性资源即经济发展。⑤ 总体而言，学者们主要从个体与政治共同体互动关系中强调意识形态、现实利益、制度公正和文化意义系统等作为政治认同的重要来源。相比较而言，利益和意识形态受到广泛重视。

（3）政治认同类型的研究。不同学者为了把握政治认同规律，对政治认同进行深入研究，依据各自的标准对政治认同进行类型学划分。卡斯特认为认同的建构材料包括地理、生物、历史、集体记忆及幻想、生产与再生产制度、权力机器及宗教启示等。他依据材料运用的目的差异，将认同分为："①拒斥性的认同，即在支配逻辑下行动者基于被贬低或污名化的处境所产生的，如宗教、部落、少数族裔等；②合法化的认同，即权威性制度及其意识形态介入以使其支配合理化，如古代城邦、现代民族国家；③重新规划的认同，即社会行动者建构一种新的认同以重新界定其社会地位，进而试图全面改造社会结构，如后现代主义、女性主义、激进民主主义"。⑥ 有学者依据认同主体的主动与否以及认同一致性的程度，划分为自觉型认同、被动型认同、冷漠型认同和伪认同等四种基本类型。⑦ 有学者则将政治认同分为：强制性政治认同和自觉性政治认同，封闭式政治认同和开放式政治认同，冷漠型政治认同和热衷型政治认同。⑧ 有学者根据政治认同的发展界定，认为政治认同的类型包括：成

---

① [美] 约翰·佩里：《人格认同和人格概念》，韩震译，《世界哲学》2004年第6期。
② 方旭光：《政治认同的基础理论研究》，博士学位论文，复旦大学，2006年，第1页。
③ 孔德永：《当代中国社会转型时期的政治认同问题研究》，博士学位论文，山东大学，2006年。
④ 李友梅等：《社会认同：一种结构视野的分析》，上海人民出版社2007年版，第16页。
⑤ 李素华：《对政治认同的功能和资源分析》，博士学位论文，复旦大学，2005年。
⑥ [美] 曼纽尔·卡斯特：《认同的力量》，夏铸九等译，社会科学文献出版社2003年版，第4页。
⑦ 方旭光：《政治认同的基础理论研究》，博士学位论文，复旦大学，2006年。
⑧ 薛中国：《当代中国政治认同心理机制研究》，博士学位论文，吉林大学，2007年。

熟型政治认同、排他型政治认同、延缓型政治认同、弥散型政治认同。① 根据认同的对象差异,有学者将政治认同分为家族认同、部落认同、宗教认同、民族认同和国家认同等。② 大致而言,学者们依据认同的来源、对象、性质、特点等为标准衡量政治认同,并对其进行了类型划分。

(4) 政治认同的危机及其转型研究。该领域研究主要从现代性的内在矛盾阐述政治认同产生的根源、表现、转型和重塑。派伊提出现代化中第一个也是最根本的一个危机是认同感危机。③ 有学者认为认同危机来源于现代性本身。现代性隐含着内在张力,一方面从社会看,人借助工具展现了自己的主体性力量,现代性的产物是机器的使用和标准化生产的推广,自然和人的精神都遭遇"祛魅"现象;另一方面,从人的精神层面看,每个人又都试图寻找或者维护自己内心深处的特殊存在。④ 正是在普遍性与特殊性、同与异的互动中,产生了"我是谁"的认同危机。关于政治认同危机,有学者认为其表现为:对国家的认同危机、对政府权威的认同危机、对政治信仰、信任和信心的认同危机。⑤ 沈远新认为,政治认同危机表现为体制认同危机和政策认同危机。⑥ 总体而言,学者们主要从现代化中政治认同危机的根源、类型、表现、重塑等方面展开研究。

(5) 中国政治认同现状的研究。政治认同理论传入中国之后,迅速成为理论界热点问题,学者们运用政治认同理论展开对于具体中国问题的微观研究。相关研究成果包括:胡建的博士论文《当代中国公民政治认同的理论与实践研究》、孔德永的博士论文《当代中国社会转型时期的

---

① 韩晓峰:《大学生政治认同状态模型理论构建与实证研究》,博士学位论文,吉林大学,2006年。

② 王宗礼:《中国西北农牧民的政治行为研究》,甘肃人民出版社1995年版,第164页。

③ [美]鲁恂·派伊:《政治发展面面观》,任晓等译,天津人民出版社2009年版,第81页。

④ 韩震:《现代性、全球化及其认同问题》,《新视野》2005第5期;韩震:《现代性与认同问题的思考》,《学习与探索》2004年第6期;任剑涛:《特殊主义、普遍主义与现代性政治的认同》,《江海学刊》2007年第1期。

⑤ 吕元礼:《克服现代化进程中的政治认同危机》,《特区理论与实践》1996年第5期。

⑥ 沈远新:《论转型期的政治认同危机与危机性认同及对策》,《理论与现代化》2000年第3期。

政治认同研究》、薛中国的博士论文《当代中国政治认同的心理机制研究》、李冰的博士论文《当代中国政治社会化中的公民认同研究》、戴均的《改革开放以来政治认同变迁的轨迹及其规律》（《社会主义研究》2012年第4期）、常士間的《贵和精神与当代中国政治认同建构》（《晋阳学刊》2011年第6期）、张振伟的《论当代中国政治认同的削弱与增强》（《兰州学刊》2004年第5期）、冯德华、刘冠男、郎翠艳的《当代大学生政治认同的现状、问题与对策》（《理论界》2009年第2期）等。总而言之，学者们主要针对中国政治认同的现实问题，运用政治认同的相关理论，从不同视角展开探索性研究，力图描述政治认同现状，分析原因，提出增强政治认同的思路和对策。

2. 研究视角

（1）政治文化视角。政治文化视角研究的开创者美国政治学家阿尔蒙德（Gabriel A·Almond）和西德尼·维巴（Sidney Verba）在对意大利、墨西哥、美国、德国、英国公民政治态度的比较及其与民主制的关系的分析中提出了政治文化的概念。而罗森鲍姆在《政治文化》一书中则第一次明确提出政治认同。并将政治认同界定为"一个人感觉他属于什么政治单位（国家、民族、城镇、区域）、地理区域和团体"。[①] 认为政治认同是一种心理归属感并由此引发的心理反应而做出的认可、支持、参与等行为。从政治文化、政治心理视角解析了政治认同问题，分析个体政治认同的产生、现状、演变、危机、重塑等具体问题。政治文化视角以心理学为理论基础，以个体为切入点，以现状描述为内容，以实证分析为方法。突出现实性、主观性、定量化。

（2）权力合法性视角。合法性视角的开创者是德国政治社会学家马克斯·韦伯。韦伯从经验分析出发，提出了三种类型的合法性：一是基于传统的合法性；二是基于领袖人物超凡魅力感召下的合法性；三是基于合理合法准则之上的合法性即法理型合法性。而评价合法性的标准则是公众对于政治制度的认同和忠诚的程度。基于同样的问题研究视角，哈贝马斯则批判马克斯·韦伯的经验主义合法性理论，认为以大众是否赞同的经验作为合法性基础的经验主义者缺乏对大众赞同、认可的依据的阐释，忽略了不合法的统治获得大众赞同的事实，如希特勒政

---

① [美] 罗森鲍姆：《政治文化》，陈鸿瑜译，台北桂冠图书有限公司1984年版，第69页。

权。他还提出了规范主义合法性,把某种永恒的美德、正义作为合法性的基础,但是排斥了经验基础的合法性的永恒的正义基础又容易陷入抽象思辨。所以,他试图将经验主义和规范主义结合起来,强调合法性是符合价值规范基础上的支持和忠诚。与哈贝马斯持相同观点的法国政治学家让-马克·夸克认为①,合法性是被统治者与统治者关系状态的反映,它是政治权力证明自身统治合理性的过程,是对统治权力的认可,而认可建立在认同、价值观和同一性以及法律基础上。合法性的三要素是被统治者的赞同、价值、规范的合理性和法律的一致性。换言之,政治认同是合法性的必要非充分条件。合法性视角强调政治认同与合法性的同质性与叠加性,政治认同被视为合法性的关键内容,将合法性界定为社会公众对政治系统的认同和忠诚是政治学界的核心思想。合法性视角以共同体切入,以逻辑推演为论证方式,将经验研究与规范研究相结合。

（3）公民身份视角。公民身份视角研究政治认同问题源于20世纪后半期马歇尔开创的公民身份理论与政治认同研究的汇流与交叉。20世纪90年代,公民身份逐渐扩展为任意个体或群体与共同体的关系表达。所有个体或群体都以公民的名义或角色来表达自我的主体性。低层次的共同体都被提升到政治共同体的层面上来理解。② 亚国家与超国家的共同体的出现导致国家的政治认同危机。相关的研究文献包括盖布瑞勒（Gamberale）和卡罗（Carlo）的《欧洲公民身份和政治认同》③,米勒（Miller）和戴维德（David）的《公民身份与国家认同》④,施创（Schauer）和弗里德里克（Frederick）的《共同体,公民身份和国家认同

---

① ［法］让-马克·夸克:《合法性与政治》,佟心平、王远飞译,中央编译出版社2002年版,第1—2页。

② 相关文献包括: Somers, Margaret R, *Genealogies of Citizenship: Market Stateless and the Right to Have Right*, Cambridge: Cambridge University Press, 2008;［英］里斯特·露丝:《公民身份——女性主义的视角》,夏宏译,吉林出版集团2010年版;［加］威尔·金里卡:《多元文化的公民身份———一种自由主义的少数群体权利理论》,马莉、张昌耀译,中央民族大学出版社2009年版。

③ Gamberale, Carlo, *European Citizenship and Politicial Identity*, Space and Polity, 1997, pp. 37-59.

④ Miller, David, *Citizenship and National Identity*, Cambridge, England: Polity Press, 2000.

的追寻》①，狄兰迪（Delanty）和吉拉德（Gerard）的《公民身份的模式：欧洲认同和公民身份的界定》②，勒宁（Lehning）和潘丝（Percy）的《欧洲公民身份：迈向欧洲认同》③。他们主要从公民身份外延向超国家区域和亚国家地区扩展对于国家政治认同的挑战和形成新兴政治共同体认同的机遇。此外，随着公民身份内涵的延伸和泛化，出现了环境公民身份、性别公民身份、宗教公民身份、世界公民身份、民族公民身份等概念，对于国家的政治认同产生强烈冲击。相比较而言，作为一个新的舶来概念，国内学者从公民身份视角探讨政治认同的文献较少，主要有：肖滨、郭忠华、郭台辉著的《现代政治中的公民身份》、郭台辉的《公民身份认同：一个新研究领域的形成理路》、《Citizenship 的内涵检视及其在汉语界的表述语境》、郭忠华的《动态匹配·多元认同·双向建构——再论公民身份与国家认同的关系》、肖滨的《两种公民身份与国家认同的双元结构》等，主要从公民身份内在构成的复杂性、国家认同的层次性探讨公民身份和国家认同的关系，提出了两者关系的维系论、切割论、匹配论以及动态匹配·多元认同·双向建构模式等观点。总体而言，公民身份视角以共同体为切入点，以公民身份为核心概念，通过经验研究探讨公民身份与政治认同的关系。

（4）政治实践视角。政治实践视角以马克思主义历史唯物主义和辩证唯物主义为基础原则和方法，认为政治认同是认同主体围绕一定利益及价值诉求的政治实践活动，是政权和成员之间实践的交集。从事这一领域研究的学者将实践性作为政治认同的本质规定性，强调认同主体的主动性、能动性，侧重分析现实政治生活中的具体政治认同问题并探讨政治认同的实践机制。观点深受马克思主义实践论、认识论的影响，大多是马克思主义与思想政治教育、马克思主义哲学、政治学专业的硕士生、博士生的学位论文。

---

① Schauer, Frederick, *Community, Citizenship, and the Search for National Identity*, Michigan Law Review, 1986, pp. 1504-1517.

② Delanty, Gerard, *Model of Citizenship: Defining European Identity and Citizenship*, Citizenship Studies, 1997, pp. 285-303.

③ Lehning, Percy B, *European Citizenship: Toward a European Identity?* Law and Philosophy, 2001, pp. 239-282.

（三）现代化与认同相关性研究

关于现代化和政治认同问题的研究成果可谓汗牛充栋，但是对现代化与政治认同相关性的研究相对不足。一方面可能没有将认同作为现代性的内在涵义之一，纳入现代化研究的范畴；另一方面可能对于政治认同的研究没有置于现代化的时空下考量。目前对于现代性与认同相关性的研究的巨擘当属查尔斯·泰勒。他对认同问题的讨论是以对于现代性的批判与反思切入的。他认为现代社会的飞速发展相伴随的人类深层次伦理价值冲突所导致的自我认同危机和政治认同危机。换句话说，现代性在"祛魅"之后由于共同意义的丧失导致认同危机。在《现代性之隐忧》一书中，泰勒提出现代性的三个隐忧："第一个担心是关于我们可以称作意义的丧失、道德视野的褪色的东西。第二个涉及在工具主义理性猖獗面前目的的晦暗。第三个是自由的丧失。"[①] 同时他还指出，由于现代性而产生"对认同的需求"。[②] 现代性是自变量，认同是因变量。此外，安东尼·吉登斯在《现代性的后果》中，也提到了现代性与认同的相关性。他认为，自我建构作为一种反思性的"项目"，是现代性的反思性的一个基本部分；个人必须在抽象体系所提供的策略和选择中找到她或他的身份认同。[③] 强调认同是现代性的范畴。国内学术界对于现代性与认同相关性的研究有吴玉军的《现代性语境下的认同问题》、韩震的《现代性、全球化及其认同问题》、王成兵的《对当代认同危机问题的几点理解》。他们都认为现代性催生了个体意识，导致个体与共同体的分离，产生归属感的匮乏和身份模糊的问题，产生认同问题，明显都属于查尔斯·泰勒的研究路径。总之，目前学术界已经注意到了现代性与认同的相关性，更多是规范意义上的讨论，但是从现代化的经验主义视角分析两者内在关联的成果相对较少。事实上，现代性与认同的关联不仅是逻辑上的，更是现实中的。不同现代化面临的政治认同问题存在很大的差异性，否则政治认同就不是一个新兴话题，而是与现代化伴随始终的旧问题。

---

① ［加］查尔斯·泰勒：《现代性之隐忧》，程炼译，中央编译出版社2001年版，第12页。

② 同上书，第49页。

③ ［英］安东尼·吉登斯：《现代性的后果》，田禾译，译林出版社2011年版，第108页。

(四) 研究的评析

第一，现代化研究的评析。现代化是人类社会各领域、各层次、深刻而全面的变革。人与共同体作为人类社会的基本构成部分，都是现代化的内在主体。但是当前现代化研究存在不足：其一，现代化中人的工具理性与价值理性存在张力。一方面，主体地位缺失造成人的归属感缺乏，产生强烈的认同危机。由于对社会现代化的重视和对人的价值关怀的缺失，人成为实现社会现代化的工具，盲目追求政治、经济、科技、军事、文化等外在现代化，而造成现代化的根本目标偏差。现代化的价值意义被忽视，人被作为工具而非目的对待，造成现代化中"物的世界的增值同人的世界的贬值成正比"。人被物质的枷锁捆绑，现代化不仅没有给人带来幸福，反而被现代化困扰，出现"现代化的陷阱""后现代化"等批判和质疑现代化和人类社会发展方向的思想，甚至宣传反现代化；另一方面，人的主体性意识泛滥，自我中心主义冲击现有的政治共同体认同。出现绿色主义、原教旨主义、民族极端主义等极端思想。西方近年来兴起的环境公民身份、性别公民身份、地域公民身份、世界公民身份、民族公民身份等概念和理论，表面而言是公民身份概念的扩展对于国家政治认同的新冲击，深层次的问题是现代化中人的主体性泛滥造成政治归属感的缺乏。其二，西方中心主义的现代化取向。由于现代化起源于西方并向非西方世界扩展，故以西方的政治、经济、社会、文化发展历程界定现代性，将现代化模式化、标准化，并以此指导与其具有不同历史文化背景的后发现代化国家的发展，将西方价值、道路、制度作为迈向现代化的唯一路径，而忽视社会发展的复杂性，西方的社会科学理论基于局部性经验总结的相对性，追求一种普遍适用的、绝对的真理，使得现代化具有鲜明的西方化、同一化，忽视了人类社会发展道路的多样性；其三，过分强调传统与现代的对立和决裂。传统与现代是人类社会不同的发展阶段，两者具有质的区别，但现代社会并非没有传统的因子。不同领域、层面的现代化又不可避免地与传统有交集或者具备传统的基因。经济、科技、军事等外在物质层面的现代化与传统的决裂应该更彻底，但是文化的现代化应该注重传统与现代的共通和兼容之处。现代化不仅包括社会的现代化，也包括人的现代化。人不仅具有生物性、社会性，也具有历史性和文化性。过分强调传统与现代的对立，只会造成人缺乏历史感和文化共同性，成为缺乏历史、文化根基的"当下人",造成历史方向感和道德方向感的迷失,在历史时空中找不到自己的坐标,丧失生活的确定性和历史意义。总之,现代化研究中人的工具理性和价值理性的张力,西方中心主义倾向和传统与现代的割裂论倾向,造成现代化意义的沦陷,人的归属感的丧失,产生"我(们)是谁"的认同危机。现代化进程中的政治认同研究力图找回工具理性和价值理性的平衡,普遍与特殊的统一,传统与现代的连贯,主张一条平衡的现代化道路。

第二,政治认同研究的评析。其一,就研究内容而言,当前西方学术界一方面关注发达国家"国家空心化"出现的超国家和亚国家共同体的蓬勃发展对于传统的国家认同的挑战,如民族、宗教、性别、区域、全球等新兴共同体的认同等;另一方面也关注发展中国家现代化中普遍的政治认同危机,如内战、政变、示威等涉及权威合法性的问题。就前者而言,由于国家政治发展阶段的差异,西方从各种公民身份视角分析政治认同,是在现代民族国家政治认同建构基本完成后的新兴认同,准确地说主要是国家认同问题,与广大发展中国家政治现代化尚未完成,关于政治价值、政治制度、政治道路等核心政治现代化命题有待破解,构建现代政治认同的任务明显不符;就后者而言,西方学者关注后发现代化国家出现的政治合法性和政治认同危机,更多的是基于西方的自由优先的价值预设和宪政民主的理论假设,主张发展中国家以自由化、民主化、公民参与、普遍选举等获得政治认同,忽视了发展中国家政治认同的复杂性。中国学术界主要涉足西方政治认同理论的译介,政治认同的内涵、外延、来源、类型、危机、变迁、重塑等基本理论和现实问题,以及运用政治认同理论分析某一群体的政治认同现状。总体而言,相对侧重时间、空间、群体某一节点的政治认同的微观研究,或者试图以马克思主义具有普遍主义取向的历史唯物主义和辩证唯物主义为指导,以政治实践为取向、以利益分析法为核心建立普适的宏观的政治认同理论,相对缺乏中观视域下长时段、大空间的政治认同问题的关注。

其二,就研究视角而言,国内外学术界主要从心理学、社会学和哲学视角介入政治认同研究,心理学和社会学视角侧重对于个体的主观感受的调查研究和定量分析,哲学视角侧重从现代性背景下个体与共同体关系变迁阐述政治认同问题。但历史学、政治学视角的观察相对缺乏。政治认同研究呈现有点、有面而少线的态势。点状研究重果不重因,具有主观性、暂时性、偶然性，共时描述有余而历时解释不足；面状研究重因不重果，强调普适性和模糊性，抽象有余而概括不足。线状研究的缺乏意味着对于特定时空背景下政治认同产生、发展和变迁的因果规律的把握不够准确，对于国家政治认同建构的理论指导意义相对不足。

第三，现代化与认同相关性的研究。目前国内外学术界对认同与现代化相关性的研究主要是从哲学上探讨现代性与认同的关联。典型代表人物是查尔斯·泰勒。国内对于两者相关性的研究都沿着泰勒的路径。但是目前学术界研究的局限在于：其一，相对缺乏对于现代化与政治认同的相关性研究。政治认同属于认同的类型之一，具有认同的类属性，但是具有政治认同的特殊性，目前学术界涉猎较浅；其二，研究者多是从哲学宏观视角展开研究，但是政治学的中观视角和过程研究相对缺乏。现代化进程中的政治认同研究试图弥补以上两点不足。

三 研究的思路与方法

本书主要以哲学、政治学、历史学视角分析现代化与政治认同的契合与悖离及其带来的人与共同体关系的变革对于政治认同的影响。以人的基本属性和需求作为分析政治认同资源的根本依据，以政治共同体的存在和运行逻辑为根据，提出政治认同的对象层次。其中政治认同资源是"凭什么"认同，政治认同对象是"认同什么"。两者之间存在复杂的对应关系。然后将现代化维度细分为经济、政治和文化现代化，分析不同层面现代化对于政治认同资源和对象的复杂影响。最后以经验研究的方式，分析早发现代化与后发现代化两种不同的政治认同模式下政治认同资源和对象的特点。最后基于比较分析和本土关怀，为中国特色社会主义政治认同建构提供一定的理论建议。

具体的研究方法包括：第一，规范研究方法。规范研究从哲学层面上个体与共同体关系视角界定政治认同和现代化，力图把握两者的本质及其内在关联性。以人的基本属性演绎政治认同的资源，以共同体的基本构成分析政治认同的对象层次以及基于两者对应关系分析现代化不同维度对于政治认同的影响；第二，经验研究方法。以一些早发现代化与后发现代化国家的历史经验为依据，归纳和总结两者现代化的特点及其对于政治认同的影响，概括和描述各自政治认同的特点和模式；第三，比较研究方法。以政治认同的资源和对象层次为标尺，比较早发现代化与后发现代化中政治认同的差异，在"同"与"异"的对比中把握政治认同的规律。

四　可能的创新与不足之处

本书可能的创新之处主要包括：

第一，就研究内容而言。首先，从个体与共同体的关系视角切入现代化研究，将人置于现代化的中心，强调人与共同体的互动，更加符合人类社会发展的目的和人类文明的前进方向。相比于以往现代化研究重外在而轻内在、西方中心主义以及传统与现代决裂的倾向，本书更注重兼顾外在与内在、外来与本土、传统与现代在现代化研究中的平衡问题。其次，本书对于政治认同的研究置于现代化的时空语境中，特别是对于早发现代化与后发现代化政治认同问题进行了历时性专门研究，相比于以往政治认同研究注重现实和描述的孤立、点状认识，或者强调规范、抽象，追求普遍永恒模式的面状研究而言，线状研究强调历史、现实与未来的发展性，更能把握政治认同的产生和发展规律，具有更强的解释力和预测力。

第二，就研究思路与方法而言。首先，现代化进程中的政治认同研究立足于政治认同的中观研究，不同于当前政治认同研究的宏大叙事、抽象思辨模式与微观描述、精确说明的微观模式，力图架起沟通宏观与微观对话的桥梁；其次，经验研究与规范研究相结合。经验研究立足于分析人类早发现代化与后发现代化的基本历程及其对政治认同的影响，通过归纳的方式得出政治认同的基本模式；规范研究立足于哲学层面人与共同体的属性，通过分析两者关系并进行理论推演，得出政治认同资源与对象的对应关系模式。

不足之处：

第一，本书对于现代化进程中政治认同的研究以对于现代化的早发现代化与后发现代化的二分法为前提，隐含着早发现代化与后发现代化两者的差异性以及各自内部的一致性，尽管这种差异性和一致性都是显而易见的。事实上，无论两者差异性还是内在一致性都具有相对性。不同国家的文化、历史、现实境遇对于政治认同产生重要影响。可能个别早发现代化中也有政治认同危机，或许也一定程度存在后发现代化中政治认同的模式，如法国。同样，后发现代化进程中也有个别经历政治认同危机而形成类似早发现代化中政治认同模式的成功案例。本书之所以忽略此种相对性，一是为了对比之差异需要。因为后发现代化政治认同模式成功转变为早发现代化政治认同模式，事实上已非欠发达的发展中国家，而是已经确定取得现代化成功的发达国家。二是基于本土价值关怀。中国是典型的后发现代化国家，本书试图通过早发现代化与后发现代化的经验比较，探讨政治认同的发展规律，为中国特色社会主义政治认同建构提供相对一般化的理论支撑。

第二，主要研究自觉性认同而非自发性认同。自发性认同往往是基于出生、国籍等自然的属性决定的态度、情感和行为，往往具有先天性和不可选择性，属于传统型认同。自觉性认同主要是个人自我觉醒之后基于自我评判产生的后天性态度、情感和行为，是现代型认同。两者既存在区别又存在联系。自发性认同往往是归属决定政治态度、情感和行为是否赞同。反过来说，自觉性认同是基于自我觉醒的赞同往往影响政治态度、情感的归属。两者类型政治认同往往同时交织在一起，现代化进程中也存在自发性认同的影子。不同之处在于传统社会是自发性认同，而现代社会是自觉性认同占主导地位。现代化进程中的政治认同主要研究伴随自我觉醒出现的自觉性认同包括的赞同的政治态度、行为和情感归属，基本不考虑自发性认同。

第一章

现代化与政治认同的相关性

在传统社会下，每个人的社会地位、角色主要是由出生决定的，每个人的身份和认同是由外在的社会框架赋予的，而社会框架是被普遍接受和承认的。查尔斯·泰勒指出："在现代之前，人们并不谈论'同一性'和'认同'，并不是由于人们没有同一性，也不是同一性不依赖于认同，而是由于那时它们根本不成问题，不必如此小题大做。"① 换言之，认同与现代化密切相关，只有在现代化的时空背景下，我们才能够更加深刻地理解认同。

第一节 现代性与现代化

现代社会自孕育和发端时起，便与现代性产生内在联系。随着后发现代化国家由传统社会向现代社会转型以及由此引发的种种后果，关于现代性、现代化的争论愈加激烈。特别是后现代主义思潮的逐步蔓延，由于对现代社会的种种批判无法摆脱现代性的纠缠，使得现代性问题不仅没有解决，反而开始反思现代性，朝着更深刻、更包容的方向迈进。

一 现代性

刘小枫曾说："讨论现代现象，首先遇到术语上的困难。"② 何为"现代"（modern）、"现代性"（modernity）和"现代化"（modernization）

---

① ［加］查尔斯·泰勒：《现代性之隐忧》，程炼译，中央编译出版社2001年版，第55页。
② 刘小枫：《现代性社会理论绪论》，上海三联书店1998年版，第62页。

直接关系到研究论题的设定。"现代"一词是现代概念家族当中出现最早的一个。据考证"modern"一词源于公元 4 世纪出现的一个拉丁语单词"modernus",后者又起源于拉丁词"modo",意思为"目前""现在""当前""今天"等。据说,最早使用 modernus 一词的是一个叫卡西奥多尔(Cassiodore)的作家,他用来指称当时已经基督教化了的"现今",以区别古罗马异教的"往古"。可见"modernus"这个词最初只是一个用来表示时间状态的概念。①

"现代性"一词最早出现于 19 世纪。一般认为,法国文学评论家波德莱尔最早使用"现代性"(modernity)一词。1863 年底,波德莱尔在《费加罗报》上发表了题为《现代生活的画家》的一系列文章。其中第四篇的小标题就是"现代性"。在该文章的开头部分,波德莱尔对他所指称的"现代生活的画家"的形象作了一番抒情的描述:"就这样,他出发了,奔跑着,寻觅着。他在寻觅什么呢?可以肯定,这个我所描绘的人,这个秉有奔放的想象、一直在茫茫人海里穿行的人,有着一个比纯粹闲逛者更高的目标,一个更普遍的目标,而不是事物飘忽的快感。他所寻觅的,就是那个我们必须称之为现代性的东西。"② 在文中,"现代性"主要用来表示人或事物所具备的性质或品质。从构词法来看,"现代性"一词是以"现代"(modern)一词为词根加上表示"性质""状态""程度"的后缀"ity"构成的。因此,"现代"是一个时间分段概念,"现代性"更多是一个表达现代时间范畴下人或事物所具有的品质、状态的内涵的概念。

但是随着时间的流逝以及词语使用的广泛化,两者的内涵逐渐变得模糊,越来越成为近义词甚至同义词。"现代"并不仅仅只是一个时间概念。除指称时间意义上的"当前""现在"等时间坐标之外,还潜藏着当前、现在的事物或状况比过去更好、更新、更优越、更进步等质性方面的意涵。在我们的现实生活中,我们常常会用"现代"(摩登)来指称某人或某事非常"时髦"(fashionable)或"紧随时代"(up to date)。与

---

① 谢立中:《现代性及其相关概念词义辨析》,《北京大学学报》(哲学社会科学版)2001 年第 3 期。

② 河清:《现代与后现代———西方艺术文化小史》,生活·读书·新知三联书店 1994 年版,第 22—23 页。

"现代"的两层涵义相对应,"现代性"也具有两方面的内涵:第一,与作为时间段的"现代"相对应,由于作为时间尺度的"现代"主要指公元 1500 年左右一直到今的历史时期。[①] 现代性主要用来指称 1500 年以来人与事物所具有的性质或状态,比如世俗主义、工具主义、理性主义、科学主义、个人主义等;第二,与作为"进步""先进"等质性意义的"现代"相对应,现代性指称现代时期的事物所普遍具有的一种性质特性,如发展性、革命性、进步性。强调"当前存在"具有变动性、相对性,现代性在不断地消失又不断地再生,每一个时代都具有属于自己的现代性。

与此相对应,现代化也具有两个层面的指向。与时间指称的现代相对应,现代化指 15 世纪开启的、源于欧洲的新的社会生活或者组织方式的扩展过程,或者说是传统人类社会向特定社会生活和组织方式转变的过程。20 世纪 50 年代兴起的现代化理论所讨论的现代化,也主要在于研究新兴独立国家如何借鉴西方国家的经验走上富强的道路。与意义的现代相对应,现代化指的是向一个更"进步"的"现代"时期或状态的转变过程。由于事物永远都不断地走向"现代","现代"或"现代性"永远都在持续地消失和再生中,因此"现代化"也就是一个永无终结的过程,是一个"现代化"连续的过程。

表 1   现代、现代性、现代化词义表

	现代	现代性	现代化
时间指称	15 世纪以来	15 世纪以来的新文明	实现新文明的过程
意义指称	时髦	当前新奇性	成为最新的东西

现代化进程中的政治认同研究所涉及的现代性和现代化概念,既有时间内涵,也有意义内涵。时间对于研究边界的界定至关重要,意义决定事物展开的逻辑。讨论了词源之后,我们需要界定现代性的内涵。大卫·格里芬在分析"现代性"概念时指出,既有"从社会的、社会学家的、政治哲学家的、经济和社会历史学家的观点出发"来加以讨论的

---

① 罗荣渠:《现代化新论》,商务印书馆 2004 年版,第 3 页;[美] 斯塔夫里阿诺斯:《全球通史:1500 年以后的世界》,吴象婴、梁赤民译,上海社会科学院出版社 1999 年版。

"现代性"概念，也有"从个人的、心理学的、哲学家的、神学家的以及思想史学家们的观点出发"来讨论的"现代性"概念，前者指称的是"社会现代性"，它包括普遍的结构分化、机械化和实用主义等特征；后者则指称的是"人的现代性"，它包括个人主义、世俗主义、未来主义等。事实上，如格里芬所言，现代性是一个包罗万象的概念，任何与传统相对的性质都可以贴上现代性的标签，社会与人都具有现代性的特质。在人类现代化历程中，对于现代性的认识经历了由外在到内在再到内外兼顾的转变。

20世纪50年代现代化理论肇始之初主要从外在层面界定现代性，以西方社会形态为样板抽象现代性的内涵，并以此指导后发展国家现代化建设。具体而言，经济领域的现代性体现为工业和服务业在社会经济发展中占有绝对的优势并起主导作用，可以用人均国民收入或者三大产业在国民经济中的比重来衡量。列维认为："非生命能源的运用在全部能源中所占的比例来衡量比较科学，比例较高的社会就是比较现代的社会，反之就是比较传统的社会。"[①] 政治领域的现代性体现为政治结构的分化和公民参与的扩大，民主、参与、法治、自主等都是现代性的内在涵义。关键是国家权力来源的法理化，权力与权利关系的颠倒。社会领域的现代性主要以结构功能主义为视角，指的是社会中具有的有利于维持系统、处理紧张关系、选择目标、适应和整合功能的特性。一般将现代性理解为结构分化、社会流动以及规模更大的、统一的、集中化的制度建立的过程。[②] 按照亨廷顿的观点，后发现代化国家面临的主要问题是如何吸纳社会变化的能力，建构容纳不同力量的制度平台。

1974年，英克尔斯提出了著名的现代人理论，现代性的界定从外在转向内在，由共同体转向个体。他强调任何社会和时代，人都是现代化最基本的因素。只有个体在心理和行为上发生转变，形成现代人格，才具备了现代社会成员的资格。为此，他提出了现代人的最重要的四个心理特征：参与型公民，并有丰富的知识；对个人的效能抱有充分的信心；

---

① [美] 西里尔·E. 布莱克主编：《比较现代化》，杨豫等译，上海译文出版社1996年版，第9页。

② [以] 艾森斯塔特：《现代化：抗拒与变迁》，张旅平等译，中国人民大学出版社1988年版，第1—17页。

受到传统势力影响时，特别是在处理个人事务上做出决策的时候，有高度的独立性和自主性；愿意接受新的经验和新的思想，是头脑开放的人。[①] 与对现代人的特征的列举式描述不同，福柯将现代性归结为单一的态度。在《什么是启蒙》一文中，他明确指出："可以把现代性想象为一种态度而不是一个历史的时期"，作为态度的现代性，是指"与当代现实相联系的模式"，"一种由特定人民所做的志愿的选择"，"一种思想和感觉的方式，也是一种行为和举止的方式"。[②] 中国哲学界大多数学者也从精神角度界定现代性。有学者认为："'现代性'关涉到的应当是现代社会生活中的一个最抽象、最深刻的层面，那就是价值观念的层面。作为现代社会的价值体系，'现代性'体现为以下的主导性价值：独立、自由、民主、平等、正义、个人本位、主体意识、总体性、认同感、中心主义、崇尚理性、追求真理、征服自然等。"[③] 有学者在《现代性与后现代性》一书中明确指出现代性的核心是理性。[④] 衣俊卿在《现代性的维度》中提出"用理性作为现代性的最主要的特征，总还是可以说得过去的。"[⑤] 总体而言，虽然不同学者表述不同，但是人的视角下的现代性大多强调主体性、理性、创造性等人的特性。

无论外在层面还是内在层面的现代性，都具有原子主义特征，反映在理论上就是自由主义的核心地位。但是过分强调个体的价值，主张个人权利优先性的个人主义权利观又排除了人们之间建立一种共享式关系的可能，削弱了成员之间休戚与共之感。面对个体权利的强势扩张，温情的纽带式的人际关系丧失。"人逐渐被推向一个既冷酷又充满敌意的世界。在这其中，彼此相互陌生的人从事着各种交易活动。从此，这样的一个世界凌驾在社群的亲昵与温情之上。"[⑥] 同时，个人主义人脱离共同体倾向明显，因在共同体中方向感和位置感的缺乏而自我迷惘，被大量无法理解的事件纠缠着，并产生认同危机。

---

① ［美］西里尔·E.布莱克主编：《比较现代化》，杨豫等译，上海译文出版社1996年版，第15页。

② 汪晖、陈燕谷：《文化与公共性》，生活·读书·新知三联书店2005年版，第430页。

③ 俞吾金：《现代性现象学》，上海社会科学院出版社2002年版，第36页。

④ 陈嘉明：《现代性与后现代性》，人民出版社2001年版，第3页。

⑤ 衣俊卿：《现代性的维度》，黑龙江大学出版社、中央编译出版社2011年版，第94页。

⑥ Michael Oakeshott, *On Human Conduct*, Oxford：Charendon Press，1975, p.320.

在批判传统现代性线性模式的基础上，在《现代性后果》中，安东尼·吉登斯提出一种反思性模式的现代性。所谓反思性模式，即通过对于个体与共同体关系的反思，寻找一种更加均衡的现代性。他指出了现代性的四个内涵："时间与空间分离、脱域、信任、反思性。"① 前两者强调将人的社会行动从地域化的情境中"提取出来"，人可以脱离共同体而在另外的时空背景下存在。后两者强调个体理性的有限性，指出在并不知晓未来所有信息的情境下，个体需要依赖他者而存在。信任表现为对一个人或一个共同体之可依赖性所持有的信心，在一系列给定的后果或事件中，表达了对他人的爱或者信念。反思性强调现代性的变动性和人的有限理性。他认为问题的关键，"不在于没有一个稳定的社会世界让我们去认识，而在于对这个世界的认识本身，就存在着不稳定性和多变性"。② 换言之，吉登斯对于现代性的界定趋向一种均衡，均衡的现代性既注重外在又注重内在，既注重个体独立又注重相互依赖，既注重客观本真又强调主观感知。

总之，作为时间指称，现代性所指是确定的，即15世纪以来的人类新文明。但是作为意义指称，对现代性的界定需要我们根据研究的具体展开作细致、深入的分析，现代性就成为一个具有弹性的概念。从共同体层面而言，经济维度的国民经济产业结构、国民和个人收入、资源的构成、生产工具等都可以成为现代性的标志之一；而政治领域的公民参与、民主、法治和平等，也都是现代性的体现；此外，文化领域的理性、积极、乐观、世俗等都可以被视为现代性的内涵。从个体层面而言，个人态度的自主性、理性、主体性等则构成了现代性的指称内容。

二 现代化

现代化是实现和获得现代性的过程。从时间维度而言，指15世纪以来的人类变化及其过程。一种源于西方并向世界不断扩散的人类新文明。从意义维度而言，指不断获得现代性的连续过程。

从个体与共同体关系的意义而言，现代化首先意味着人相对于共同

---

① ［英］安东尼·吉登斯：《现代性的后果》，田禾译，译林出版社2011年版，第15—32页。

② 同上书，第39页。

体的自主性。人是构成人类社会的基本单位。人类发展以人的自由为根本目标，人的自由度是衡量社会发展水平的根本标准。"人类历史从古代迈入现代的根本标志就是：人从一种被决定的力量逐渐解放为一种决定性的力量。"① 因此，人成为现代化的逻辑起点，成为独立自主的力量，能够在一定程度上摆脱自然、组织、制度和价值的束缚。人成为共同体的中心，获得了主体性，共同体围绕人而运转。"现代人与传统人之间，最重要的区别在于二者对人和环境之间的关系看法不同。在传统社会中，人们将其所处的自然与社会环境看作是给定的，认为环境是奉神的旨意缔造的，改变永恒不变的自然和社会秩序，不仅是渎神的而且是徒劳的。传统社会很少变化，或有变化也不被感知，因为人们不能想象到变化的存在。当人们意识到他们自己的能力，当他们开始认为自己能够理解并按自己的意志控制自然和社会之时，现代性才开始。现代化首先在于坚信人有能力通过理性行为去改变自然和社会环境。"②

就经济领域而言，人成为财富增长最重要的贡献因素。人类社会的发展反映在外在物质层面就是财富的增长。而财富增长的贡献要素是多元的，自然、技术、劳动、生产资料、劳动者等都促进财富的增长和积累。在传统社会，国家财富主要来源于农业经济。农业生产对于自然的依赖是强烈的。无论中华文明、还是其他早期人类文明，都发源于土地肥沃、气候湿润、地形平坦的大河流域，有利于保障人类生产和生活。中国古代社会对"天"的敬畏即是依赖自然的明证之一。现代社会，国家财富主要来源于工业和服务业。所以，从人类社会的总体上讲，现代化就是指人类从传统的农业社会向现代工业社会的转变过程。"二战"之后许多学者就是按照这样的模式展开对现代化的研究。汤姆·肯普指出："一个新的高潮正在形成之中，即使在有些国家还没有开始搞工业化，也把工业化列为其奋斗目标，特别是那些希望巩固其国家独立，要同先进国家进行竞争并提高国民收入水平的新兴国家的领导人物，尤有迫切

---

① 林尚立：《现代国家认同建构的政治逻辑》，《中国社会科学》2013 年第 8 期。
② [美] 塞缪尔·P. 亨廷顿：《变化社会中的政治秩序》，王冠华等译，上海世纪出版集团 2008 年版，第 82 页。

感。"① 与农业对自然的依赖相比较，工业则更多的是"人为的财富"。其中最能体现人的色彩的是科技在工业中的作用，而科技的背后是知识。知识使人得以控制环境，驾驭自然，人由因变量转变为自变量。所以普林斯顿大学布莱克教授也将现代化定义为："在科学和技术革命影响下，社会已经发生和正在发生的转变过程。"② 因此，学术界一般将工业革命作为英国现代化的开端。无论产业结构变迁，经济增长动力，科技和知识的作用都体现出人在经济领域的作用大大增强，成为财富增长的主导性力量。

在政治领域里，人成为国家权力的根据。政治的核心问题是政治权力，权力的载体是国家政权组织。马克思认为，"古代国家"与"现代国家"的差别并非历史时期划分的问题，而是构成国家的人的类本质的差异。实质上，就是人与国家关系的差别。"古代国家"以人的共同体存在为基础，人是"共同体人"，被烙上了明确的共同体标签，如家族、地域等。所以驱逐、流放等是对人一种极重的惩罚。因为，人被强制脱离共同体而无所依靠。与古代相反，现代国家以人的独立存在为基础，人是"个体人"。在马克思看来，具有独立性、自主性的公民是政治国家的基础和前提。有学者指出："在古代国家，人与国家是一体的，国家决定人的现实存在；在现代国家，人与国家是二元存在的，人的自主性决定国家的现实存在。"③ 换言之，古代国家是国家决定人的存在，而现代国家则是人决定国家存在，国家围绕人而运转。其一，人成为国家权力来源的合法依据。在古代，权力或者来源于暴力和征服，或者来源于神、天、上帝等超然的存在，如"君权神授""奉天承运"等都是权力合法化的依据。而在现代社会，人民主权作为普遍的政治原则被接受。国家权力来源于人民的授予，政治统治以人民的同意为前提。按照社会契约论，统治权力的合法性必须植根于人民通过订立契约而形成的同意。换言之，人民的同意成为统治合法化的必要条件。从传统到现代，权力合法性的

---

① ［英］汤姆·肯普：《现代工业化模式——苏、日及发展中国家》，徐邦兴、王恩光译，中国展望出版社1985年版，第13页。

② ［美］布莱克等：《日本和俄国的现代化》，周师铭等译，商务印书馆1984年版，第3页。

③ 林尚立：《现代国家认同建构的政治逻辑》，《中国社会科学》2013年第8期。

来源经历了从虚空到实在、由物到人的转变。人的价值被颂扬和肯定。其二，权力主要以保障人的权利为宗旨。传统政治是权力本位，以追求和实现权力拥有者和行使者的利益为根本。权力是私有物，权力压制权利甚至没有权利意识。即使古希腊雅典民主时代，享有权利的公民也只是少数人，外邦人和奴隶没有任何权利。现代政治权力是公共权力，权力来源于人民，人民成为国家的主人之后，为了实现政治统治而建立一系列的保障权利制度。以保障个人权利为宗旨，而前提是约束权力，防止权力侵害权利。当然，不同国家由于发展的背景和使命差异，权利的实现可能存在先后次序。如马歇尔提出英国公民权的三大部分发展顺序：基本权利、政治权利和社会权利的序列。

在社会领域中，人从初级共同体解放出来。在传统时代，人是"共同体人"，人与共同体是合一的，人被湮没在共同体中。人的身份是由家庭、宗族、地域、阶层等决定的，出生很大程度上决定人的地位、成就、生活等。现代社会由于经济、交通、通讯的发展，长距离的流动成为可能，人可以跨区域流动，摆脱了对于家庭、宗族等初级共同体的依赖和对其的约束，成为独立的个体。人首先是自己，其次才有各种共同体身份。这样的个体组成的"市民社会"就是马克思所谓的"现代社会"。传统社会与现代社会的根本区别在于人的自主性。人的自主性摆脱了血缘、亲情、地缘等纽带约束而产生了流动、分化以及伴随而来的整合。流动使现代人产生漂泊感，心中缺乏"家"所赋予的稳定感和归属感；分化使人具有脱离共同体倾向，人可以自由地选择共同体，在多个共同体之间游走。比如，移动。但是由于流动与分化，人对于共同体缺乏家园感和本体性安全。但是，"一个人如果没有一个可以被叫做家的地方，他们总是知道他们的生活里缺少了什么，这可以说是灵魂的一个缺口。有时，他们因此受到严重的心理创伤，成年时期到处迁移，因为他们缺少使他们固定在某个地方的感情纽带"。① 分化和流动使人的自主性得到解放之后，也必然产生利益矛盾。整合，一方面是利用制度将人与人的利益矛盾调控在一定范围之内，另一方面又创造出一个更大规模的共同体试图囊括所有人，作为共同的家园，这就是"作为想象的政治共同体"的民

---

① [美] 丹尼尔·贝尔：《社群主义及其批评者》，李琨译，生活·读书·新知三联书店2002年版，第101页。

族国家。

在文化领域里,人从传统束缚中摆脱出来。传统社会中,人在社会实践活动中逐渐形成了稳定的被人们广泛接受的习俗、观念、惯例等,它们指导人们的行为,并形成人的归属感、稳定感。人们对于传统的遵循一方面是因为传统承载的知识和智慧,对于人们生存的帮助;另一方面是因为人们对于传统缺乏批判和辨别能力,基于盲从的忠诚。文化领域的现代化首先意味着人的理性能力的增长。以一定的标准衡量和评判传统的合理性,合理部分予以保留并遵从,不合理部分则坚决抛弃。换句话说,传统服务于人本身而非人服从于传统,人从传统的束缚中解放出来。

总而言之,现代性起源于人的自主性,现代化意味着即人获得自主性及其对于人与共同体关系的重塑。经济领域就是人成为财富创造的主体并掌握一定的财富,共同体为个体创造财富提供条件;政治领域就是人成为国家权力的来源,人民主权成为普遍的政治原则得到信仰,权力的统治必须经过被统治者的同意并以一定的制度、形式和程序表现出来,而且权力以保障权利为使命;社会领域就是人由于流动和分化可以在一定范围内脱离共同体而存在,并且寻求更高层面共同体的呵护;文化领域则是人的理性精神的扩展,价值观念的人本化,人成为价值评判的标准。当然,经济、政治、文化和社会层面的现代化是相关联的,是现代性在不同维度的反映。而且,随着时代变迁,现代性的内涵是变化的,人类始终在追寻一种更全面、合理的现代性,因而从这个意义上讲,现代化又是一个没有终点的过程。

第二节 认同与政治认同

一 认同

汉语中,《辞海》对于认同的解释有三条:第一,共同认可,一致承认;第二,社会学中人们在交往过程中,为他人的感情和经验所同化,或者自己的感情和经验足以同化他人,彼此间产生内心的默契;第三,精神分析术语,个体通过潜意识模仿某一对象而获得心理归属感的过程。前者涉及人的行为层面,后两者都涉及到心理层面。行为层面是外在表现形式，心理层面是内在根源，两者互相影响。① 《现代汉语词典》中，认同有两层涵义：一是认为跟自己有共同之处而感到亲切；二是承认、认可之意。②

认同与英文 identity 对译，源于拉丁文 idem（即 the same）。在哲学和逻辑学中，idem 被译成"同一性"，表示两事物之间的相同性、一致性和连贯性。在其他语境中，还被翻译为"身份""特性""属性"等。认同基于人的心理、情感层面，其逻辑起点是自我认知，所以认同最早是心理学概念。弗洛伊德认为，认同是"一个心理过程，是个人向另一个人或团体的价值、规范与面貌去模仿、内化并形成自己的行为模式的过程，认同是个体与他人有情感联系的最初形式。"③ 他也认为，认同与权威和权力的维护密切相关。

《牛津词典》中，identity 被解释为：（1）"who or what somebody/something is，"即身份、本真；（2）state of exact likeness or sameness，即相似性、同一性，④ likeness or sameness，即同一性、相似性、一致性。《韦伯词典》把 identity 界定为：第一，可考虑的在所有特质中成为同一的事实条件；第二，成为某种特定的个体或物体的事实或条件；第三，和被设定的、描述的或提出的某人或某物成为同一的条件。⑤ 大体而言，identity 包含三层含义：其一，人或物的内在的、本真的属性，即是谁（什么）？；其二，具备此属性的个体或群体的同一性的自我认知，即我（们）是谁，谁和我（们）相同？；其三，我（们）和谁相异。三层内涵是相互递进关系，其一是比较和评判的基本依据，其二是一种自我认知，其三是一种自我与他人的比较。

认同一词日益流行，但是缺乏普遍接受的认同概念，认同的内涵越来越模糊。"最近若干年来，人们对于认同很感兴趣……'认同'在当代社会科学和人文科学中的使用范围极为广泛，也使人迷惑不解。它可以

---

① 夏征农、陈至立主编：《辞海》，上海辞书出版社 2010 年版，第 1890 页。

② 中国社会科学院语言研究所主编：《现代汉语词典》（修订本），商务印书馆 1996 年版，第 1067 页。

③ 梁丽萍：《中国人的宗教心理》，社会科学文献出版社 2004 年版，第 12 页。

④ 霍恩比：《牛津高阶英汉双解词典》，商务印书馆 2002 年版，第 734 页。

⑤ WEBSTER, *Webster's New Universal Unabridged Dictionary*（DeLuxe, Second edition），USA: Dorser&Baber, 1983, p. 902.

被用于一个人、一个地方，一个国家甚至整个世界。它能够被用于无生命的东西上……在某些用法中，'认同'是'人格''自我性'（selfhood）这些术语的继承者；"① 笔者认为，理解认同需要把握三个要素：主体问题即什么（谁）的认同、客体问题即认同什么、形式问题即以什么层面表现出来的认同。

第一，就主体而言。认同对于不同主体意义不同。就个人而言，认同同时表现为两种面向："自我认同"（self-identity）和"社会认同"（social identity）。前者指涉"存异"，即"自我证明"（self-verification）和自我预期（self-efficacy）；后者指涉"求同"，即"去个性化"（depersonalization）。② 两者是一对辩证而又统一的矛盾。过分突出"异"而忽视人类的普遍共性即为"世人皆醉我独醒的异类"，过分追求"同"而忽视特殊性即为"失去自我的行尸走肉"。正如泰勒所说："一个人不能基于他自身而是自我。只有在某些对话者的关系中，我才是自我：一种方式是在与那些对我获得自我定义有本质作用的谈话伙伴的关系中；另一种是在与那些对我持续领会自我理解的语言目前具有关键作用的人的关系中——当然，这些类别也有重叠。自我只存在我所称的'对话网络'中。"③ 就社会层面而言，认同是划清社会群体的符号边界、划分内群与外群，以及实现内群体向心力的生产和再生产、确立群体的内向的合法性的必要条件。社会认同理论将认同视为一个区分内、外群体的过程。"个体通过社会分类，对自己的群体产生认同，并产生内群体偏好和外群体偏见。个体通过实现或维持积极的社会认同来提高自尊，积极的自尊来源于内群体与相关的外群体的有利比较。当社会认同受到威胁时，个体会采用各种策略来提高自尊。个体过分热衷于自己的群体，认为自己的群体比其他群体好，并在寻求积极的社会认同和自尊中体会团体间差异，就容易引起群体间偏见和群体间冲突。"④ 对于认同主体而言，认同

---

① 王成兵：《当代认同问题的人学解读》，中国社会科学出版社 2003 年版，第 6 页。

② Jan E. Stets and Peter J. Burke, *Identity Theory and Social Identity Theory*, Social Psychology Quarterly, Vol. 63, No. 3 (Sep., 2000), pp. 224-237.

③ [美] 阿兰·博耶：《公民共和主义》，应奇、刘训练译，东方出版社 2006 年版，第 380 页。

④ 张莹瑞、佐斌：《社会认同理论及其发展》，《心理科学进展》2006 年第 3 期。

是确定身份,区分我与他、同与异的过程。

第二,就客体而言。认同在社会生活中非常普遍,依据认同的客体所属领域的不同,可以分为社会认同、文化认同、政治认同等。社会认同指个人的思想、行为与社会道德规范或者期待相一致,包括角色认同、职业认同和道德认同。角色认同指人们在社会的不同时空中扮演的角色的认同,如血亲认同、性别认同。职业认同指人们在社会中认为工作不仅是生存的需要,而且是自我价值实现的需要,如教师认同、官员认同、医生认同等。道德认同即人们对社会的传统观念和道德习俗的认同,如孝道认同、尊老爱幼等。文化认同即对一个国家、民族在特定时空背景下流行的思想、观念、行为模式的认同,如饮食文化、娱乐文化等的认同。

政治认同即在政治领域中公民对于政治共同体的赞同性态度和心理归属感及其外在化的行为。下文将详细论述。总而言之,认同发生在不同领域就产生不同的认同。而不同领域认同客体本身是分层次的。以政治认同为例,由内向外依次是意识形态认同、制度认同和行为认同。内层是最稳定和最不易改变的,而外层则是最易变的。

第三,就表现形式而言。认同作为主客体关系的一种状态,表现在两个层面:心理和行为。心理层面即主体对于客体的一种态度和情感,赋予个体存在感。行为层面即由心理层面的外在化呈现出的行为方式。认同首先是心理层面的感觉,以心理的需要和归属为基础。行为认同是心理认同的外显和体现,两者相互关联。政治心理是政治行为的原动力,缺乏政治心理的先导就不会发生政治行为。不同的政治心理往往出现不同的政治行为,并直接影响现实政治生活的性质、内容、形式的变化。

任何认同的建构和重塑,都不宜偏著于一种特殊主义或一种普遍主义。"任何特殊之认同,都有必要参照普遍性认同,而超越'区域主义'或'部族主义'之局限,藉由体现并履践某些确定的普遍原则(平等、自由、天下为公、全人类的解放等)来提升自我;反之,任何普遍性之事物或原则,亦必须通过特殊、具体之历史处境,方能被体现(被体认、被解释、被履践),否则终不免流于空泛不实、陈义过高、曲高和寡的理想。"[①] 总之,认同是一个"求同"与"存异"相互促进和建构的过程,

---

[①] 罗晓南:《当代中国文化转型与认同》,生智文化事业有限公司1997年版,第221—222页。

当强者试图携普遍主义之势将自身的观念、制度、价值、理论等推广到其他地区和人身上时,恰恰不经意间唤起了弱者的自主意识,使他们不仅对自身利益有较为清醒的认识,而且也使人们在比较中认识到自身所属群体的独特性,并努力坚持和扩展。

二 政治认同

政治关系是社会关系的核心。亚里士多德指出:"人类在本性上,也正是一个政治动物。"每个人都生存在特定政治共同体中,因而产生人与政权的关系问题,而政治认同是社会成员和政权之间政治关系的交汇点,是认同在政治层面的展开。阿尔蒙德在《比较政治系统:体系、过程和政策》中认为,政治认同是一种政治态度、信仰和政治情感,并提出了政治认同意识和政治认同感等问题,将政治认同归入政治文化范畴,同时也开创了政治认同的归属感说。罗森鲍姆在《政治文化》中对政治认同作了明确的界定:"政治认同是指一个人感觉他属于什么政治单位(国家、民族、城镇、区域)、地理区域和团体,在某些方面的主观意识上,就是他自己的社会认同的一部分,特别是,这些认同包括哪些他感觉要强烈效忠、尽义务或责任的单位和团体。"[①] 罗森鲍姆对政治认同的界定有两个层面:心理和行为。心理层面是指公民对于政治共同体的态度、情感和归属感等主观感受,其直接关乎公民的幸福。需要层次论认为,人的需求分成生理需求(Physiological needs)、安全需求(Safety needs)、爱和归属感(Love and belonging)、尊重(Esteem)和自我实现(Self-actualization)五类,其中归属感是人的重要需求。因此,人的政治归属感对于个人幸福具有重要的意义;行为层面是指公民基于心理感受而做出的具体的、外显的政治认同行为,直接决定政治统治的合法性和有效性。政治系统论认为,政治过程就是公民、政策制定者之间的输入—转换—输出—反馈关系。而公民的输入一方面是对政治系统的需求,另一方面是对政治系统的支持,特别是行为上的支持,显然,政治认同是政治支持的重要形式。有学者也指出:"政治认同反映的是一个从心理到行动的演化过程(政治认知—政治情感—政治判断—政治参与),是社会公众对

[①] [美] 罗森鲍姆:《政治文化》,陈鸿瑜译,台北桂冠图书有限公司1984年版,第6页。

政治客体做出的一种心理反应和行为表达。"① 对于政权而言，政治认同是政治合法性、凝聚力和向心力的重要表征，特别是在政治转型时期，政治认同尤为重要。卡斯特断言："在一个普遍充斥着组织崩溃、制度丧失合法性、主要的社会动员消失无踪，以及文化表现朝生暮死的历史时期里，认同变成是主要的，有时甚至是惟一的意义来源。"② 所以，政治认同也是政权重要的现实追求。综上所述，笔者认为，政治认同是公民基于自我觉醒形成的对于政权的赞同性态度、支持性行为和心理归属感。其中自我觉醒是现代政治认同的必要条件，区别于传统社会纯粹基于先天性和不可选择性因素决定的自发性政治认同。政治认同包括如下内涵：

第一，政治认同是主体与客体的对立统一。政治认同是主体之于客体的情感、态度和行为，它来源于主客体之间持续的互动中。"政治认同既是认同主体作用于认同客体的过程，又是认同客体反作用于认同主体的过程。在两者构成的对立统一的有机整体内，存在着二元张力的矛盾，这个矛盾规定着政治认同的基本状况。"③ 首先，政治认同源于"自我"的主体。主体找到真实的"自我"，才能够评判客体，政治认同才具有根本标准。换句话说，政治认同是以客体满足主体的价值需要为前提的。所以，政治认同首先需要公民的自我觉醒，形成自我的世界观、价值观和人生观。没有"自我"也就无所谓认同。"自我"意味着人成为政治共同体和自己的主人，成为独立、自由的个体。在选择生活方式、价值观念、行为方式时，不再受到传统的束缚和权威的强制。反映在价值观念上就是由"因为它对，所以我认为它对"的传统思维转向"因为我认为它对，所以它对"的现代思维。不再有永恒的、超然的、神圣的价值高悬于人们头上，个体成为政治生活的主角。其次，政治认同需要"作为"的客体。政治认同是主体与客体关系的状态，其潜在的价值取向是客体满足主体的价值需要，客体围绕主体的需要而运行。换句话说，政治认同这一概念的内涵主要指涉客体如何能够获得主体的认同而非主体如何积极地认同客体。也就是说更多的是对于客体而非主体的道德苛求和责

---

① 胡建、刘惠：《社会公正：政治认同的制度性资源》，《理论探索》2009年第5期。
② ［美］曼纽尔·卡斯特：《网络社会的崛起》，夏铸九等译，社会科学文献出版社2000年版，第3—4页。
③ 方旭光：《政治认同的基础理论研究》，博士学位论文，复旦大学，2006年。

任赋予，要求客体积极"作为"，履行政治社会责任和道德义务。从一定意义而言，政治认同是一个自由主义概念，既因自由主义观念产生政治认同需求，也因自由主义思想泛滥产生政治认同危机。在政治共同体存在和运行的不同层面，政治认同的客体存在差异性。在行为层面，政治认同客体更多地指向统治者和政权，即公民对于政权的支持；在心理层面，政治认同客体主要指向作为政治共同体的国家。

第二，政治认同是演变与建构的对立统一。政治认同是主客体关系的状态，一方面取决于"自我"的主体，另一方面取决于"作为"的客体。前者强调主体对于客体自觉的理解和认识，以一定的标准定位客体在特定的时空、道德体系中的位置，理解其来自何方、走向何处，具有演变性的特点。演变性意味着政治认同除了受主客体自身的影响之外，还要受到相关社会历史条件的制约和影响，并随着条件的变化而变迁。政治认同的演变过程中，既有方向性的质的改变，也有程度和形式的量的增减。演变性突出政治认同的连续性和规律性，注重社会、历史条件对于认同形成的作用。后者认为政治认同是个体或者共同体的自我建构，即强调认同主体的能动性。泰勒指出："自我部分地是由其自我解释构成的。"[①] 卡斯特在解释认同时说："关于认同，当它指涉的是社会行动者之时，我认为它是在文化特质或相关的整套的文化特质的基础上建构意义的过程。角色是由社会的组织与制度所架构的规范来界定。认同则是行动者意义的来源，也是由行动者经由个别化的过程而建构的"[②] 亨廷顿在界定认同时也指出："identity 的意识是一个人或一个群体的自我认识，它是自我意识的产物，在绝大多数情况下，identity 都是建构起来的概念。人们是在程度不等的压力、诱因或自由选择的情况下，决定自己的 identity 的。"[③] 当然，强调认同者的能动性并不意味着认同的建构是完全自由的，而是受到特定的基础秩序的制约，是在不同主体间的相互沟通、

---

① [加]查尔斯·泰勒：《自我的根源：现代认同的形成》，韩震等译，译林出版社 2001 年版，第 48 页。

② [美]曼纽尔·卡斯特：《认同的力量》，夏铸九等译，社会科学文献出版社 2003 年版，第 2—3 页。

③ [美]亨廷顿：《我们是谁？美国国家特征面临的挑战》，程克雄译，新华出版社 2005 年版，第 20—21 页。

交流过程中建构的。这也是泰勒把话语引入认同的解释的原因。

第三，政治认同是权力和权利的对立统一。政治认同主体和客体存在着各自的利益需要，两者相互作用的过程是围绕利益的实现而展开的。从本质上而言，政治认同是权力和权利的对立统一。权利是现实政治生活中最普遍存在的问题，也是人们社会生活中使用最多的词汇之一。但是权利的实现与权力密切相关。19世纪新黑格尔学派的代表人物格林主张权利是得到权力承认而形成的。① 所以，权利是在特定的社会历史关系中，由公共权力确定的社会成员享有特定利益的资格。权利是"特定社会中的人的需要的权力化"。② 反过来说，权力的统治又是以被统治者的同意为前提的，"被赞同"的统治成为现代政治的基本原则。卢梭指出：即使是最强者也决不会强得足以永远做主人，除非他把自己的强力转化为权利，把服从转化为义务。权利以某种自由和优先的形式存在，权力不得不接受作为权利前提的正当性评价。权利的主体是公民，作用指向是己向的，是对自身利益的界定；权力的主体是国家政权体系，作用指向是他向的，是对他人权利的界定。因此，在政治生活中如何从政治权力中获得自己相应的政治权利并实现利益成为政治认同主体认同与否的关键。

第四，政治认同是存异与求同的对立统一。对于个体而言，认同表现为存异与求同两种并存的面向：自我认同和他者认同。前者指向特殊性和个性，来源于自我解释和自我证明；后者指向普遍性和共识性，来源于对话与互动。在政治领域，自我认同即对政治特殊性的肯定，其依据在于政治是具体的和历史的，与特定国家的政治、历史、经济等国情密切相关。他者认同即对政治普遍性的追求，其理论根源在于人性是相同的，人类政治活动具有共通的规律，与人类社会的发展趋势相适应，没有所谓的政治"世外桃源"。两者是一个硬币的两面，缺一不可。忽视人类政治的普遍规律，刻意追求自我认同只能是"众人皆醉我独醒"式的政治标新立异，短期内可能产生"虚高"的政治认同，但是忽视政治的普遍性因素会失去政治发展的方向和动力，使政治认同无法持久、巩

---

① [美]贝思·J.辛格：《实用主义、权利和民主》，王守昌等译，上海译文出版社2001年版，第62页。

② 张江河：《对权利与义务问题的新思考》，《法律科学》2002年第6期。

固和升华；忽视具体国情的特殊性，放弃自我而照搬他国政治模式只能沦为"邯郸学步"式的政治笑柄，使政治认同无法落地、生根、发芽、开花。所以，认同的政治应该是既符合人类政治运行的普遍规律，又符合国家具体的政治、社会、历史、文化等国情，共性与个性相融合，普遍与特殊共存，两者和谐共存于政治的不同层面。政治认同建设过程实质上就是不断探索和确定政治的什么层面是普遍的、什么层面是特殊的历程。当对于该问题形成基本的社会共识往往意味着政治认同大厦建设的主体工程基本完成。

第五，政治认同是理性与非理性的对立统一。人是理性存在物。理性作为一种内在力量指引着人对自身和客观世界的认识和评判。政治认同作为主体之于政治共同体的态度、情感和行为，其形成和发展都是理性指引下直接或间接的结果。在现代政治中，认同的内涵必须用理性加以抽象、归纳和界定；认同的内容都是经过人类的理性思考加以整理过的东西，从根本上是符合理性精神的；认同的危机、演变和发展的动力都有理性的蛛丝马迹。但"认同"又并不是永恒不变和始终如一的，它始终处于一种变动之中。"使得事情变得更为麻烦的是，自我和认同两者都是进化的概念，这就意味着在不同的历史时期它们具有不同的意义。"[1]而变迁的动力则是源于主体对于客体的质疑，寻求一种更高层次的政治认同。质疑则是理性的重要标志之一。在理性的指引下认同向着更高的层次迈进。同时，认同作为人的精神和心理活动的重要组成部分，不可避免地打上非理性的印迹。"要肯定在创造人的自我中非理性因素的存在及其重要性——自我则展示着驱使力、激情、憎恨、欢乐、希望、见识和忧虑，而我们就是这些东西。"[2] 没有激情，就从来不可能有对于真理的锲而不舍的追求。激情和热情是人追求理想、实现目标的本质力量。但是，非理性具有跳跃性、不稳定性和非逻辑性，造成认同的碎片化和易变性。碎片化是指认同并不是以一种整体性的态势呈现出来，而是一幅马赛克式的图景，其中含有不规则的、零散的认同的因子。易变性是指认同并非稳定的、连续的、具有规律性的，而是令人难以捉摸、难以驾

---

[1] Richard D. Ashmore, Lee Jussim and David Wilder (edited), *Social Identity, Intergroup Conflict, and Conflict Reduction*, Oxford University Press, 2001, p. 5.

[2] [美] C. W. 莫里斯：《开放的自我》，定扬译，上海人民出版社2010年版，第9页。

驭。理性与非理性共同引导着政治认同的形成。

第三节 现代化与政治认同塑造

传统社会中，人主要生活在以血缘、地缘等自然关系为纽带联系起来的共同体当中。纽带的天然性、不可切割性决定了个体的成员资格的永恒性，形成了相对稳定的归属感，如家族，村落。"我们生于斯，长于斯，而且时常是即使我们在成人时期离开过最后还愿意终了天年的地方。"① 上述亲密关系的群体兼具"心理性共同体"和"记忆性共同体"的功能。一个心理性共同体成员参与到公共生活中，"并且在追求共同目标时感受到一种心理上的'共生共存感'"。② 记忆性共同体"提供了一种道德传统，有助于表述我们生活中的一致性，使我们有义务来促进我们的历史中所记忆和期望的理想，把我们的命运与我们的前辈同时代的人以及后代连结在一起。"③ 空间上的休戚与共之情以及成员之间的共同感维系着对于共同体的归属感。人与人之间的深度交往、血缘亲情、稳定的风俗习惯使得人能够从共同体中获得一种稳定的归属感和安全感。人的生活的全部意义存在于亲密共同体，因而远离政治共同体。政治"由肉食者谋之"，"素民"不问政治，只是被动的服从，不存在现代意义上的自觉性的政治认同问题。

现代化逐渐侵蚀了传统的、情感的和地域的纽带，"亲属关系、宗教同道和公民友谊关系均已无法或不足以提供精神支持了。各种传统关系不足以向负担过重的个人提供支持。"④ 人与人之间的交往变成一种浅表的、短暂的、局部的接触，人们在戴着面纱的情况下进行交往，大多数人不会将自己真实的内心世界展示给对方。"陌生人"式的人际关系造就了"精神流浪汉"，使人产生"无家可归感"。同时，纽带的断裂使人的

---

① [美] 丹尼尔·贝尔：《社群主义及其批评者》，李琨译，生活·读书·新知三联书店2002年版，第96页。

② 同上书，第176页。

③ 同上书，第124页。

④ [美] 罗伯特·贝拉：《心灵的习性：美国人生活中的个人主义和公共责任》，翟宏彪译，生活·读书·新知三联书店1991年版，第180页。

本质属性由"社会人"向"自由人"转变。人的自主性、主体性的获得，政治上的后果则是由"臣民"向"公民"转变。里普森指出："人们中的大多数在过去的千百年里一直地位低下、朝不保夕，他们已经习惯于认为这种情况是命中注定的，习惯、惯性和无知共同维护着既存的社会架构。……在这样的社会中，政治只是有限舞台上的一个角色，老百姓只是消极的观众，他们无法理解政治的表演，只是坐在远处观看。现代的政治革命和社会革命戏剧般地改变了这种情况，其中最基本的变化是，民众不再像从前那样仅仅只是一个被动的观众。……20世纪是群众行动的政治。今天在大多数的社会里，政府不能再指望有消极的公民，他们必须面对积极的公民。"[1] 积极公民带来了政治关系的变革：由传统社会中个体对于政权的被动的服从，单向度的权力关系向个体对于政权的主动的承认，双向度的权力互动。主动的承认是一种选择性肯定和认同。

认同是个现代性命题。泰勒指出："认同危机是个现代性问题，当然并不是说古代社会没有认同，而是在现代之前，它们根本不成问题，不必如此小题大做。"[2] 政治认同与现代化在本质上是关联的。认同问题便是现代化背景下产生的。传统社会中缺乏充分的自我意识，个体湮没在群体之中，在"大我"即"小我"的依附关系中，认同问题无从谈起。只有人从传统社会的"臣民"转变为现代社会的公民，才引起政治认同问题。如特纳所言："公民资格实质上是现代政治的产物，即法国大革命与工业革命的社会政治结果……完整意义上的公民资格是封建与奴隶社会衰亡的结果，因此，与现代工业资本主义社会的出现直接关联。用更具社会学意义的术语来说，公民资格既是现代的构成要素，也是现代化过程的结果。"[3] 众所周知，公民身份是研究政治认同的三大视角之一。当然，现代化与政治认同的高度关联性并不意味着两者之间是简单的线性相关，而是存在一定程度的契合与悖离。现代政治发展源于两者之合，

---

[1] [美]莱斯利·里普森：《政治学的重大问题：政治学导论》，刘晓等译，华夏出版社2001年版，第181页。

[2] [加]查尔斯·泰勒：《现代性之隐忧》，程炼译，中央编译出版社2001年版，第48—58页。

[3] Bryan Sterner, Peter Hamilton, *Citizenship: Critical Concepts*, London and NewYork: Rutledge, 1994, p. 8.

政治认同建设是现代化的应有之义。而政治认同危机的普遍性存在则源于两者之悖。政治认同并非伴随现代化自然生成,而是具有内在的发展逻辑。现代化进程中,科学技术的进步以及交通和通讯的发展带来人的大规模迁徙和人口流动,逐渐侵蚀了传统的血缘和地缘纽带,人走出依靠血缘维系的天然的初级群体和共同体,进入更多、更广的次级群体,并形成新的共同体,面对异质共同体,认同成为无法回避的问题。同时,随着观念变革和思想启蒙,人的价值被肯定,成为社会的中心,人的理性逐渐增长,主观上出现认同的需求。主观和客观条件的变化带来政治关系的变革:由传统社会中个体对于政权的被动服从转向现代社会中的自觉认知,政治认同成为人的主观性、选择性问题。换言之,现代认同并非必然产生,而是附带条件的选择性认同。条件的缺失将引发政治认同危机。推进现代化建设要求考量政治认同问题,政治认同塑造是现代化的应有之义。现代化与政治认同的契合之处,规定了政治认同塑造的指向,保证认同政治的现代性。现代化视阈中政治认同塑造既要坚守取向,保障政治认同的现代性,避免盲目追求政治认同而牺牲现代化;又要充分利用空间,深刻挖掘政治认同的资源,防止过度追求现代化而忽视政治认同塑造,导致政权瓦解和现代化中断。

一 契合之处

第一,自我觉醒是现代化与政治认同的同一起点。在前现代社会,维系人与人之间关系的纽带是血缘、地缘等自然的联系,每个人在纽带上的位置是固定的,自我与社会是同构的,界限是模糊的。所谓家国同构就是此理。在自然的联系中,人受到各种各样与生俱来的、无法摆脱的束缚,人的自主性和能动性受到极大的压制,对于既定存在更多的是顺从而非质疑,固有"因为它是对的,所以我认为它对"的说法。而现代性首先是人自身力量的发现,是自我意识的觉醒,是对人个性的肯定。现代化则是人的主体性不断得到发现、巩固和增强的过程。"人类社会发展以追求人的自由与解放为核心取向,人类历史从古代迈入现代的根本标志就是:人从一种被决定的力量逐渐解放为一种决定性的力量。"[①] 因此,觉醒的"人"成为现代社会的逻辑起点。人的"自我"的发现必然

---

① 林尚立:《现代国家认同建构的政治逻辑》,《中国社会科学》2013年第8期。

带来与人相关的各种关系的重塑。在自然领域，人成为改造自然的主体，人为自然立法。自然作为人类经验的产物，自然规律是人认识和改造自然过程中基本经验的总结。从此之后，人不再被动地服从外部的客观力量，转而认为主体的活动可以使外部适应人的内在需要，人不再一味顺从自然，而是努力改造自然满足人的需要。在社会领域，人与人之间关系走向平等。因为外在权威消失之后，人都成为原子化的个体，人与人之间的关系更多的是横向而非纵向联系，必须有新的规范调整人与人之间的关系，保证秩序的实现，保证人与人在规范面前的平等，也就是现代法治的产生。在精神领域，自我意识产生，人都根据自己的理解建构社会，不同的自我有不同的认识，追求不同的生活和超越自己的现状。同时人成为主体之后，"我思故我在"又突出一种先验的、普遍的超越时空的价值追求。这样就产生自我的特殊与普遍之间的矛盾。因此，现代化就是不断在各领域实现"自我"的过程，反映在政治领域就是民主的发展。人成为自己的主人后参与决定共同体事务，成为政治价值的标准并以此衡量政治活动。民主是政治认同的理论依据。没有"自我"意识的"民"，没有民主的思想观念，政治认同的态度和情感就缺乏主体，政治认同也就无从谈起。

第二，发展性是现代化与政治认同的共同特点。自从现代化的按钮启动以来，人类社会的现代化进程就一刻也没有停止过，不同的国家和社会都卷入了现代化的浪潮中，都走在现代化的路上，区别只是在现代化的发展序列中位置的差异而已。对于人类而言，现代化就像一个人以惊人的速度冲向一条隧道，却不知道隧道的另一端等待着他（她）的是什么。这个过程虽然可能有挫折和偶然的倒退，但是整体上而言是个乐观的、进步的过程。短期内可能付出一定代价，但是长期来看是符合人类根本利益和人心所向的。现代化往往不停留于现在，而是突出强调现代的过渡性和暂时性，强调现在是被未来规定的，是被不断超越并向未来开放的，强调人的历史进步的可能性。认同是主客体间持续互动中确定归属感的过程，受主客体和环境的双重影响。客观环境的变化必然引起认同的变化。特别是随着现代化中社会生产力的发展、社会结构的变化、高度的社会流动性的出现，新旧认同的交替速度加快，认同始终处在一个肯定—否定—再肯定的螺旋式上升、波浪式前进的变迁过程中。政治认同也处于由低级认同向高级认同、由单一认同向复合认同转变中。

本书认为,发展性的根源在于"自我"的人的需求的无穷尽性。"变化、改变、超越、扬弃、创新等成为现代人生活的突出标志,也是现代人心灵永无止境的诉求和生存驱动力。"① 人的全面、无尽发展的需求推动现代化的持续深入和政治认同的不断变革。发展性是现代性的重要组成部分,是现代社会的显著特征。发展性源于科学技术进步日新月异带来的人的需求的变动性,现代化往往不意味着现在,而是强调现代性的瞬间性,强调现在是被未来规定的,是被不断超越并向未来开放的。吉登斯指出:"现代性内在地是指向未来的,它以如此方式去指向'未来',以至于'未来'的形象本身成了反事实性的模型。期待未来本身成了现在的一部分,因而它与未来将怎样发展重新关联在一起。"② 所以,现代化实质是现代性不断发展并替代的过程。认同是主客体在持续互动中产生态度、做出行为和确定归属的过程。互动展开的时空场域是认同形成的背景。时空条件的变换决定了认同始终处于否定之否定的过程中。政治认同作为最核心的认同问题,也随着时空转换而变化。政治认同是"自我"的主体、"作为"的客体和"变动"的情境的函数。不同的情境下,政治认同的主体、客体、资源和依据迥异。譬如,由于公民身份观念的差异,19 世纪前半叶美国政治认同的主体不包括黑人,而 20 世纪后半叶随着民权运动高涨,黑人就成为美国政治认同的重要主体。总体而言,政治认同发展呈现主体普遍化、客体深层化、资源多元化、依据世俗化的发展图景。发展性决定了政治认同塑造并非追求静止和永恒,而是随着外在时空条件的变化而变动。所以,政治认同并非亘古不变,政治认同塑造也非一劳永逸,而是需要根据时空背景和主体构成、需求特点等进行适应性变革。

第三,求同性是现代化与政治认同的相同倾向。传统社会以不同的类型存在,有人认为传统社会除了缺乏现代性之外,几乎没有其他共同之处。相反,现代社会却基本上相似,具有一些普遍规律。现代化则是这些普遍规律指引下的社会发展历程。而普遍主义的根源在于人的理性。恩格斯指出:"尽管各个人都有自觉预期的目的,总的说来在表面上好像也是偶然性在支配着。人们所预期的东西很少如愿以偿,许多预期的目

---

① 衣俊卿:《现代性的维度》,黑龙江大学出版社、中央编译出版社 2011 年版,第 120 页。
② [英] 安东尼·吉登斯:《现代性的后果》,田禾译,译林出版社 2011 年版,第 155 页。

的在大多数场合都互相干扰,彼此冲突,或者是这些目的本身一开始就是实现不了的,或者是缺乏实现的手段的。这样,无数的单个愿望和单个行动的冲突,在历史领域内造成了一种同没有意识的自然界中占统治地位的状况完全相似的状况。"① 表面上而言,恩格斯是注意社会发展中的偶然性,实质上是凸显相同性。布莱克则直接指出:"现代的思想和制度所具有的普遍性可能达到这样一个阶段,在这个阶段上,各个社会是那么同质,以致有可能形成一个世界国家。"② 亨廷顿明确断言,现代化是一个同质化的过程。现代化、现代化理论最早起源于西方,无论从实践还是理论取向而言,都具有普遍主义的倾向。政治认同作为现代政治现象,以自我为中心展开对于政治客体的认识和评价,而认识和评价的基础则是一些先验的、理想的普遍主义的价值,即假设价值、程度、规范等方面应该具有普遍一致的标准,跨越时空、文化、民族而具有有效性。事实上,政治认同本身起源于异中求同、同中求异的比较中对于自我政治客体的归属感。缺乏普遍主义的追求,就不会产生特殊主义的感受,也不会产生政治认同。

二 悖离之处

第一,现代化的客观性与政治认同主观性。现代化是人获得"自我"后人与社会在"自我"中变化的过程,动力来源于人的理性的扩展。理性则是对于确定性、客观性和规律性的追求。现代化与理性在很大程度上是等同的。詹姆斯·奥康内尔指出:"分析因果关系的方式是现代化的核心。世界有一个秩序,一切事物之间存在着一种联系,任何事情的发生无不有一个原因;凡发生的事情,无论是宗教的还是世俗的,都有可能对它提出问题,进行分析,迫使它呈现出奥秘。"③ 所以,现代化与客观性相关。而客观性的背后力量则是科学。科学是建立在实践基础上,经过实践检验和严密逻辑论证的,关于客观世界各种事物的本质及其规律的知识体系。现代化的每一次浪潮都与科学技术的革命相伴随,是人

---

① 《马克思恩格斯选集》第 4 卷,人民出版社 1995 年版,第 247 页。
② [美] 西里尔·E. 布莱克:《比较现代化》,杨豫译,上海译文出版社 1996 年版,第 46 页。
③ 同上书,第 25 页。

对自然、社会运行客观性的精确把握，是客观性的不断呈现。政治认同则是人们从内心深处产生的一种对于政权的态度情感。弗洛伊德将认同看作人的心理过程。无论情感或心理，都是人的一种主观感受，具有主观性。主观性是政治的非理性因子的体现。沃拉斯对于政治中的冲动、本能和非理性等做出了解释："人并不总是按照对目的和手段的推理行事的"，"在政治中，人往往在感情和本能的直接刺激下行事，感情和兴趣可能针对那些与我们借助有意观察分析而发现的周围世界的实际情况大不相同的政治实体。"① 过分突出现代化的客观性，追求不以人的意志为转移的现代化过程，忽视了政治运行的非理性一面对于现代化的影响，将社会运行等同于线性逻辑的自然规律，忽视社会发展的多样性和偶然性，可能产生以因正因而生变果的现代化悲剧；过分突出政治认同的主观性，忽视了现代化进程中人类变迁的规律性和政治认同产生、发展、变迁的规律性，也可能造成政治认同的掩耳盗铃式的笑柄。

第二，现代化的革命性与政治认同的历史性。从上文关于现代化的解释中不难看出，现代化的另一层涵义是"成为最新的东西"。从精神层面而言，现代化一个最显著的标志就是新的"时代意识"的不断生成，将人自身的历史视为一个不断超越、发展、永无止境的开放的过程。马克思、恩格斯概括现代化时说："生产的不断变革，一切社会状况不停的动荡，永远的不安定和变动，这就是资产阶级时代不同于过去一切时代的地方。一切固定的僵化的关系以及与之相适应的素被尊崇的观念和见解都被消除了，一切新形成的关系等不到固定下来就陈旧了。一切等级的和固定的东西都烟消云散了，一切神圣的东西都被亵渎了。人们终于不得不用冷静的眼光来看他们的生活地位、他们的相互关系。"② 现代社会日新月异的变革与现代人的精神互为因果。"现代人不再沉溺于带有神圣性的过去和传统，而是把此时此刻的现在或现代置于关注的焦点，并将自己的时代规定为一个根本不同于过去的时代；另一方面，现代人又不停留于现在，而是突出强调现在的过渡性质和暂时性质，强调现代是

---

① ［英］格雷厄姆·沃拉斯：《政治中的人性》，朱曾汶译，商务印书馆1995年版，第15、63页。

② 《马克思恩格斯选集》第1卷，人民出版社1995年版，第275页。

被未来规定的,是被不断超越并向未来开放的。"① 所以,现代化是一种超越和批判的过程,不断颠覆现存但走向哪里却永远是个谜。因此,人们常常引用波德莱尔关于现代性就是过渡、短暂、偶然的见解。现代化的革命性对于历史和现在永远持一种否定和批判的态度,与政治认同的历史性产生张力。政治认同具有强烈的现实指向,但是与历史密切相连。人不仅活在"当下",也活在"历史"当中,既是"现代人"又是"历史人"。人的身份认同很大程度上是依靠其在时间序列中的坐标定位的。"无论是主动追求还是被迫塑造,有限制的身份认同几乎总是建立在一种对'集体记忆'的呼唤之上。"② 在历史与现实的对比中,历史对于政治认同具有重要影响。惨痛的历史记忆有利于塑造现在的政治认同,相反,美好的历史记忆与悲惨的现实处境可能消解现在的政治认同。过去之历史,无论是否被赞成,都在身份认同中占据着重要位置。例如中国共产党通过纪念七·七事变、抗日战争胜利、九·一八事变、设立南京大屠杀国家公祭日和烈士纪念日等举措唤醒中国人民的集体历史记忆,唤起公民对于现存政权的认同。因此,现代化的革命性不断洗涤着政治认同的历史痕迹,使人在时间序列中艰难地寻找着自身的坐标,无处安放的历史记忆造成政治认同历史资源的缺乏,使得认同更多地来源于现在的绩效与未来的承诺。

第三,现代化的超越性与政治认同保守性。现代化是人类社会永恒性的变化过程,涉及多层面、多领域的深刻变迁。从时间取向而言,现代化具有向前性、进步性,始终不断追求未来,超越当前,成为最新、最先进,批判当前、历史等向后或者静态的东西;从空间取向而言,现代化反对局限于一定空间范围,主张由内向外、从小到大扩展,提倡一体化、全球化等,批判画地为牢、泾渭分明的格局主义。所以社会实践不断受到实践中产生的新的认识的检验和改造,不断改进现实向更高、更远、更好发展。但是,政治认同是政权体系的重要追求,是维护统治合法性的重要前提,具有保守性。所以,政权为了巩固自身统治的需要,利用权力在社会中的作用,试图建构公民的政治认同。建构的方法之一

---

① 衣俊卿:《现代性的维度》,黑龙江大学出版社、中央编译出版社2011年版,第117页。
② [法] 阿尔弗雷德·格罗塞:《身份认同的困境》,王琨译,社会科学文献出版社2010年版,第3页。

是意识形态教育。即利用各种主体、渠道和资源宣传现存政权的价值合法性，增加政治认同。

现代化与政治认同既存在契合又存在悖离。契合意味着政治认同与现代化密切相关，是现代化中无法逃避的问题，任何国家的现代化都无法忽略政治认同建构。同时，契合划定了政治认同建构的下限，也即不能突破现代化的一般规律，任何政治认同的建构必须置于现代化的时空背景下。悖离释放了政治认同建构的上限空间，意味着现代化进程中政治认同并非自动生成、唾手可得的，而是需要充分利用政治认同的空间，深刻挖掘政治认同的资源进行建构。

三　现代化视阈中的政治认同塑造空间

随着全球化浪潮席卷全球，以往独居一隅的国家相互联系，形态和性质各异的政权相互交往并被大家熟稔，同与异的比较中政治认同问题日益凸显，成为重大的现实政治挑战，被称为现代化进程中的六大危机之首[1]，任何国家概莫能外。政治认同是公民对于政权的赞同态度、支持行为及由此产生的对政权代表的国家的心理归属感。关乎统治的合法性和治理的有效性。因此各种政权都异常重视政治认同塑造问题，而属性决定了其可塑性。实质上，认同是建构主义的核心概念，直接影响主体间的关系和行为，是情感和力量重要来源。实现中华民族伟大复兴的中国梦，巩固中国共产党的执政地位，推进国家治理体系与治理能力现代化，政治认同塑造是一个重要的理论视角。但是，理解政治认同不仅需要考虑量的维度，更须关注质的维度，即认同的政治是现代性政治。政治认同的现代性既限定政治认同塑造的指向又为其提供了可能。现代政治发展源于两者之合，政治认同建设是现代化的应有之义。而政治认同危机的普遍性存在则源于两者之悖。政治认同并非伴随现代化自然生成，而是具有内在的发展逻辑。现代化视阈中政治认同塑造既要坚守取向，保障政治认同的现代性，避免盲目追求政治认同而牺牲现代化；又要充分利用空间，深刻挖掘政治认同的资源，防止过度追求现代化而忽视政治认同塑造，导致政权瓦解和现代化中断。

---

[1]　[美]白鲁恂·派伊：《政治发展面面观》，天津人民出版社2009年版，第81页。

(一) 契合规定政治认同塑造的基本指向

现代化进程中，科学技术的进步以及交通和通讯的发展带来人的大规模迁徙和人口流动，逐渐侵蚀了传统的血缘和地缘纽带，人走出依靠血缘维系的天然的初级群体和共同体，进入更多、更广的次级群体，并形成新的共同体，面对异质共同体，认同成为无法回避的问题。同时，随着观念变革和思想启蒙，人的价值被肯定，成为社会的中心，人的理性逐渐增长，主观上出现认同的需求。主观和客观条件的变化带来政治关系的变革：由传统社会中个体对于政权的被动服从转向现代社会中的自觉认知，政治认同成为人的主观性、选择性问题。换言之，现代认同并非必然产生，而是附带条件的选择性认同。条件的缺失将引发政治认同危机。推进现代化建设要求考量政治认同问题，政治认同塑造是现代化的应有之义。现代化与政治认同的契合之处，规定了政治认同塑造的指向，保证认同政治的现代性。

人的主体性确立作为两者的一致起点要求政治认同塑造必须保障个体权利。在传统社会，连接人与人关系的纽带主要是血缘、地缘等原生性要素，要素的稳定性、不易切割性决定了个体与共同体在相当大程度上是融合的，个体的共同体身份边界和归属是明确的，不存在认同问题。由于人受到天然的、超然力量的束缚和支配，个体的主体性被浸没在社会性中。斯塔夫里阿诺斯指出，"现代化的特征包括：唤醒和激发大众对现在和未来生活的兴趣，认为人类生活是可以理解的而不是受制于超自然的力量，以及直至目前才树立起的对科学和技术的信赖"。[1] 现代化源于人的价值的发现，人成为自然界和人类社会的主导者，而不是受超然的鬼魅力量的支配。相反，生活的目的是为了发展自己本身的潜能。人的主体性的发现是现代化的起点。传统国家与现代国家的人的差异主要并非时间意义上的，而是构成国家的人的类本质的差异。在古代，个体存在的目的是为了国家需要，而现代国家存在的价值则是为了个体需要。人成为国家的主人，当家作主并评判现实政权是现代政治的基本原则。与此同时，现代政治认同也源于人的主体性。只有找到真正的"自我"，人才能够有资格和能力对政权进行评判。换句话说，政治认同以客体满

---

[1] [美]斯塔夫里阿诺斯：《全球通史》，董书慧等译，北京大学出版社2005年版，第369页。

足主体的价值需要为前提。人成为独立、自由的个体和权力的主人，而不再是权力的奴隶，自我成为政治价值判断的依据，所有人都是自我利益的最佳判断者。政治认同预设的价值前提是主体决定客体，客体满足主体，需要"有作为"的客体。因此，政治认同具有选择性、或然性、自觉性。政治认同是以尊重和保障个体权利为基础的认同。尊重人的主体性地位，充分保障人的知情权、参与权、选择权和决定权等各种个人权利。因此，保障个体权利是政治认同塑造的基石。忽视个体权利的政治认同塑造会偏离现代化的轨道，违背政治认同生成、发展的基本规律，造成政治认同可持续生成动力不足，缺乏稳定性和连续性。

其二，发展性是现代化与政治认同的相同特点，要求政治认同塑造保持适应性。发展性是现代性的重要组成部分，是现代社会的显著特征。发展性源于科学技术进步日新月异带来的人的需求的变动性，现代化往往不意味着现在，而是强调现代性的瞬间性，强调现在是被未来规定的，是被不断超越并向未来开放的。吉登斯指出："现代性内在地是指向未来的，它以如此方式去指向'未来'，以至于'未来'的形象本身成了反事实性的模型。期待未来本身成了现在的一部分，因而它与未来将怎样发展重新关联在一起。"[①] 所以，现代化实质是现代性不断发展并替代的过程。认同是主客体在持续互动中产生态度、做出行为和确定归属的过程。互动展开的时空场域是认同形成的背景。时空条件的变换决定了认同始终处于否定之否定的过程中。政治认同作为最核心的认同问题，也随着时空转换而变化。政治认同是"自我"的主体、"作为"的客体和"变动"的情境的函数。不同的情境下，政治认同的主体、客体、资源和依据迥异。譬如，由于公民身份观念的差异，19世纪前半叶美国政治认同的主体不包括黑人，而20世纪后半叶随着民权运动高涨，黑人就成为美国政治认同的重要主体。总体而言，政治认同发展呈现主体普遍化、客体深层化、资源多元化、依据世俗化的发展图景。发展性决定了政治认同塑造并非追求静止和永恒，而是随着外在时空条件的变化而变动。所以，政治认同并非亘古不变，政治认同塑造也非一劳永逸，而是需要根据时空背景和主体构成、需求特点等进行适应性变革，挖掘新的政治认同资源，增强公民政治认同。

---

① ［英］安东尼·吉登斯：《现代性的后果》，田禾译，译林出版社2011年版，第155页。

其三，求同性是现代化与政治认同的共同倾向，警示政治认同塑造须坚守人类政治文明的共识。传统社会，不同国家和政权的内在特质和外在形式差异甚大。而现代文明的主导取向则是科学精神的高涨和工具理性的蔓延。科学是对于事物因果规律的确定性、一致性的追寻。"工具理性是理解现代性的关键，其重要特征则是抽象还原、定量计算的标准化逻辑，预测和控制外部对象的基本旨趣。"① 事实上，现代化源于人的理性的不断拓展，理性是人对于客观性、确定性和普遍性的追寻。理性拓展过程往往伴随科学技术的发展和进步，并加速全球化和一体化进程。亨廷顿明确指出："现代的思想和制度所具有的普遍性可能达到这样一个阶段，在这个阶段上，各个社会是那么同质，以致有可能形成一个世界国家。"② 因此，现代化具有鲜明的求同性倾向。政治认同伴随现代化不断形成。特别是全球化浪潮席卷世界，一些政治观念、价值观广泛传播而被视为共识，成为人类政治文明的组成部分，政治的普遍主义倾向膨胀并引发持续的特殊主义情结激烈的反抗，普遍与特殊的斗争中形成对于普遍与特殊的反思和再认识。也就是说，政治的什么层面是普遍的，什么层面是特殊的。普遍和特殊的认知标准是形成政治认同的重要依据。符合标准的政治才能够成为认同的政治。政治认同作为重要的现代政治现象，必然具有普遍性和求同性的内涵，对于一些观念、原则形成一致性认知，超越文化、民族差别。否则，政治交往无法展开。如对于自由、民主、平等、法治、公正、人权、和平等政治价值和美好政治生活的追求。求同即对政治普遍性的追求，其根源在于人作为"类存在"，政治的逻辑具有相通性，没有任何政权可以在世界政治版图上"特立独行"。忽视人类政治文明的共同成果，刻意追求"存异"，短期内可能产生虚高的政治认同，但是劣质性使其失去可持续发展的方向和动力，无法持久、升华和巩固。求同性决定了政治认同塑造必须符合人类政治文明的内在要求。因此，认同的政治须具有共同属性。特别是政治的核心价值观和良善政治的认知，应该是人类政治文明的共识。否则，偏离人类政治文明大道的政治认同只能是"众人皆醉我独醒"的政治闹剧。实质上，求

---

① 张凤阳：《现代性的谱系》，江苏人民出版社2012年版，第163页。
② [美] 西里尔·E. 布莱克主编：《比较现代化》，杨豫等译，上海译文出版社1996年版，第46页。

同与存异是政治认同硬币的两面，求同与存异的互动中不断调适和定位政权，两者辨证统一，互不否决。但是，由于前现代社会的普遍差异性存在，所以求同成为政治认同塑造的基石。换言之，政治认同塑造的难点是求同而非存异。

(二) 张力提供政治认同塑造的可能

现代化与政治认同的契合划定政治认同塑造的指向，而两者的内在张力为政治认同塑造提供了可能。政治认同并非在现代化中自然生成，而是遵循自身的成长规律，需要在把握政治认同特点的前提下进行塑造。

其一，政治认同的主观性打开塑造的心理空间。著名心理学家弗洛伊德将认同视为人的心理过程。他认为认同："是一个心理过程，是个人向另一个人或团体的价值、规范与面貌去模仿、内化并形成自己的行为模式的过程，认同是个体与他人有情感联系的最初形式。"① 无论政治态度或心理，都具有主观性，是政治的非理性因素的体现。埃里克森认为："认同是一种自我同一性和历史连续性感觉。"② 政治认同表现为两种面向，即自我认同和他者认同。前者指涉"存异"，即自我证明（self-identity）和自我预期（self-efficacy），显示自我性和特殊性；后者指涉"求同"，即"去个性化"（depersonalization）寻求一致性获得他者的认同。"自我认同是对不同的时空中，在过去、现在和将来的自我发展过程中，对自我的整体性、连续性、完整性和一致性的认同。自我认同是描述自我的特征和本质的方式，是人对自我身份感的确认，是在自我意识成熟以后对于连续发展的自我的反思性理解。"③ 他者认同是在社会互动中实现的，是人们对自身角色以及与他人关系的一种定位，在互动中将他人作为参照，产生关于自我的地位、形象、角色以及与他人关系的认同。他者认同的最终形成就是对社会普遍认可的规则的遵守，以认可的规范来约束个体行为，其基础是价值认同，是对普遍性东西的意义和必要性的认可。因此，无论是自我认同维度自我身份感的建立还是他者认同的价值依据，都具有较大的主观性。主观性释放了现代化进程中政治认同

---

① 参见梁丽萍《中国人的宗教心理》，社会科学文献出版社2004年版，第12页。
② E. H. Erikeson, *Identity: Youth and Crisis*, New York. Norton, 1968. p. 17.
③ 李冰：《当代中国政治社会化中的公民认同研究》，中国社会科学出版社2013年版，第50页。

塑造的心理空间，为我们在把握心理活动特点和规律的前提下，引导公民的情感和态度提供了依据。当然，主观与客观并非完全脱节，是在不偏离现代化轨道所限定的范围内的主观。主观性是尊重客观性前提下的主观，是有规律的主观性，而非天马行空式的臆想，否则就是"掩耳盗铃"。

其二，政治认同的历史性拉长塑造的历史时间。政治认同的主体是作为个体的人，客体是国家政权。人的自我认知是在过去、现在和未来的时间序列中不断建立的。在历史中，人们形成并且反映与其他人的认同感、归属感以及与他者的差异，历史是呈现、反思和交流这种差异的场域。在"我"与"他"的持续互动中，以一定的参照系为坐标定位"我"的身份，也即"我是谁"、"从哪里来"、"为何出发"。人是特定时空体系中的存在，而历史则是定位人的坐标系。通过在历史过程中捕捉细节，按照特定的发展序列和逻辑顺序呈现出来，有助于"我"的身份的确立。"不忘初心"即是此理。政治认同的客体是政权，自国家产生以来，任何政权都是政权谱系中的一点，对于政权的评价也参照其在政权链条中的位置。不同政权的政治理想、施政纲领、制度体系、治理绩效具有可比性。通过历时性纵向比较，人们形成对于现存政权的相对客观的认知。此外，公民评价政权的价值标准是历史的，是在特定的历史背景下形成的。比如中国人民追求的富强、民主、文明、和谐、自由、平等、公正、法治以及中华民族伟大复兴的中国梦都具有深深的历史烙印。脱离中国近现代史就无法理解中国人民的政治价值观。洛克认为人是"一个思想着的理智存在，他具有理性和反思能力，能够在不同的时间和地点把自己视为自己本身，即同一个思想着的存在。"[1] 提出了认同的观念记忆理论。约翰·佩里进一步阐发，认为"认同以合理的经验记忆为基础"。[2] 总之，政治认同具有强烈的历史性，人们以历史记忆为基础评判现存政权。历史记忆形成虚化的时间刻度和时空坐标系，使人由标准的"地理时间"进入自我的"历史时间"，实现历史与现实的"穿越"。换言之，历史性拉长了衡量和评判政权的时间尺度，由1年为单位转向

---

[1] John Locke, Of Identity and Diversity, John Perry ed, *Personal Identity*, Berkeley: University of California Press, 1975. p. 39.

[2] [美] 约翰·佩里：《人格认同和人格概念》，《世界哲学》2004年第6期。

10年甚至100年为单位，通过历时性对比凸显了政权的"作为"和"绩效"，扩充了政治认同的资源，增强对于现存政权的认同。

其三，政治认同的保守性预留了塑造的权力空间。政治认同属于公民与政权关系范畴，是现代政治生活中必须考量的问题。政治认同直接影响政权统治的合法性。马克·夸克指出："合法性即为统治的权利，而合法性由赞同、规范和法律一致性构成。"① 认同是合法性重要的构成要件，实现了国家统治权力与公民个人权利的一致性，是'被同意'的统治，也是长期甚至永久统治的根本依据。此外，政治认同有助于增强政权治理能力。政治认同是公民与政权关系范畴，是政权统治和治理的社会基础，为政权增添凝聚力、向心力和战斗力。一般而言，政治认同与政权治理能力正相关。政治认同是公民与政权关系的润滑剂，有效降低政治过程中的信息、决策、沟通、协调、宣传等交易成本，增强政策执行力和治理绩效，提升政权治理能力。再次，政治认同提升政权治理失灵的宽容度。治理是相对于问题而言的，具有滞后性。而且并非所有社会问题都能够及时进入政治议程而被治理。同时治理成败受制于治理主体、社会问题、治理技术、治理策略等因素，任一因素缺失都会造成治理失灵。从这个意义而言，治理失灵是常态。政治认同为政权注入信任和支持，提高治理失灵的容忍度，赋予政权治理更多的耐心和时间。总之，政治认同是维持统治合法性、增强治理能力和提升治理失灵宽容度的重要力量，是任何现代政权的必然追求。因此，政权具有通过各种途径积极塑造公民政治认同的必然性和积极性。政治认同具有天然的保守性倾向。因此，政权具有充足的权力作用空间，针对政治认同主体之特点，在政治、经济、文化、社会各领域，以历史、现实、未来各维度，从价值、制度、行为各层次，采取重现、描绘、操作甚至篡改等各种手段，挖掘一切有益的政治认同资源，利用各种政治社会化渠道，塑造公民的政治认同。

（三）政治认同塑造的策略选择

现代化与政治认同既存在契合也存在张力。契合意味着任何国家的现代化都无法逃避政治认同的塑造，缺乏政治认同支撑的现代化是不可

---

① [法]让-马克·夸克：《合法性与政治》，佟心平、王运飞译，中央编译出版社2002年版，第13页。

持续的。同时，契合也决定了任何政治认同的塑造不能背离现代化的主线，保证政治认同的现代性取向。张力意味着政治认同并非与现代化伴随自然生成，甚至可能削弱。任何政权在坚守取向的前提下，可以充分利用各种可能性，大有可为。政治认同塑造的策略选择须遵循利用张力、挖掘资源、拓展可能、把握契合、坚守底线、保证取向的原则。

其一，利用张力，挖掘资源，拓展可能。政治认同的主观性意味着政权可以充分引导公民的主观认知。作为与动物相同的生物性存在，人的主观认知与利益相关。利益满足存在绝对和相对之分。绝对满足要求个人境遇的改善，相对满足要求社会公平的实现。利益公平是利益满足的核心。对于政权而言，一方面要努力改善每个人的状况，争取帕累托改进；另一方面要将社会公平作为核心的施政理念，必须深化利益分配机制改革，推出民生导向的政策举措，减少横向比较带来的剥夺感。同时，人作为与动物相异的具有自我解释倾向的动物，主观认知与话语体系紧密关联。话语"指的是对主题或者目标的谈论方式，包括口语、文字以及其他的表述方式。话语根源于人们的生活方式和文化习惯，但同时也影响着人们的生活方式和文化习惯"。[1] 话语体系是包含概念、理论、逻辑、思维在内的系统，具有强烈的主观过滤性。不同的话语体系关注的问题、分析的问题原因、提出的解决方案迥异。话语体系的过滤功能本身就肯定或者否定特定的社会存在，就是认同形成的过程。"话语体系是政治认同的统摄性资源"。[2] 此外，政治认同的历史性要求主体评价政权须置于特定历史条件下，在历史演变中理解自己的境遇和身份的变化，政权作为历史长河中的一个节点，与以往政权具有可比性。对于政权而言，应该极力唤醒并挖掘历史记忆资源，强化现存政权认同。历史记忆将人们的时间坐标由"地理时间"切换到"历史时间"。历史时间创造了"虚化"的时间尺度，一定程度上改变了不同制度化水平的政权不公平"竞争"的态势，变共时性横向比较为历时性纵向比较，极大缓解了发展中国家的政治认同压力。保守性意味着政治认同是现代化进程中任何政权必须重视并利用的神奇力量。政权可以充分利用张力，在政治、经济、

---

[1] ［英］诺曼·费尔克拉夫：《话语与社会变迁》，华夏出版社2003年版，第1页。
[2] 常轶军：《政治认同的四大支柱：历史记忆、现实利益、价值观念与话语体系》，《新视野》2014年第6期。

文化和社会各领域，挖掘政治认同的历史记忆、利益满足、话语体系等各种资源，利用学校、媒体、家庭等各种政治社会化平台，塑造人民群众的政治认同，增强统治的合法性，提升治理能力和治理绩效。

其二，把握契合，坚守底线，保证取向。现代化与政治认同的契合体现在人的主体性是一致起点，发展性是相似特点，求同性是共同倾向。人的主体性发现是现代政治认同的起点。政治认同塑造应尊重人的主体性价值。也即在保障人的权利基础上的双向互动，达致自下而上的权利实现和自上而下的权力塑造的有机统一。政治认同塑造应是保障个体权利实现基础上的浸染，利用各种政治社会化渠道，挖掘各种政治认同资源，赋予民众知情权、参与权和决定权，启发和引导民众的认知，绝不是依靠权力进行的强制灌输。变动性是政治认同的重要特性。政治认同是主体、客体和环境等多种因素的函数。任意自变量的变动都导致政治认同的变化。因此，政权应该利用各种资源和途径塑造公民的政治认同。过去认同、现在认同与未来认同之间并无必然关联，时刻以积极进取之心，牢记塑造政治认同之志。求同性是政治认同的重要倾向。政治认同包含"求同"与"存异"两个面向，在"求同"与"存异"的互动中定位现存政权，确立政治认同。现代化源于人的理性的扩展，是人对于自然界、人类社会确定性和规律性的追寻。特别是全球化浪潮的冲击，思想观念、价值标准、制度体系等具有趋同倾向，人类的认同政治也必然具有某种层面的一致性。因此，政治认同塑造一方面需要"存异"，更重要是"求同"，从而保证坚守人类政治文明的共同成果。

第二章

政治认同的资源与对象

第一节 政治认同的资源

政治认同的资源指的是政权体系获得认同可依赖的资源。也即政权体系"凭什么"拥有公民的政治认同，是认同的支撑性基石，离开资源的支撑和保障，政治认同犹如空中楼阁，要么摇摇欲坠，要么昙花一现。政治认同的主体是人，政治认同的资源必须从人这一特殊的社会存在的属性中挖掘，以人的需求的满足为根本出发点和归属点。换句话说，能够满足人的政治生活需求的东西都可被视为政治认同的资源。当人的各种政治需求得到满足，各种政治资源相互支持、协调和强化时，政治认同就具有了坚实的保障，具有稳定性、可持续性，当某些资源缺失时，政治认同就存在隐患和不稳定性。对人之所以为人的剖析，有助于我们从根本上把握政治认同的资源。人既是客观的"实在"范畴，也是主观的"建构"范畴。作为客观"实在"的人，现实利益和价值观念成为人评价政权的依据；作为主观"建构"的人，历史记忆、话语体系直接建构人的自我理解、自我身份。作为客观时空坐标系中的点，历史记忆是政治认同的参照资源；作为客观的现实存在，现实利益是政治认同的直接资源；作为道德空间中的意义存在，价值观念是政治认同的核心资源；作为区别于兽的自我解释的动物，话语体系是政治认同的统摄性资源。

一 历史记忆

人是客观时空背景下的社会存在物，在对自我身份的定位只能参照一定的坐标系。认同来源于"我"与"他"的互动。不同的坐标系界定不同的"我"与"他"。历史记忆改变人认知事物的参照物，形成不同的自我身份认同和方向感,是政治认同的参照资源。

其一,人都活在特定的历史中,对于自我位置的确定是以自身在历史长河中的位置为参照的。同时,现存政权也是政权历史演变体系中的一点。所以,认同是以历史为基础的。"认同必须指涉一组已然存在的特征、性质或者关系。就是由于要辨识这些特质是否延续不变,才有认同的'同一性'意义;也是由于要确认个体是否与他人具有若干相同的特质,才有认同的'归属'含义。"① 历史记忆是由客观事件与主观叙述共同建构的。"只有记忆才能建立起身份,即您个人的相同性。"个体现在的身份离不开过去的经历,以及留下的回忆。"大大小小的'我想起'都是'我'的建构成分。"② 记忆成为自我建构的素材,是政治认同的历史资源。所以,"制造历史就其产生了在过去被假定发生的事情与当前的事件状态之间的关系而言,是生产认同的一种方式"③。历史记忆是使人跳出标准的地理时间,进入历史时间的根本工具。历史时间形成了"虚化"的时间尺度。吉登斯认为,"时—空分离及其标准化了的、'虚化'的尺度的形成,凿通了社会活动与其'嵌入'到在场情境的特殊性之间的关节点。"总之,通过时间坐标的改变,历史记忆使人能够"穿越"历史与现实。人对于现实政权的评判不仅仅依靠共时性的横向比较,更重要的是源于历时性的纵向比较,从而扭转了落后国家与发达国家、发展程度低的政权与发展程度高的政权不公平"竞争"的态势,形成了特定政权自我历时性比较的局面,极大缓解了发展中国家的政治认同压力。

柏拉图、康德都将认同建立在历史经验和观念之上,洛克、奎因顿(Anthony Quinton)和格莱斯(H·P·Grice)等人认为,认同是一种观念记忆。譬如洛克就把一个人界定为"一个思想着的理智存在,他具有理性和反思能力,能够在不同的时间和地点把自己视为自己本身,即同

---

① 江宜桦:《自由主义、民族主义与国家认同》,扬智文化事业股份有限公司1998年版,第17页。
② [法]阿尔弗雷德·格罗塞:《身份认同的困境》,王琨译,社会科学文献出版社2010年版,第37页。
③ [美]乔纳森·弗里德曼:《文化认同与全球性过程》,郭建如译,商务印书馆1999年版,第177页。

一个思想着的存在"。① 约翰·佩里进一步发展了认同的观念记忆理论，认为认同以合理的经验记忆为基础。② 换句话说，历史记忆理论认为，政治认同的主体首先是历史的人，只有在特定的历史时间和空间中才可以确定自己的身份和方向感，才可能产生认同。同时，人用以评判政权的标准也是历史的。政治学家拉兹认为，"所有的价值、权利和规范原则都是历史的"。"政治自由和其他的政治理想是历史的产物，因而公共领域也就具有历史性。"③ 理想都是在特定的历史背景下生发出来的，反映着特定的时代对于未来的愿景，而政治理想的实现也是历史发展的过程，而非一蹴而就的。从一定程度上而言，政治认同是公民以历史的记忆的底版裁剪现实的社会。当现实与历史的投影相吻合时，更容易产生政治认同，相反，当现实与历史的投影相背离时可能会削弱现实政权认同。所以，政治认同很大程度上取决于现实与历史的关系。在连续、渐进式变迁的社会，现实与历史的一致性和连续性更可能产生政治认同，但是在革命性变迁的社会，现实与历史的愿景和梦想的一致则更容易产生政治认同。例如，近代以来，中国是一个历史发展经历多次断裂的国家，革命是社会发展的重要推动力。当前，中国共产党强调现实与历史的巨大差异，与近代以来富强、民主、文明、和谐的中国梦的无限接近性，强调中华民族伟大复兴的中国梦唤醒公民对于历史悲痛的记忆和对于理想社会的憧憬，通过历史对比唤起人们对于现实的满足感和自豪感，塑造公民政治认同。

一般认为，记忆分为个体记忆和集体记忆。个体记忆即个体直接、亲身经历的国家政治生活体验，个体与政权交往的经历，是政治认同的直接资源，积极的、美好的个体政治记忆有利于政治认同的产生。相反，消极的、痛苦的个体政治记忆削弱政权的政治认同。个体记忆的获得来源于个体与政权的交往经历。在"朕即国家"的专制社会，公共领域的缺失和密室政治的流行，人们的行为倾向是"莫谈国是"，政治由"肉食者谋之"，也就缺乏产生认同的积极记忆，大多被动地服从和配合权力。

---

① John Locke, Of Identity and Diversity, In John Perry ed, *Personal Identity*, Berkeley: University of California Press, 1975, p. 39.

② [美] 约翰·佩里：《人格认同和人格概念》，韩震译，《世界哲学》2004年第6期。

③ 李建华：《伦理学与公共事务》，湖南人民出版社2009年版，第8、18页。

两者之间的不平等性造成权力的强制和专横留给"素民"的只能是消极的、不被尊重的痛苦记忆，因而无法产生积极的政治认同。在现代民主社会，公私领域的相对分离，使得个体的主体地位得到凸显，公民对于公共事务的直接参与，权利得到尊重的积极的记忆有助于政治认同的产生。因为公共领域的共同事务和共同话语都是以共性为前提并不断累积共性的。法国学者德贡布（Vincent Descombes）指出："为了人们能够拥有共同的规则，他们必须处于某个社会背景中。然而一个由不同行动者所构成的单纯众多或人群，不可能提供这样一种背景。"① 只能在公共领域的对话和交往中累积共性。而共性是政治认同的基础。从这个意义上而言，政治认同与公共领域的出现密切相关。集体记忆的获得依赖后天的习得和传承，通过家庭、阶层、学校和媒体来传承，以政治社会化的途径传递给公民，三者存在着让获得的信息变形的棱镜，一种能清理掉大多数无效信息的过滤器，以至于其他信息可以忽略不计，从而创造出有利于维护和巩固统治的集体记忆。集体记忆并非历史的本真，而是统治者试图让人们相信的历史上发生的事情。也就是说，政权维护统治的需求，对于集体记忆的内容具有一定的选择性，对于历史史实所做的取舍，有意或无意地扭曲诠释，并强加给接受者。通过史实的裁剪，刻意唤起公民特定集体记忆，增强对于现存政权的政治认同，对于可能削弱政治认同的史实则通过掩饰、回避、篡改等形式使其远离我们的记忆。例如日本教科书对于侵华历史的篡改。

历史记忆的方法论基础是经验主义。认为人对于政权的评价和认识来源于自身的经历，在经历中认识、了解政权，与政权的互动中产生感性的情感、感觉。经验主义与政治认同的心理学视角相联系。认为政治认同是公民对于政治共同体的归属感以及由此产生的责任、义务、忠诚等，将政治认同活动局限于个体的心理活动的范畴，是个体内心在心理层次上的活动过程和结果。而归属感和忠诚感来源于后天的经验和交往而非先天的规范和理念。

---

① ［法］文森特·德贡布：《集体同一性问题：建立机制的我们与被机制化的我们》，载赵敦华《哲学门》（总第19辑），北京大学出版社2009年版。

二　现实利益

人是历史存在,更是现实存在。人的生存和发展离不开各种各样的需求,而能够满足需求的因素和对象就属于利益的范畴。需求驱动人对于利益的追求,构成人类社会活动的真正动因,也是政治活动发生的根源。马克思曾经指出,"人们为之奋斗的一切,都同他们的利益有关"。[①] 因此人需要表达、实现、维护利益,而政治活动的价值就在于站在各种利益主体之上,能够调节利益矛盾并实现政治整合,这也是国家的价值所在。利益是人与国家政权联系的主要纽带和方式,人的利益的实现程度直接决定政治认同的水平。所以,有学者指出:"利益关系是政治认同的主轴。"[②] 从哲学上而言,利益是一定的利益主体对于客体的价值肯定,是客体对于主体的需要的满足。因此,利益与认同存在内在的契合性,都是主体和客体的关系反映。前者表面上反映的是客体对于主体的价值,深层次显示的是主体对于客体的肯定,后者表面上反映的是主体对于客体的肯定,本质上是客体对于主体的利益满足。

政权对于公民利益诉求的满足是现代政治的核心原则,也是政治认同的基本依据。启蒙运动唤醒了人的主体地位,人成为世界的中心,成为政权合法性的来源,权力的产生和运行以保障公民权利为基本原则,权利具有相对于权力的优先性。社会契约论认为,每个人对于自身利益的无限追求不可避免地产生"所有人反对所有人"的自然状态,自然状态中危害人类生存的种种障碍,在数量上已超过了每个个人在那种状态中为了生存所能运用的力量。于是,那种原始状态便无法为继。要寻找出一种结合的形式,使它能以全部共同的力量来卫护和保障每个结合者的人身和财富,并且由于这一结合而使得每一个与全体相联合的个人又不过是在服从其本人,并且仍然像以往一样地自由。[③] 政府作为人类的创造物结合体,宗旨就是满足人们的利益需求,所以利益满足程度也是衡量政府的终极标准。现实利益也是政治认同的最直接资源。

人的利益需求具有多层次、多维度性。在政治活动中公民基于不同

[①] 《马克思恩格斯全集》第 1 卷,人民出版社 2002 年版,第 187 页。
[②] 方旭光:《政治认同的基础理论研究》,博士学位论文,复旦大学,2006 年。
[③] [法]卢梭:《社会契约论》,何兆武译,商务印书馆 1982 年版,第 19 页。

层次和维度的利益满足形成不同的认同状态。以短期、物质利益为基础的政治认同的对象主要是政权的浅层，如对于政治行为的认同。利益的暂时性和易变性决定了政治认同的不稳定性。也是"端起碗吃肉、放下碗骂娘"的政治认同阐释。以长远、非物质利益为基础的政治认同的对象主要是政权的深层，如对于政治制度、意识形态的认同。制度的稳定性、意识形态的合理性和利益的可持续性决定了政治认同的可期待性。稳固的政治认同依靠多层次、多维度利益的共同支撑。以短期利益与长期利益、物质利益与非物质利益的有机融合，形成行为认同、制度认同与意识形态认同相互强化的一致性认同体系。

由于人的需求的无限性和资源的稀缺性的永恒性矛盾，人的利益满足也存在绝对满足和相对满足之分，不同的利益满足程度规定着不同政治认同状况的形成。"政治认同的层次、认同程度与个体利益的层次、需求满足程度呈正相关对应联系；与认同对象的层次也呈正相关对应联系。"[1] 所以，利益满足程度的差异决定了政治认同状况的差异。最直接的反映就是不同利益群体对政权的认同的差别。既得利益者更认同现存的政权，反对变革，而社会的底层和弱势群体对于政权的认同程度则更低，主张体系的变革。但是总体而言，一个政权的认同状况取决于社会绝大多数人的利益满足程度及其相互比较。而体现人与人之间利益合理性的是社会的公正程度。所以，公正对于政治认同至关重要。社会不公正显然会危害人们的政治认同感。有学者直接指出："社会公正是政治认同的制度性资源。"[2] 罗尔斯则指出，公正是社会制度的首要价值。第一原则是"每个人对与其他人所拥有的最广泛基本自由体系的类似自由体系都应有一种平等的权利。"第二个原则是"社会的经济的不平等应这样安排，使它们被合理地期望适合于每一个人的利益；并且依系于地位和职务向所有人开。"[3] 从这个意义上而言，中国共产党提出的"三个代表"之一——"代表中国最广大人民的根本利益"，中国儒家思想的"不患寡而患不均"背后有着深刻的政治认同思想价值。

---

① 方旭光：《政治认同的基础理论研究》，博士学位论文，复旦大学，2006年。

② 李素华：《对政治认同的功能和资源分析》，博士学位论文，复旦大学，2005年。

③ [美]约翰·罗尔斯：《正义论》，何怀宏等译，中国社会科学出版社1988年版，第56页。

三 价值观念

政治认同是公民对于政治共同体的态度、情感和行为倾向，既是政治共同体产生凝聚力和向心力，树立权威的重要途径，也是公民在政治生活中的获得意义感和方向感，明确自身身份的过程。对于政治而言，价值观念是政治生活意义的重要来源，也是人们判断政治活动和政治现象的标准。"政治价值是极为重要的价值，因之是不能轻易僭越的，这些价值支配着社会生活的基本框架——即我们存在的根基——并具体规定着政治和社会合作的根本项目。"[①] 政治价值指引着政治生活的方向，规范着统治者和公民的行为，是评判政权的终极标准。政治价值及其观念通过政治道德原则和规范，通过政治法律制度和准则等外部形式，指导或限制人们的政治行为。甚至可以明确地说，政治本身就是一种价值指引下的现实活动。亚里士多德认为政治是追求至高的善，是一种价值追求。当然，他强调政治的道德内容与价值内容不等于否定和轻视其实践内容，恰恰相反，与柏拉图相比，亚里士多德所开创的是政治现实主义的传统。"政治作为事实与价值的统一体，其中，价值是根本的方面，它既为政治变化提供动力，又决定着政治发展的方向，也是一种政治生活区别于另一种政治生活的标志。"[②] 政治与价值的不可分离决定了价值作为政治认同资源的必然性。柏克认为："真正的政治原则是道德原则的扩大——指导我们处理公共事务与私人事务的原则不是我们的发明创造，而是灌注在事务的存在与本性中，为事务所固有。"[③] 而灌注在事务中的固有的存在就是先验的价值，其他政治原则都是价值的显性化和扩展化。政治价值在政治生活中的根本地位决定了其是政治认同的重要资源。

政治认同的重要内容之一就是价值判断和选择。政治认同是主体对于客体的一种肯定或者否定性情感和行为，而肯定和否定是建立在一定

[①] [美] 约翰·罗尔斯：《政治自由主义》，万俊人译，译林出版社 2002 年版，第 147 页。

[②] 彭定光：《政治伦理的现代建构》，山东人民出版社 2007 年版，第 13 页。

[③] [英] 埃德蒙·柏克：《自由与传统——柏克政治论文选》，蒋庆等译，商务印书馆 2001 年版，第 275 页。

的价值评判基础上的,是一种主观之于客观的活动。查尔斯·泰勒认为:认同就是寻找道德空间中的方向感。① 道德空间实质上就是价值空间及其呈现出的体系,而认同就是在价值体系中寻找自我。"知道你是谁,就是在道德空间中有方向感;在道德空间中出现的问题是,什么是好的或坏的,什么值得做和什么不值得做,什么对你是有意义的和重要的,以及什么是浅薄的和次要的。"② 所以,认同根本上就是一种价值选择。认同危机实质上是由于社会的分化带来的价值多元化造成的价值选择的困境。

作为政治认同的核心资源,价值观念具有稳定性。人作为一种社会历史存在,与特定的社会历史环境相互影响。一方面,社会历史环境塑造作为社会存在的人,另一方面,人作为社会存在反作用于社会历史环境。价值观念作为社会存在的一部分,存在于人类心灵的最深处。也就是说,价值观念是最不容易随着社会历史环境的变迁而变化的,相比利益的易逝性、制度的变化性而言,价值观念的稳定性成为政治认同最可靠的资源。反过来说,产生对于现存政权的不认同时,价值观念又是推动社会历史进步的最强大的动力,是社会变革的排头兵,是未来更合理的政权的最坚定的认同力量。人类现代化的历史表明,文艺复兴和启蒙运动对于人的自由、平等、博爱等近代政治价值的颂扬和推崇,瓦解了不合理的封建专制制度的认同基础,极大地摧毁了封建专制制度,激发了人们建立新的政权的动力和勇气,是法国大革命和美国独立战争最锐利的武器。对于启蒙运动的政治价值,恩格斯指出:"在法国为行将到来的革命启发过人们头脑的那些伟大人物,本身都是非常革命的。他们不承认任何外界的权威,不管这种权威是什么样的。宗教、自然观、社会、国家制度,一切都受到了最无情的批判;一切都必须在理性的法庭面前为自己的存在作辩护或者放弃存在的权利。"③ 也就是说,启蒙运动倡导的自由、平等的价值的传播启迪或激励了人们追求解放的目标,人的解放程度大大提高,理性的人成为衡量一切的唯一尺度。马克思也指出"18 世纪的法国启蒙运动,特别是法国唯物主义,不仅是反对现存政治制

---

① [加]查尔斯·泰勒:《自我的根源:现代认同的形成》,韩震等译,译林出版社 2012 年版,第 40 页。
② 同上。
③ 《马克思恩格斯文集》第 9 卷,人民出版社 2009 年版,第 19—20 页。

度的斗争，同时是反对现存宗教和神学的斗争，而且还是反对 17 世纪的形而上学和反对一切形而上学，特别是反对笛卡儿、马勒伯朗士、斯宾诺莎和莱布尼茨的形而上学的公开、旗帜鲜明的斗争。"[1] 总而言之，价值观念既可能是被用来支持、也可能是被用来反对现存政权的最重要的资源。当然，价值观念分为客观存在的公民的价值观念和统治者倡导的价值观念之间（意识形态）的差异，两者的一致性程度决定了政治认同状况。

四 话语体系

话语（discourse）的意思是叙述、谈论，在港台和其他汉语界则常被翻译成"述说""叙述"和"说法"等。[2] 在中国大陆被翻译成"话语"。dis 具有"否定""分离"的内涵，course 具有"进程""路径""路线"的内涵，discourse 便具有"辨识过程"的意蕴。将 discourse 引入政治分析的是福柯，他认为 discourse 就是一个对结构主义的解构过程，是对传统结构主义的真实性、客观性的怀疑和否定，认为其只是特定框架、系统内的真实性和客观性。而这个特定的框架和系统就是话语。现代语言学的重要奠基者索绪尔视语言与"实体"同等重要，认为语言并非外在世界的客观反映，语言符号与现实的接合是任意的。"语言可以比作一张纸：思想是正面，声音是反面。我们不能切开正面而不同时切开反面。"语言是一个完全自足的符号系统。他提出语言符号"能指"与"所指"的划分："能指"（signifier）是符号的物质形式，由声音或形象构成，在社会的约定俗成中被分配与某种概念发生关系，在使用者之间能够引发某种概念的联想，这种概念就是"所指"。"能指"与"所指"既存在确定性又存在任意性。确定性是指在一定的语言环境中，两者的一对一的对应关系，具有唯一性；任意性是指两者之间是一对多或者多对一的对应关系，并非唯一的、单一的因果关系。"能指"与"所指"动态的、复杂的对应关系的根源在于作为联系纽带的话语的作用。泰勒认为语言是一种更具创造性的媒介，同一事物使用不同语言表达将会呈现不同的内涵。泰勒首先提出："成为一个人的意义是什么？当然是作为一个行动主

---

[1]《马克思恩格斯文集》第 1 卷，人民出版社 2009 年版，第 327 页。
[2] 张宽：《话语》，《读书》1995 年第 4 期。

体是拥有着一些不同的意图、欲望和好恶等。但很明显应该比这些要多,因为在前述的意义上,许多动物也可以被视为一个行动者,但我们并不认为他们可称之为人。"① 与一般动物相比,人的特殊性在于"人作为意图的存在(purposeful beings)能自我宣示并向他人表达自身意图,这就是人兽之别。"② 换言之,人与一般动物的区别在于人是一种意向性存在,具有"自我解释"的倾向。自我解释需要诉诸语言,通过语言将人类的意义世界的丰富与分歧尽可能呈现出来,彰显人的情感、价值,表达人的意向,并以此理解世界与人本身。所以,泰勒明确指出:"人首先是语言的存在,经由语言人才能表现出自我之所是与所能,除非引进语言,我们就没有办法引入人格。"③ 丹尼尔·贝尔则指出:"语言比任何其他因素都更具决定性地界定了我们在这个世界上的不同生存方式。"④语言最有影响力的内核则是话语。话语"指的是对主题或者目标的谈论方式,包括口语、文字以及其他的表述方式。话语根源于人们的生活方式和文化习惯,但同时也影响着人们的生活方式和文化习惯"。⑤ 不同的话语体系言说不同的问题、使用迥异的表达方式,呈现各自的客观实在。所以,话语是构建知识领域和社会实践领域的重要方式。"话语不仅反映和描述社会实体与社会关系,话语还建造或'构成'社会实体与社会关系;不同的话语以不同的方式构建各种至关重要的实体,并以不同的方式将人们置于社会主体的地位,正是话语的这些社会作用才是话语分析关注的焦点。"⑥

既然话语是人认识世界、改造世界的"准"先验形式,是一种内在系统,即世界本质上是一种关系性的存在,其意义在于人以何种方式被置于现实活动的情境之中。社会就是由话语建构的。不是社会决定话语,

---

① Charles Taylor, *Human Agency and Language*, Cambridge University Press, 1985, p. 96.
② 同上书,第158页。
③ [加]查尔斯·泰勒:《自我的根源:现代认同的形成》,韩震等译,译林出版社2001年版,第48页。
④ [美]丹尼尔·贝尔:《社群主义及其批评者》,李琨译,生活·读书·新知三联书店2002年版,第162页。
⑤ [英]诺曼·费尔克拉夫:《话语与社会变迁》,殷晓蓉译,华夏出版社2003年版,第1页。
⑥ 同上书,第3页。

而是话语决定社会。话语作为公共秩序的表达,"天然地是政治的"。① 话语的决定性作用使其成为重要的权力。福柯认为,认为任何话语背后都隐藏着一种"无所不在"的权力,这种权力是深层的、网络化的,话语背后体现的是社会权力关系,话语传递着、产生着权力,它强化了权力。② 并明确提出"话语即权力"的论断。

话语的建构性决定了其必然肯定特定的社会存在而否定特定的社会存在,肯定或否定本身就是认同的过程。"每一个客体都被构建为话语客体意味着,所有客体的性质,或者说客体之为客体的那个东西,都是依靠话语给定的。这也就是说(不是吗?),不存在前话语的客体性和真实性,也不存在未经说出、未经写出或者未经想到的客体。"③ 贾德斯·马特恩则将这种通过语言叙事的解构与身份相连,认为身份是国际秩序的充分原因,而不仅仅是影响国际秩序的一个促成因素,强调身份不仅是一种社会建构之物,而且还是语言叙述的产物。④ 话语对现实的表达往往无法做到客观、公正的反映,而是通过选择、加工的方式将某种霸权的意识形态渗透到话语中,进而影响受众。霍尔认为,事物本身并没有意义,而是存在这么一些表征系统,通过概念符号构成了意义。意义生产依靠于诠释的实践,而诠释又靠我们积极使用符码——编码,将事物编入符码——以及靠另一端的人们对意义进行翻译或解码来维持。⑤ 从这个意义上而言,话语体系是政治认同的统摄性资源。它过滤统治者所呈现历史的真相和方式,唤醒不同的历史记忆;它引导人们追求现实利益的内容和形式,刻画不同的利益满足感;它塑造人们的价值取向,描绘不同的未来图景。

---

① [美]查尔斯·福克斯、休·米勒:《后现代公共行政》,楚艳红等译,中国人民大学出版社2002年版,第10页。

② [法]福柯:《性史》,张廷琛等译,上海科学技术出版社1999年版,第99页。

③ 周凡:《后马克思主义:批判与辩护》,中央编译出版社2007年版,第80—81页。

④ 孙吉胜:《语言、身份与国际秩序:后建构主义理论研究》,《世界经济与政治》2008年第5期。

⑤ Stuart Hall, *Representation: Cultural Representations and Signifying Practices*, Sage Publication, 2002, p. 62.

第二节　政治认同的对象

政治认同的对象即政治认同的客体，对应的是认同"什么"的问题。一般意义上而言，政治认同的客体是政权。但是政权并非铁板一块，政权的不同构成部分的认同逻辑存在差异性。对于政治体系的细分，可以更进一步把握不同层面的政治认同的规律，更好地分析政治认同资源与对象的对应关系，为增强政治认同提供理论借鉴。一般认为，政权运行包括政策行为、政治制度与政治意识形态三个既相互独立又紧密关联的层面。因此，本书认为政治认同对象由外到内依次包括行为认同、制度认同与意识形态认同三个层面。

一　认同政治行为

政治行为指人们在利益的驱使下，围绕着政治权力的产生和运用、政治权利的获得和实现而展开的活动。政治行为是公民与政权、权力与权利的互动与表达，直接关乎公民的权益。权力与权利在政治中的核心地位决定了政治行为的普遍性。"政治生活是政治行为的总和。"[1] 大体而言，依据主体的差异，政治行为分为国家机构政治行为、非政府组织政治行为、政党政治行为与公民个人政治行为等，一方面包括自上而下的国家权力的产生与运行，如政策制定、资源分配等国家权力的行使行为；另一方面包括自下而上的公民权利的实现与维护，如政治参与、罢工、游行、示威等。政治认同对象意义上所指的政治行为是指作为国家权力的承载者的权力产生与运行权力的行为。换句话说，认同政治行为是指公民对于国家权力机关实施的具体统治与治理行为的认同。公民的政治行为则是认同政治行为的外在表现形式。如积极配合、自觉服从是行为认同的表现，游行、示威、上访等则是不认同的表现。认同政治行为的关键在于国家机关是否促进、维护和实现公民的权益。所以，认同政治行为具有强烈的绩效倾向。如政治绩效、经济绩效等。龙太江与王邦佐指出："任何政治统治的稳固，都必须以民众的认同与支持为基础……这种认同不仅出于一定的观念、文化的影响，而且必然以民众对政治统治

---

[1] 周平：《政治生活是各种政治行为的总和》，《云南日报》2001年11月7日第4版。

实际行为的认识为基础,也就是说以被统治者对政权履行职能的效率、对公共利益的维护和民众个人利益的满足为基础,即以国家的政治产品满足社会需要的程度为基础。"[1] 绩效的显著性是认同政治行为的事实性资源。政治绩效是指政权体系履行政治职能的行为效果,如维护社会秩序和稳定、制定法律法规。经济绩效是指政权体系发展经济,创造财富和促进人民切实利益的表现。其中经济绩效是政权绩效的核心。邓小平提出衡量一切工作是非得失的三个标准:是否有利于发展社会主义社会的生产力、是否有利于增强社会主义国家的综合国力、是否有利于提高人民群众的生活水平。实质上,三个标准也是政治行为认同的根本依据。著名的新加坡人民行动党领袖李光耀曾说:"我们不提倡观念,也不相信什么理论,纵使理论在知性上很有吸引力。我们面临的是一群人要找工作、领薪水、买食物、买衣服、抚养孩子这么现实的问题。"[2] 政治行为与现实利益密切相关,政治行为的具体性、易变性造成利益的相对性和易逝性。极少数政治行为可以使所有人利益增加,绝大多数政治行为则是"毁誉参半",利益增加者认同而利益受损者不认同。特定时间受益的政治行为由于时过境迁可能使人受损,或者一定时间内是某一政治行为的受益者而是另一政治行为的受损者。利益是人的需要与客观对象之间的一种对立统一关系。这种关系的内容、形式和手段并不是固定不变的,而是历史的、变化的。利益的变动性决定了行为认同具有不稳定性。公民和政权体系对于更稳定的利益和政治认同的追求,行为的可再现和固定化,制度的规范作用不容忽视。

二 认同政治制度

制度是政治活动的规则,是政治行为的规范化、程式化,对于政治活动至关重要。保罗·皮尔逊指出:"制度在政治当中的约束无所不在。"[3] 由于制度在政治生活中的密集性和广泛性,任何人都处于制度之

---

[1] 龙太江、王邦佐:《经济增长与合法性的"政绩困局"——兼论中国政治的合法性基础》,《复旦学报》2005年第3期。

[2] 孙景峰:《新加坡人民行动党执政形态研究》,人民出版社2005年版,第107页。

[3] Paul Pierson, *Increasing Returns, Path Dependence, and the Study of Politics*, American Political Science Review, Vol. 94, No. 2, 2000, p. 259.

网中，制度在政治中发挥着关键作用。"制度是嵌入政体（polity）或政治经济组织结构中的正式或非正式的程序、惯例、规范和习俗；这些制度在范围上从宪政秩序、官僚体制的运行程序以及管制银行——企业的约定。"① 制度的产生、存续很大程度上取决于公民对于制度的认同程度。认同度高的制度更容易得到自觉遵守，更能够发挥作用，相反，认同度低的制度需要依靠强制力的保障。"一种有效的政治制度，必须要有适应的政治文化的支持，即来自于社会成员足够的政治认同意识的支持，否则，制度安排就会成为一种异己的力量，不能有效地内化为社会成员自觉的价值尺度和行为准则。"②

　　制度认同存在历史、利益和价值三个途径。历史途径强调制度的适应性，利益途径突出制度的绩效性，价值途径指向制度的公正性。强调从制度的适应性角度认识制度，典型的理论是社会学制度主义。该理论认为，制度是特定历史文化情景的产物，并试图解决其面临的问题，故存在制度与历史文化的匹配性和适应性。只有与历史文化适应的制度才能够得到认同。制度为行为提供了道德性和认知性模板，个体被视为深深嵌入制度世界的实体，制度赋予行为以意义。"社会行动者的自我印象和身份认同被说成是由社会生活所提供的制度形式、印象和符号所赋予的。"③ 制度的功能在于影响了行动者的身份认同、自我定位和行动偏好。"不存在抽象的理性行动者，他们的偏好并非被简单地给定，他们也绝非根据其利益而开展行动"，"合理性（rationality）这一概念本身就是由社会和历史建构的"，"偏好总是受到文化的塑造，并且存在极大的变动性"。④ 换句话说，赋予行动者合理性和身份认同的制度是能够被认同的制度。利益途径认为，人是目标明确、行动果断的最大化其个人利益的理性经济人，在制度背景下进行利益算计和策略选择。而制度则界定了不同人获得利益的机会，倾向于一些人而排除了另一些人，并将其固定

---

① Peter A. Hall and Rosemary C. R. Taylor, *Political Science and Three New Institutionalisms*, Political Studies, Vol. XLIV, 1996, pp. 937-938.

② 周光辉：《当代中国政治发展的十大趋势》，《政治学研究》1998 年第 1 期。

③ 彼得·豪尔、罗斯玛丽·泰勒：《政治科学与三个新制度主义》，何俊智译，《经济社会体制比较》2003 年第 5 期。

④ James T. Kloppenberg, *Institutionalism, Rational Choice and Historical Analysis*, Polity, Vol. XXVIII, No. 1, 1995, p. 126.

化、合法化。制度影响行动者的方式在于制度的强制性为各方行动者提供了某种确定性,以预测其他行动者的行为。制度提供了有关其他行动者行为的信息、执行机制和违规后果等。只有那些使最大多数人实现最大限度利益的制度才能够得到认同。但是,现实政治中,制度总是令某些人处境更好而使其他人更差,其中决定性的因素在于制度的制定权掌握在谁手中,即权力分配问题。制度的决定权分配平均,共同选择的制度更容易获得认同。价值途径认为,价值是政治的灵魂,制度是价值的载体。对于制度的认同是以其所承载的价值为依据。"政治价值是极为重要的价值,因之是不能轻易潜越的,这些价值支配着社会生活的基本框架——即我们存在的根基——并具体规定着政治和社会合作的根本项目。"①罗尔斯认为的这些政治价值包括平等的政治自由和市民自由的价值、机会均等的价值、经济互惠的价值、公民之间相互尊重的社会基础等正义的价值。而政治价值是通过社会基本的制度表达的。所以,"我们能够在有效的政治实践中把这些政治价值作为建立宪法根本和基本正义制度的唯一根据,并把这些价值理解为公共理性和公共证明的基础"。② 价值是制度的根据,制度是价值的表达和承载。对于制度的认同是以对于价值的信仰为基础的。最高层次的价值是正义。"正义是社会制度的第一美德,如同真理之为思想的第一美德。……法律和制度,无论多么行之有效和治之有序,只要它们不正义,就必须加以改革或者废除",③ 换句话说,只有体现了正义的制度才能够从根本上获得人们的认同。"制度正义所关切的是社会制度或政策是否符合社会普遍的道德伦理和价值,以及社会大多数成员对所处的制度是否有认同感和归属感。"④ 所以,价值正义是制度认同的深层次来源。

三 认同意识形态

意识形态(ideology)一词在英文中是由"观念"(idea)和科学(o-

---

① [美]罗尔斯:《政治自由主义》,万俊人译,译林出版社2002年版,第147页。
② 同上书,第148页。
③ [美]约翰·罗尔斯:《正义论》,何怀宏等译,中国社会科学出版社2001年版,第3—4页。
④ 麻宝斌等:《十大基本政治观念》,社会科学文献出版社2011年版,第4页。

logy）组成，本意为科学化的观念或观念的科学化，是自成体系、自我证明的观念体系。由法国哲学家德·特拉西在19世纪创造出来的一个名词，意指揭示观念的成见和偏见的根源的"观念科学"。后来由于马克思的《德意志意识形态》和曼海姆的《意识形态与乌托邦》的发表，这一概念流行起来。有学者认为，"意识形态是社会的思想上层建筑，是一定社会或一定阶级、集团基于自身利益对现存社会关系自觉反映而形成的理论体系；……是该阶级、该社会集团政治、行为准则、价值取向、社会理想的思想理论依据"。① 丹尼尔·贝尔认为，意识形态是"社会集团对社会中的社会管理所持的在常规情况下被证明为正确的世界观、信念体系或信条。"② 俞吾金认为："意识形态是代表统治阶级根本利益的情感、表象和观念的总和，其根本特征是自觉地或不自觉地用幻想的联系来取代并掩蔽现实的联系。"③ 综观不同学者的定义，意识形态主要具有三个层面：第一，意识形态是认识世界的一种信仰体系，无论客观的还是扭曲的；第二，意识形态是思想、行动的基础，与个人和集体的行为密切相关；第三，意识形态是统治阶级的统治工具，为政权的合法性进行辩护。由上述可见，意识形态是关于人和社会支撑的作用，意识形态的作用和功能最主要的就在于论证政治的合法性，"意识形态是合法性资源结构中最为基础的部分，它为政权的合法性提供道义上的诠释，它通过培育社会成员对于政权的合法性认同和情感来起作用，有助于政治权威的形成"。④ 关于意识形态对于政治统治的价值，葛兰西提出了著名的意识形态领导权理论。他认为，统治阶级维护其统治依靠政治权力，如军队、警察、法院等国家暴力机器的强制。另一方面来源于意识形态权力。通过对于被统治者的思维方式、价值观念和生活方式制度化为唯一合理、合情、合法的东西，促使被统治者自愿认同统治者。"意识形态领导权的实质是要为统治阶级提供广泛的社会和群众基础及其'合法性'因素，其核心环节就是要争取被统治者自发的同意和拥护，其主要手段

---

① 宋慧昌：《当代意识形态研究》，中央党校出版社1993年版，第9—10页。
② [美] 丹尼尔·贝尔：《意识形态的终结》，张国清译，江苏人民出版社2002年版，第39页。
③ 俞吾金：《意识形态论》，上海人民出版社1993年版，第129页。
④ 宫志刚：《社会秩序与秩序重建》，中国人民公安大学出版社2004年版，第357页。

是对全社会实行意识形态领域的领导,其方式是采取'弥散式的'、毛细血管式的长期渗透和潜移默化,从而广泛播撒到日常生活的各个层面和各个角落。"意识形态是维护统治者的经济、政治利益的系统性、网络化的价值观念体系,是政权的内核。意识形态通过改造人们的价值观,塑造其对于当前政权的认知和态度,影响人们的政治认同,以图维护既定的政治秩序,使统治在价值理念上获得合理的论证和阐释。罗伯特·达尔认为:"意识形态是政权中领袖通常维护一套持续和统一的信条,这些信条有助于说明和证实他们在体系中进行领导的合理性。"① 事实上,意识形态与政治认同的关联度是最高的。意识形态是自上而下的政治认同灌输,政治认同是自下而上的政治认知,两者的一致性是政治认同的最高保障。或者说意识形态认同是政治认同对象的最高层次。

以上分析可见,政治认同的历史记忆、现实利益、价值观念和话语体系资源与政治认同的对象——行为、制度与意识形态存在复杂、多元的对应关系。历史记忆通过"虚化"时间,将人由地理时间带入历史时间,通过过去与现在的历时性比较形成对于现存政权的行为和制度的认同。现实利益与政权的行为直接相关,同时制度作为稳定的利益分配方案,是政治认同的深层次对象。价值观念作为人对于理想政治生活的追求,是政治认同的核心资源,而制度作为价值的载体,承载了人们的价值诉求,是政治认同对象的次级层次。而特定资源只会产生特定对象的认同,并非所有资源都会产生全面的、持久的政治认同;同样,特定对象的认同也需要特定资源的累积。

由图 2-1 可见,政治认同资源与对象存在复杂的多元对应关系。认同政治行为主要源于现实利益满足,是最易获得但又易迅速消失的认同。一定程度上与历史记忆相关联,历史记忆影响人们对于政治行为的社会合理性的认知,社会学制度主义认为,行为和制度都是能被社会识别的符号,制度是社会的重要组成部分,只有与社会无缝嵌入被共同识别的制度才能够被接受和理解。价值观念是衡量政治行为正义性的重要标准,符合自我价值观的政治行为更易被认同,而不符合自我价值观的政治行为则不易被认同。话语体系虽然与政治行为间接相关,但是话语体系所

---

① [美] 罗伯特·达尔:《现代政治分析》,王沪宁、陈峰译,上海译文出版社 1987 年版,第 78 页。

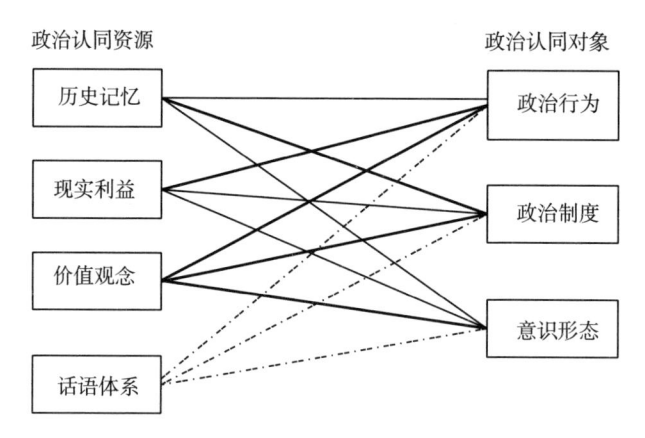

图 2-1　政治认同资源与对象的对应关系模型

注：作者自制。实线代表直接相关，虚线代表间接相关；粗线代表关联较强，细线代表关联较弱。

隐含的世界观、价值观、概念和理论体系，以及由此延伸和囊括的其他政治行为影响对于政治行为的认同。在同一话语体系下，政治行为具有内在一致性、相关性，因为认同该话语体系下的其他政治行为而会认同该政治行为。如在自由民主的话语体系下，因为认同投票、竞选等政治行为，可能会更容易认同政权针对某一问题举行的全民公决。认同政治制度的资源来源最广泛，同时与历史记忆、现实利益、价值观念和话语体系相联系，即历史合理性比较、现实绩效、价值尺度和话语体系都影响认同政治制度，其中历史记忆和价值观念与其强相关，利益获得与其弱相关。话语体系与政治制度认同间接相关，但是影响重大。因为话语体系往往决定了呈现的历史镜像、价值观念、制度安排，是政治认同的关键层面；意识形态认同是政治认同的最高层次，主要依据意识形态与社会主流价值观的吻合程度。反过来说，历史记忆影响制度在时间坐标体系中位置的确定，影响制度的历史合法性的判断，从而影响政治制度认同；以往关于相似政治行为的历史记忆影响对于现实政治行为合理性的认知，这就是经验主义政治传统。同时，历史记忆也影响意识形态认同，具有深厚历史基因积淀的意识形态更容易被认同，如西方国家对于自由主义意识形态的认同与中世纪人被基督教教权和教皇的奴役和压制的历史有关，才有了文艺复兴、宗教改革以及此后的资产阶级革命建立自由民主国家。而中国人为什么认同马克思主义也与君主专制时代的不平等、受压迫的经历中激发出的均贫富、等贵贱、求大同的理想和信念相关。现实利益既是短期行为的原因和结果，也是制度化的长期稳定的利益分配，是政治行为认同和政治制度认同的共同资源。但是行为和制度的帕累托改进无法长久，利益调整必然影响政治认同。基于现实利益的政治认同具有脆弱性。同时现实利益也影响意识形态认同。如资本家往往抗拒社会主义、共产主义等平等取向的意识形态观念。价值观是的行为的内在指引，行为是价值观的外在表现。符合个人价值观的政治行为易被认同，而背离个人价值观的政治行为则很难被认同。如具有强烈自由价值观的人往往不认同国家集权性、强制性、统一性的政治行为。价值取向是制度的深层内核，制度是价值观的载体。同时，价值观是意识形态的社会基础，意识形态是价值观的国家化。因此，价值观也影响制度认同与意识形态认同。话语体系对于政治认同三个层面产生全面而深远的影响，但是话语体系以前三者为基础，并非自欺欺人式的"自说自话"。缺乏历史记忆、现实利益和价值观念支撑的话语体系是苍白无力的，无法成为政治认同的资源。该模型对于政治认同的启示在于：第一，就政治认同对象的策略选择而言：行为认同为基础、制度认同为核心、意识形态认同为终极追求，三者存在逻辑递进关系和发展优先次序。现代化进程中政治认同对象发展次序和聚焦点选择至关重要。次序混乱往往造成政治认同的无序发展，缺乏规律性和累积性，无法形成集聚效应。同时，聚焦点偏差或者只求其一不及其他是孤立的认同，往往经受不住外在环境的冲击，只有形成行为、制度和意识形态三者有机融合的政治认同对象层次结构才是稳定的政治认同；第二，就政治认同资源累积而言，历史记忆是政治认同的参照资源，确立科学、合理、准确的参照体系，是挖掘政治认同资源的前提。参照物存在偏差，任何资源都是无价值的。现实利益是政治认同的直接资源，政治认同首先来源于利益满足。缺乏利益的支撑，任何资源都是无源之水，无本之木。同时，主观利益满足与客观利益满足感的平衡有利于形成基于利益的政治认同，两者不平衡可能损害政治认同。作为道德空间中的意义存在，价值观念是政治认同的核心资源。在政治认同建构中，应该将价值观念的塑造和传播以及共识价值的形成作为资源积累的重点。缺乏共同价值的维系，人们对于历史记忆的认知可能偏差，历史记忆确立的参照系可能不合理，对于现实政治的评判可能不准确。同时，人们对于利益的内容、形式、特点等可能认知错误，使得一些利益无法成为政治认同的资源。作为区别于兽的自我解释的动物，话语体系是政治认同的统摄性资源。话语体系区分了对话对象、内容、形式等，唤醒不同的历史记忆、界定不同的现实利益、追求不同的价值观念，总体上影响政治认同。当然，话语体系与政治认同间接关联，需要建立在历史记忆、现实利益和价值观念之上，只有名实结合才能形成认同合力，否则话语体系就成为自言自语、自说自话的文字游戏。第三，政治认同水平是资源与对象对应关系的总体反映，是资源合力与对象一致性的显现。政治认同度是对应关系融洽度的表征。基于单一资源、针对孤立对象的认同是低水平、不稳定的政治认同。稳固的政治认同需要资源与对象形成多层次、网络化的支撑关系。

第三章

不同维度现代化对政治认同的影响

现代化是人类多层面、多领域的变革过程。一般认为，现代化大体包含经济、政治、文化三个维度的内容。从人与共同体关系角度而言，经济现代化主要表现是人成为财富创造的主体，共同体为人们经济活动提供条件，保障财富创造的自由和权利，人由于拥有财富而相对独立于共同体或者可以选择共同体，如迁徙、移民，带来人与共同体关系的变迁，经济现代化的基本逻辑起点是利益满足。对于共同体的利益期望与现实的利益满足程度决定政治认同的水平；政治现代化主要表现是人成为国家权力的依据，权力的分布更加均衡化，政治更加民主化，国家与社会关系和谐，公民政治参与踊跃度提高等。隐含的问题是人脱离了传统的政治束缚，取代超然的力量成为权力的合法性来源，权力围绕权利而运转。权力与权利关系问题成为政治认同的关键。权利诉求的差异性形成了不同类型的认同，并不断挑战传统意义的国家政治认同。如地域公民权、性别公民权、环境公民权、文化公民权、世界公民权等对于国家政治认同的冲击；文化现代化指人的价值观念、态度等思想和心理方面的根本性转变，更加开放、包容，依靠更加普遍性而非个别性的价值观等。反映在人与共同体关系上则是人对于共同体的的理性怀疑和批判，而非传统意义上的"愚忠"，形成政治认同的观念基础。维度的分解有利于深层次的分析，并非意味着相互之间是割裂的。相反，现代化进程中，"它们是如此地密切相联，以致人们不得不怀疑，它们是否算得上彼此独立的因素，换言之，它们所以携手并进且如此有规律，就是因为它们不能单独实现"。[①] 现代化是一个有机的整体

---

① ［美］塞缪尔·P.亨廷顿：《变化社会中的政治秩序》，王冠华等译，上海世纪出版集团2008年版，第25页。

过程，经济、政治、社会与文化相互关联，呈现一种交互式联动关系。本质上而言，现代化是人摆脱自然、超然的权威约束，成为人类社会的主人。个体的解放必然产生归属和认同问题，其中最根本的是政治认同问题。不同维度现代化下人与政治体系的互动模式是不同的，影响政治认同的逻辑、方式、程度、路径。

第一节　经济现代化与政治认同

人的本质是一切社会关系的总和。[①] 其中，经济关系具有决定性作用，决定经济关系的则是生产力。"历史中的决定性因素，归根结底是直接生活的生产和再生产。"[②] 因此，生产力对于政治关系影响深远。"政治作为人与人之间结合的方式，对政权之好与坏的评价，生产力将成为人们评价它的核心标准。"[③] 只有生产力得到发展，人才能够从根本上摆脱匮乏和物质的约束，成为独立的"自我"，并产生政治认同的可能。生产力的快速提高则得益于经济现代化的启动。历史唯物主义认为，生产力决定生产关系，经济基础决定上层建筑。经济现代化直接改变了以生产力、生产关系为主要内容的经济基础，必然根本上影响作为上层建筑的政权以及人们对于政权的认同。在此过程中，经济体系与政权互动，旧的认同消解，新的认同涌现，产生政治认同的变迁。

经济现代化背后的力量是人。人的理性、知识、科技提高了劳动生产率，人成为生产力中决定性因素，推动经济现代化的实现，社会财富的增加。同时，人由于对财富的拥有而成为独立的人，因为免于匮乏而获得自由，摆脱共同体的束缚，产生身份和认同问题。因此，资本主导的经济现代化对于人的影响是双重的。一方面，经济现代化使人不再完全受环境的支配，人对于环境的控制力增强，个人更加自由和独立；另一方面，变动的环境和原子化的个人使得个体失去了休戚与共感，产生了归属感危机，即认同困境。

经济现代化中人通过利益纽带与政权连接。因此，分析经济现代化

[①]　《马克思恩格斯选集》第 1 卷，人民出版社 1995 年版，第 56 页。
[②]　《马克思恩格斯文集》第 4 卷，人民出版社 2009 年版，第 15 页。
[③]　张国光：《当代政治认同研究》，博士学位论文，湖南师范大学，2011 年。

与政治认同的内在关系，应该以利益为切入点。利益是政治认同的基础。人们对国家政治权力的政治认同，很大程度上是因为权力能够给人们带来四个基本利益："（1）物质安全；（2）本体论的安全或者世界关系的可预见性；（3）对生存问题以外，也能被他者承认行为体；（4）同人类日益改善生活的渴望一样，国家也有发展的期望"。[1] 其中，物质利益是政治认同的第一要素。"如果人民的需要得到了满足，人民就会支持这个当政的政权。如果他们的需要得不到满足，他们就要更换头面人物，他们就要投票选举那些看来愿意满足而又能满足他们的需要的候选人。"[2]这是西方国家政治认同的基本模型之一。该模型的解释力在于对于选民理性经济人的假设，即公民的政治态度取决于个体利益的满足程度，能够满足利益需求的政权就会获得政治认同，相反，人民利益得不到满足时，对政权的认同则会削弱。托克维尔基于对法国大革命前夕的政治认同状况指出："每个人都因贫困而指责政府。连那些最无法避免的灾祸都归咎于政府；连季节性气候异常，也责怪政府。"[3] 因此，经济落后与政治认同之间有着无可争辩的关系。普遍的贫困会破坏一切形式的政治认同。有学者则明确指出："在当代发达国家，由于政治世俗化、民主化和大众社会化已取得了较大进展，因而人们已习惯于根据公民的经常性利益来评价政治"，"现在绝大多数人都从居民的日常生活和利益团体的职能性利益的角度来确定'效用'和'效率'的内涵，并以能否满足人们对这些'效用'和'效率'的期望为标准来评价、区分'政治体制'和'政治系统'"。[4] 经济利益论的基本理论预设在于，追求经济利益是人的本能，政治认同的逻辑起点是利益满足。政治认同取决于人在利益分配体系中的地位。

经济现代化可以促进财富总量的增加，在合理的利益分配机制下，每个人的平均利益也会增加，因而，经济现代化有利于政治认同。同时，

---

[1] ［美］拉彼德、［德］克拉托赫维尔：《文化和认同——国际关系回归理论》，金烨译，浙江人民出版社2003年版，第126页。

[2] ［美］哈罗德·F.戈斯内尔、理查德·G.斯莫尔卡：《美国政党与选举》，复旦大学国际政治系译，上海译文出版社1978年版，第327页。

[3] ［法］托克维尔：《旧制度与大革命》，冯棠译，商务印书馆1992年版，第109—110页。

[4] ［日］山口定：《政治体制》，韩铁英译，经济日报出版社1991年版，第216页。

推动发展经济是现代政权的基本追求，经济绩效是政治系统"输出"的产品，人民作为消费者也是评判者，形成与政权的政治认同关系。从这个意义上而言，似乎物质利益的增加与政治认同的高低正相关。换句话说，随着现代化的深入，物质财富的增加会产生更高的政治认同。政治认同的危机只会产生在物质匮乏的现代化初级阶段。但事实上现代化的历史图谱上政治认同的轨迹却与此并不吻合，甚至相反。托克维尔在《旧制度与大革命》中反思法国革命时，对经济增长与政治认同的相互关系做了精辟论述。在这场革命前，"国家繁荣的步伐不仅突飞猛进，而且史无前例"。"这种持续稳定增长的繁荣，远没有使人民乐其所守，却到处都滋生着一种不安定的情绪"，而且"正是在法国那些发展最快的地区，人民大众的不满情绪才最高"。可见，经济现代化与政治认同并非简单的线性关系。根源在于利益满足既是绝对的又是相对的，政治认同既是客观的又是主观的。

在《变革社会中的政治秩序》一书中，亨廷顿提出了"现代性孕育着稳定，而现代化过程却滋生着动乱。"[1] 事实上该逻辑对于政治认同也适用。富裕蕴含着政治认同，而由贫穷走向富裕的道路往往滋生政治认同危机，不认同的根源在于所谓的"期望革命"。"在现代性面前感到眼花缭乱；社会的传统生活方式四分五裂；整个国家面临着经济、社会、政治各方面的要求改弦更张的压力；制造经济产品和提供劳务的新的'更好的'方法连珠炮般地杀来；现代化进程中的变革一般来说已使大家牢骚满腹，而政府未能满足群众日益提高的期待，尤其使百姓怨声载道。"[2] 因此，政治认同不仅取决于客观，更取决于主观；不仅取决于绝对利益满足，更取决于相对利益满足。"不患寡而患不均"即是此理。现代化中的政治认同危机一定程度上是客观满足与主观期望的矛盾造成的。现代化毫无疑问带来了客观物质财富的增加，但同时也引起了主观期望的膨胀，两者的差距导致政治认同危机。

经济现代化造成政治认同的危机的原因在于：第一，不均衡的经济现代化容易造成公平正义的缺失。现代化经济是效率优先、优胜劣汰的

---

[1] [美]塞缪尔·P. 亨廷顿：《变化社会中的政治秩序》，王冠华等译，上海世纪出版集团2008年版，第31页。

[2] 同上书，第36页。

市场经济。亨廷顿指出，长远来看，经济发展使社会收入分配方式更均衡。但是，短期内经济增长的直接影响往往是收入差距的扩大，经济迅速增长的集中受益者往往是少数人，而大多数人却蒙受损失，社会上贫困的人便会增加。迅速增长常伴随着通货膨胀；通货膨胀时期的物价上升总是比工资增长的快，其结局则是趋向更加不平等的财富分配。阿德尔曼指出："较高的工业化速度、农业生产率较快的增长，以及较高的经济增长率，都会改变收入分配，使其趋向有利于高收入集团，而不利于低收入集团。相对看来，经济发达进程的动力作用总是不利于贫困者；经济发展成果的主要收获者总是中产阶级和最高收入集团。"[1] 造成收入差距的扩大，民众的相对剥夺感产生。最著名的观点当属西蒙·库兹涅茨提出的经济发展与社会公平之间的"倒U"曲线关系。社会公正是政治认同的价值资源。同时，"正义是社会制度的首要价值"。[2] 因此，经济现代化带来的短期内收入的不均衡分配必然造成公平正义感的降低，侵蚀了政治认同的价值资源。价值是政治认同更加深层次的资源，制度是价值的承载者，价值资源流失导致对于政治制度和意识形态的认同危机。

第二，经济现代化会引起很高的政治参与期望。经济与政治的互动是现代社会的基本特征。公民对于自身利益的追求既通过市场交易实现，也通过政治参与实现。"经济发展使社会上的每个人、每个集团、每个阶层都具有了自己的经济利益。由于有了自己的经济利益，他们就会要求参与政治生活，要求了解政权的活动过程，尤其关心政权的决策，关心政治活动将会给他们带来怎样的影响。经济发展越是把一个社会结合成一个休戚相关的整体，人的政治意识越强，政治参与的要求就越强烈。"[3] 也就是说，经济现代化提供了政治参与的主观条件，大大增强了个体的政治效能感，但是大多数处于现代化中的国家无法提供充分政治参与的制度化渠道。高涨的政治参与期望与狭窄的政治参与渠道之间的矛盾冲击着既有政治体系和政治制度，民众对于开放性、回应性的要求与狭窄

---

[1] [美] 塞缪尔·亨廷顿等：《现代化理论与历史经验的再探讨》，张景明译，上海译文出版社1993年版，第341页。

[2] [美] 约翰·罗尔斯：《正义论》，何怀宏等译，中国社会科学出版社1988年版，第3—4页。

[3] 王沪宁：《比较政治分析》，上海人民出版社1987年版，第237页。

的制度化参与渠道和相对封闭的政治运行产生不可调和的矛盾,政治认同危机产生。为此,统治者一方面利用各种制度化的安排,降低民众的政治参与热情,消解政治压力,稳固政治认同。如代表制、代议制等制度安排减小政治参与规模使既有制度可以承载。我国的群众路线教育也具有变自下而上的政治参与和利益表达为自上而下的利益倾听和利益代表的政治功能,降低民众政治参与意愿、缩小政治参与规模,缓解经济现代化造成的政治参与膨胀对于既有制度化的政治参与渠道和制度的压力,从而巩固政治认同。有学者称之为"开门"型参与结构,"开门"与群众路线紧密相连。[1] 第三,经济现代化过程的波动性。市场经济的自发性、盲目性和滞后性,自然、社会和国际环境等外在条件制约,决定了经济现代化过程必然具有波动性和周期性,直接的表现就是经济增长速度不稳定,人民的就业、收入不稳定,人民利益时而能满足、时而无法满足。当经济增长缓慢甚至停滞时,政治认同危机就会显现。尤其是在经济全球化的背景下,国际环境的变化莫测对于经济现代化影响重大,直接造成政治认同的波动、甚至崩解。

经济现代化有利于做大社会财富的蛋糕,利益总体的增加有利于政治认同的产生,奠定政治认同的经济基础。但是,在不完善的利益分配机制下,经济现代化过程中往往出现财富的不公平分配,财产分配公平程度直接影响政治认同。因此,经济现代化与政治认同并非线性相关。利益满足的主观性决定了一味追求经济总量而忽视公平分配往往瓦解政治认同,产生政治认同危机。任何政权对于政治认同的建构不能仅仅依靠经济现代化,而应同时依靠政治现代化确立公正的利益分配机制,依靠文化现代化宣传科学合理的利益观、价值观。依靠其他领域的现代化支撑,挖掘历史记忆资源,形成对于现实利益的合理认知;促进社会财富的公平分配,累积现实利益资源;宣传科学理性的价值观,建构既共同又自主的话语体系,形成政治认同资源合力,才能够形成长期的、稳定的政治认同。

---

[1] 参见王绍光、樊鹏《中国式共识型决策:"开门"与"磨合"》,中国人民大学出版社 2013 年,第 272 页.

第二节 政治现代化与政治认同

政治的核心问题是权力。政治现代化实质上是权力内在特质和外在表现的根本转变。内在而言，权力由私有权力转变为公共权力；外在表现而言，由专制政治向民主政治转变，人民成为国家权力合法性的依据。具体而言，涉及权力边界界定、权力主体、权力依据、权力性质、权力目标、权力行使等各个层面的根本性变革。权力关系的调整必然涉及主客体关系变革，产生权力的认同问题。从这个意义上而言，政治认同是政治现代化的应有之义。政治认同建构过程也是政治现代化的重要内容。政治认同的高低和稳定性是政治现代化的"显示器"。

第一，政治现代化意味着由传统权力主体向现代国家转变。传统的政治权力分布呈现集中化与分散化并存的状态。分散化是指政治权力主体主要是地方性、宗教性和家族性组织，权力中心相对分散、多元，如欧洲的封建主义；集中化是指主体内部权力集中于少数人手中，与大多数人无关，具有排斥性，如传统社会中出现的专制帝国。前者的人与组织几乎无法分离，人深深地嵌入组织中。后者人远离政治权力，被排除于政治权力之外。政治现代化一方面意味着人从宗族、部落或帝国等传统的共同体的束缚中摆脱出来，产生了"国家政治"；另一方面意味着多数人被纳入政权，出现"民主政治"。政治现代化包括两层涵义。其一，权力由家族、地域、部落等初级共同体向国家集中。传统的基于地域、血缘、信仰的共同体的政治功能的衰落，或者说不再成为政治共同体。地方的、宗教的、部族的以及其他传统的分散的权力中心政治功能的剥离，权力集中于全国性的政治机构。在传统政治秩序中，人是共同体的一部分，人的身份是通过共同体标识的，共同体决定人的存在，人被完全包括在共同体中，两者是高度融合、没有边界的，不存在认同问题。但是现代化意味着政治客体的转换，人由一个共同体进入另一个共同体，必然产生认同问题。"将对家庭、村落和部族的忠诚扩大至对国家的忠诚。"[1] 其二，传统国家的消逝，现代国家的建设。传统社会的国家是私

---

[1] [美]塞缪尔·P.亨廷顿：《变化社会中的政治秩序》，王冠华等译，上海世纪出版集团2008年版，第117页。

有物。马克思指出：在古代，"国家的物质内容是由国家的形式设定的。每个私人领域都具有政治性质，或者都是政治领域；换句话说，政治也就是私人领域的性质。"① 中国君主专制社会也有"国者，君之车也"，"普天之下莫非王土、率土之滨莫非王臣"的说法。国家的私有性决定了政治的秘密性和政权的封闭性。政治由"肉食者谋之"，普通的个人与团体被排除在政权之外。政治共同体边界的绝对性对于个体的排斥使得政治统治根本不依赖认同，而是依靠暴力和强制。政治现代化是传统国家的消逝和现代国家的产生。现代民族国家是"想象的共同体"。马克思指出："国家本身的抽象只是现代才有，因为私人生活的抽象也只是现代才有。政治国家的抽象是现代的产物。"② 从心理学意义上而言，想象本身即是认同的心理反映。所以，现代国家必然离不开认同。共同体的"解放"创造了政治认同的对象条件。传统社会，人本身是"共同体人"，人湮没在共同体中，共同体标签的永恒性使得人的认同不成为问题。人的"解放"即人从共同体的束缚中摆脱出来，成为独立存在的人。而"政治解放一方面把人归结为市民社会的成员，归结为利己的、独立的个体，另一方面把人归结为公民，归结为法人"。③ 人由"共同体人"转变为"个体人"，事实上反映的是人的理性的增强。理性精神的扩展使得人成为世界的中心，以人的标准衡量外在的共同体，因而产生认同的主客体条件。

现代化中政治权力主体的转换，必然带来政治认同的转变。其一，政治认同性质由情感性认同向认知性认同转变。传统政治组织具有情感性，是情感组织，或者是其扩展，如"家国同构""家国一体"。而家庭、宗族是典型的基于血缘、亲情的组织。现代国家主要是人的理性建构的产物，是一种法理性组织。典型的理论依据是社会契约论，认为国家是理性的人民基于自身利益而相互达成的一种契约，是公共意志的化身。政治现代化权力主体由情感性组织向理性组织的转变，相应地政治认同也需要由情感认同向认知认同转变。情感性认同是政治认同的初级形态，即"因为我是组织成员，所以我认同该组织"，具有先天性、自发性、不

---

① 《马克思恩格斯全集》第3卷，人民出版社2002年版，第42页。

② 同上。

③ 同上书，第189页。

可选择性、稳定性。认知性认同是较高层次的认同形态，即"因为该组织是先进的，所以我认同该组织"，具有后天性、建构性、可选择性、变动性。相比于情感性认同，认知性认同的建构空间更大，对于国家的义务苛求更多。认同与否主要取决于国家职能和义务的履行程度，公民则以一定的标准审视国家并形成认同或者不认同的心理和行为表现。政治认同呈现一个由低级向高级的阶梯性状态，情感性认同向认知性认同的转变是一种政治进步。

其二，认同资源由侧重传统资源向侧重现实资源转变。认同资源与对象存在着特定的对应关系。对象由情感性组织向法理性组织的转变，相应地对于政治认同资源的要求也发生变化。马克斯·韦伯提出了统治合法性的三种形态：传统型、魅力型和法理型。"把合法性等同于社会公众对政治系统的认同和忠诚的观念，代表了当代社会对于合法性概念的最一般、最普遍的认识。"[1] 以此逻辑，传统政治认同与传统型合法性等同，现代政治认同与法理型合法性等同。韦伯认为，传统政治认同来源于以传统的习俗和习惯形成的政治价值和规则。而对于习俗和习惯的认同来源于历史传统。历史传统具有自然延续性和不可置疑性。传统政治认同往往寻找传统资源，追本溯源，将正义的化身诉诸于神话、传说等玄空的存在。如西方的自然法传统，中国古代的"天""神"等都是正义的化身。符合"天意""神意"等传统的的政治行为被认同，否则不被认同。如秦末陈胜吴广发动大泽乡起义，以向鬼神问卜、置朱砂白绸字"陈胜王"于鱼腹的形式以示揭竿而起顺应天意赢得百姓认同。而现代政治组织是法理型，组织设立、权力来源须经过法律和人民的同意，而人民同意的依据则是组织满足人民的物质和精神权利和利益。人是一种现实存在物，所以相应的认同资源也是现实的。在文艺复兴、宗教改革、启蒙运动、科学技术、经济发展共同推动的世界"脱魅"，政治统治的合法性已无法立基于神秘的宇宙观和宗教观，认同的视角走向了现实。典型的是社会契约论，认为统治权力的合法性必须根植于人类通过契约形成的同意。卢梭在《社会契约论》申明：即使最强者也决不会强得足以永远做主人，除非他把自己的强力转化为权利，把服从转化为义务。人类第一次将认同建构在民众同意的基础上，而民众同意的前提则是权力

---

[1] 白钢、林广华：《论政治的合法性原理》，《天津社会科学》2002年第4期。

对于其利益的满足和保障。"民众在公共领域中以自由民主观念以及法律规则意识为价值标准展开对世俗政权的自由论证与评价，便成为该政权获得合法性认同的基本前提。"① 所以，对于法理性组织的认同需要从现实中寻找原因。政治现代化需要实现政治认同由重视传统资源向现实世俗资源转变。

第二，就获得权力的手段而言，政治现代化指权力由强力获得向人民赋予转变。政治现代化除了涉及权力主体现代化之外，还需要考虑权力主体获得权力的手段，以何种方式获得统治权。在传统政治中，权力获得大致依靠继承、政变、暴力等途径。继承或者依靠既成的权力交接规则或者凭统治者的个人喜好，由于规则或者个人偏好具有不稳定性和特殊性，由少数人决定而不被广泛认同，所以经常出现宫廷政变、战争、暴力篡权等意外事件。权力获得由少数人决定的根源在于权力的私有性，所有权决定处置权和收益权。政治现代化中权力由地域性、家族性组织向国家转移，由私有性向公共性转变，权力的获得也由多数人决定。多数人决定即民主。所以民主是政治现代化的核心。参与则是民主的核心。科恩指出："民主是指在一定共同体内，解决共同体公共事务的一种社会管理体制，在该体制下共同体成员大体上能够直接或者间接地参与或可以影响共同体全体成员权益的决策。"② 现代政治语境中的认同政治只能是民主政治。罗伯特·达尔指出："20世纪下半叶，世界发生了一场规模宏大而又史无前例的政治变革。所有对民主的主要替代物要么烟消云散，蜕变成稀奇古怪的残存物，要么退出其原来的领域，龟缩进它们最后的堡垒中去。……早在本世纪之初，那些民主的宿敌——建立在狭小而排他性参政权之上的中央集权君主制、世袭制的贵族制、寡头制——就已在世人的眼中丧失了它们的合法性。"③

但是，认同政治必然是民主政治并没有使现代政治认同简单化，相反，由于对于民主的多样性理解，使得现代政治认同复杂化，形成了对不同类型的民主政治的认同。或者说由于政治认同的需要贴上民主的标签，对民主进行多元化诠释。与政治认同对象的三个层次相对应，一般

---

① 郭晓东：《多元价值反思中的西方合法性理论》，《天津社会科学》2005年第2期。
② ［美］科恩：《论民主》，聂崇信、朱秀贤译，商务印书馆2007年版，第10页。
③ ［美］罗伯特·达尔：《论民主》，林猛、李柏光译，商务印书馆1999年版，第1页。

认为，现代政治对于民主的理解可以分为价值、制度和行为三个维度。价值维度将民主视为与自由、平等、法治、人权、博爱等并列的现代政治价值理念，甚至是核心的价值理念，把民主当成一项崇高的价值，民主意味着政治绝对自由，民主意味着人人平等，民主是至善，追求共同的幸福。价值说将超脱于物质利益满足的伦理和道德诉求作为民主的核心目标，将世俗生活提升为道德生活。价值说的鼻祖是亚里士多德。他认为，就我们各个个人说来以及就社会全体说来，我们接受统治"主要的目的就在于谋取优良的生活"。① 而优良的生活其实就是有德性的生活。民主价值论的另一位代表是卢梭，他主张一种真正的人民民主。在评价代议制民主时说："英国人自以为是自由的，他们是大错特错了。他们只有在选举国会议员的期间，才是自由的；议员一旦选出之后，他们就是奴隶，他们就等于零了。"制度维度认为，与理想的直接民主相比，人民选举代表是他们意见得到贯彻的重要保证。换言之，它们现在采取的观点是人民的任务是产生政府，或产生用以建立全国执行委员会或者政府的一种中介体。制度民主观把民主视为一种选拔领导人的制度，在这种制度设计下，通过竞争性选举来选择官员，再由这些官员来代表选民行使管理国家事务的权力。制度民主比较注重选拔程序中体现的民主性和民众参与的广泛性。基于这样的认识，熊彼特提出了关于民主的界定："民主就是那种为作出政治决定而实行的制度安排，在这种安排中，某些人通过争取人民的选票取得作决定的权力。"② 塞缪尔·亨廷顿在早期的著作中认为："选举是民主的本质。"③ 菲利普·施米特和特丽·林恩·卡尔认为："现代民主统治是一种管理体制，其中统治者在公共领域中的行为要对公众负责，公民的行为通过他们选举产生的代表的竞争与合作来完成。"④ 制度民主突出选举、投票等具体程序的作用，指出现实民主运作的基本特征。行为民主认为，民主是与专制相对的一种领导决策行为

---

① [古希腊]亚里士多德：《政治学》，吴寿彭译，商务印书馆2008年版，第133页。

② [美]约瑟夫·熊彼特：《资本主义、社会主义与民主》，吴良健译，商务印书馆1999年版，第396页。

③ [美]塞缪尔·亨廷顿：《第三波——20世纪末期民主化浪潮》，刘军宁译，生活·读书·新知三联书店1998年版，第6页。

④ 刘军宁：《民主与民主化》，商务印书馆1999年版，第2页。

和组织行为。在政治生活中,围绕着共同的目标,使各方面的意见得以充分发表,然后对其中科学的符合实际要求的东西集中形成统一的意志,作为共同的行动准则。民主内涵的不确定性造成民主政治认同对象层次的多元化。问题的复杂之处在于行为、制度与意识形态之间是存在张力的,甚至相互否定。民主的内涵的混乱既不利于政治现代化的推进,也不利于政治认同的塑造。那么,什么才是民主的本质呢?行为、制度与意识形态三者当中,何者具有根本性?行为认同易获得,但是具有个体性、暂时性和可模仿性;意识形态认同是最核心层面,但是具有宣传性、迷惑性和可操控性;制度是连接两者的中介,具有可再现性、传递性和稳定性。所以,制度认同是政治认同的核心。因此,对于现代化中政治认同的建构而言,应该将民主制度认同作为关键对象。

第三,就权力性质而言,政治现代化意味着权力由私有转向公有。传统政治中,权力是私有物,是专制者实现个人利益的工具,权力行使的暴力色彩浓厚,"肉食者"在"黑屋"秘密决策。所以,无"民有"、无"民治"、偶尔有"民享"而已,如惠民、爱民、济民、养民等。所以,对于统治的服从主要基于物质利益和结果正义。现代政治中,权力是公有物,权力的产生是民主的,权力行使尽管以暴力为后盾,但是注重程序科学、合理、文明,防止暴力泛滥,运行力求公开。不仅有"民享",更有"民有"和"民治",其中"民享"是目的,"民有"是前提,"民治"是关键。换句话说,传统政治与现代政治的根本区别主要不在于"民享"和"民有",而在于"民治"。著名的现代化专家布莱克认为政治现代化的主要标准包括:个人参与政府决策的程度。它可以通过选举产生的地方、地区和全国的代议制机构等社会正式机构,通过政党和特殊利益集团等非正式的社会机构以及政治的、经济的、道德的和其他的社会利益集团对政治决策的影响来衡量。① 艾森斯塔特认为,政治现代化的标准有②:(1)国家权力的来源。现代政治权力的合法性来源于人民的、世俗的认可,并对公民负责;(2)政治权力的分布均匀程度。传统政治权力的分布集中程度高,少数人掌握权力。现代政治中的政治权力

---

① [美]西里尔·E. 布莱克:《比较现代化》,杨豫等译,上海译文出版社1996年版,第9页。

② 同上书,第136页。

不断分布到广泛的社会群体——最终分布到全体成年公民；(3) 权力向更高层次的共同体集中。传统政治权力主要集中在家族、地域性共同体，现代政治权力向更大领土范围的共同体集中，通过中央的、法律的、行政的和政治的社会机构加强控制；(4) 公民参与政治过程的程度。传统政治不承认其子民作为对象、受惠者在政治合法性中的重要性，现代政治允许其公民在政治自由、福利和政策方面表达意见和主张。布莱克和艾森斯塔特将政治参与作为政治现代化的重要标准。塞缪尔·亨廷顿更加明确提出，"区分现代化国家和传统国家，最重要的标志乃是人民通过大规模的政治组合参与政治并受到政治的影响"。因此，"政治现代化最基本的方面就是要使全社会性的社团得以参政，并且还需形成诸如政党一类的政治机构来组织这种参政，以便使人民参政能超越村落和城镇范围"。① 但是对于现代化中的国家而言，政治参与的高涨与制度化的参与渠道匮乏之间存在矛盾。政治现代化中权力由私转公的过程中，引发了政治认同问题。首先，民主化带来的权力主体规模扩张和现实的制度吸纳力的矛盾引发认同问题。传统政治中，权力具有私有性，掌握在少数人手中，决定了具有政治评判资格的是少数人。现代政治中，权力具有公有性，掌握在多数人手中，决定了多数人成为政治认同的主体。主体规模的扩张必然带来强大的政治参与动力。人民认为政治参与是实现个人权益的关键途径。但是，既有制度的承载力是有限的。民主化导致高涨的政治参与热情和庞大的人民数量挑战既有的狭窄的政治参与渠道，产生政治认同危机。从理论上而言，较低的社会动员和较快的经济发展有利于维持对于政权的认同。但是较快的经济发展往往引发较高的政治动员，那么社会流动机会和公平正义就成为政治认同的决定性变量。典型的是亨廷顿提出的社会动员——政治动乱的公式：

1. 社会动员/经济发展＝社会颓丧；
2. 社会颓丧/流动机会＝政治参与；
3. 政治参与/政治制度化＝社会动乱。

社会动乱是政治认同危机的典型表现。假如将社会动乱置换为政治认同危机，那么对于政治认同建构的启示在于：第一，社会动员与政治

---

① [美] 塞缪尔·P. 亨廷顿：《变化社会中的政治秩序》，王冠华等译，上海世纪出版集团2008年版，第28页。

认同成反比例。较高的社会动员不利于政治认同的提高。现代化的社会满足期望的能力远远比期望本身的增长要缓慢。所以，期望和现实、需要与满足之间差距的程度就成为影响政治认同的重要因素。第二，政治参与和政治认同成反比例。在其他变量一定的情况下，迅速的政治现代化，政治参与广度和深度的扩大与低政治制度化水平的矛盾会损害政治认同。因此，为了保持政治认同，政治现代化应该与政治制度化相适应，保持恰当的比例和对应关系；第三；政治制度化有利于增加政治认同。制度化是组织获取价值观和稳定性的过程。制度化是价值、制度与行为内在一致性的增加。政权的制度化程度可以根据它的组织所具有的适应性、复杂性、自治性和内部协调性作为标准来衡量。换句话说，组织和程序的适应性、复杂性、自治性和协调性有利于政治认同的增加。譬如，中国共产党之所以能够长期获得人民群众的认同，与其实事求是、与时俱进，永葆先进性、时代性的品格追求密不可分。开创性地提出中国特色社会主义，从邓小平理论、"三个代表"重要思想、科学发展观、习近平新时代中国特色社会主义思想都是中国共产党保持适应性，中国特色社会主义不断制度化，稳固政治认同的重要命题。而全面深化改革、全面从严治党、全面依法治国，推进国家治理体系和治理能力现代化，则是理顺体制机制增强制度内部协调性和制度化水平，提升政治认同的重要举措。

其二，合法的制度和程序"过滤"对于政治认同至关重要。民主成为普遍接受的政治观念之后，理论上政治认同主体的普遍性与现实中制度的承载力有限性之间的矛盾，决定了政治认同主体身份与政治参与主体身份的悖离。实际中并不是所有人民都有机会参与政治生活，或者说直接民主由于规模限制而变得不可能。因此，缓和悖离的需求决定了部分人要被合法地"剥夺"政治参与资格，一方面对于政治参与者设置条件和门槛，如美国民主化早期，选举权受到财产、宗教、种族、年龄、性别、居住地等限制。尽管限制不断降低是发展趋势，但是也并非全体公民。另一方面，由于利益被代表、"理性无知"等因素，政治冷漠成为政治生活常态，减轻普遍政治参与对于政治体系的压力，制度和程序合法地"排除"一些人的政治参与资格而"赋予"另一些人。制度的"过滤"作用既不剥夺政治认同主体的身份，而又合法地限制了政治参与的主体资格，缓解了全民参与对于政权的挑战产生的认同危机。代议制就是典型制度。

第四，就权力目标而言，政治现代化意味着国家职能更多向保障公民权利转变。政治权力指政治主体以一定的强制力为后盾，为实现某种利益，在政治生活中对于政治客体的约束力。权利则是得到社会承认并由国家权力加以保护的要求。权力与权利是政治中一对矛盾的范畴，两者的关系是政治文明的"显示器"。传统政治中，权力是私有物。所有权决定了使用权、受益权。所以，权力服务于权力所有者，维护和实现少数人的利益。"一人得道，鸡犬升天"即是典型体现，相对缺乏权利观念。现代政治中，由于权力的公有性，来源于公民的委托和授权，决定了权力由保护少数人向保障多数人的利益转变，因而产生权利概念。权力与权利便发生了关联。马克思指出，权利"是社会产物，是社会的产儿，而不是自然的个体的产物"。① 也就是说，权利是社会发展的产物，权力由私向公的转变中衍生出了权利。格林认为："能够认识到共同利益也是自己的利益，并借助于别人认识到的利益来控制自己履行权利，使人意识到，权利应该得到履行；这也就意味着，应该有权利存在，而权力应该通过相互承认得到控制。"② 后来，他进一步提出，"如果在社会成员方面没有对共同利益的意识，就不可能有权利，没有共同利益的意识就只可能存在个人的某些权力，但这种权力，别人不会承认它是他们所允许履行的权利，也不会对这种承认有任何要求。而没有这种承认或承认的要求，权利就不可能存在"。③ 因此，权利就是得到社会普遍承认并被国家权力加以保护的要求。

传统政治中，权力主要保护少数权力所有者的利益。现代政治中，权力的正当性以保障权利为前提，否则合法性就受到质疑。同时，权利的实现离不开权力的保证，否则容易被侵犯。权力与权利处于相互影响、相互制约的状态下，都以对方作为自己存在的前提，没有不以权利为目标的权力，也没有不以权力为后盾的权利。但是现代政治的基本原则是：权力需要制约，权利需要保障。因此，政治生活中从政治权力中获得自

---

① 《马克思恩格斯全集》第3卷，人民出版社2002年版，第131页。
② [美] 贝思·J. 辛格：《实用主义、权利和民主》，王守昌等译，上海译文出版社2001年版，第61页。
③ 同上书，第62页。

身相应的权利并实现利益,成为政治主体对于政权认同与否的关键。

那么,接下来要探讨的则是什么样的权利需要保障,什么样的权利有利于政治认同。一般认为,权利分为作为"自然人"的"公民权"与作为"政治人"的"公民权"。前者是消极权利,后者是积极权利。前者即法律意义上的权利,指国家宪法和法律规定的一个国家的公民在社会中所享有的基本权利和义务。如财产权、言论自由权、受教育权等。后者即政治意义上的权利,个人在特定的政治共同体中所获得的与身份资格相联系的权利。其内涵在于:一是关注的焦点在于有法律体系规定的公民的权利和义务,即公民权被视为一种合法的身份;二是公民权涉及的是个人影响政治系统的能力,它意味着对政治生活的参与。"私权利"与法律意义的公民相对应,指具有一国国籍,并根据宪法和法律享受权利、承担义务的自然人。具有四个方面特征:"自然人个人属性,而不具有群体的属性;反映个人与国家的关系;反映了公民之间一种平等的关系;国籍是其判定的根本标准。"[1] 现代社会,将国籍作为确定公民身份的基本依据,以此为基础确定个人与国家之间的关系框架以及公民的权利与义务。"公权利"与政治意义的公民相对应。指的是参与公共事务从而在国家政治生活中具有自主性人格的个人。这一概念最初起源于古希腊的雅典城邦。"凡有权参加议事和审判职能的人,我们就可说他是那一城邦中的公民。"[2]

大体而言,公民权利有"消极"意义的"私权利"与"积极"意义的"公权利"。"消极"权利的目的在于禁止他人或者政府的非法干涉,排斥外在的强制,具有防御性特征。"积极"意义的"公权利"则使公民走到政治生活的中心,主动参与公共权力的行使,具有主动性特征。两者共同体现了公民在现代政治生活中的主体性地位。两者合起来共同构成公民身份(citizenship)。著名的公民身份理论家托马斯·雅诺斯基认为,"公民身份表示个体在国家中拥有的正式成员资格以及与这一资格相联系的权利和义务"。[3] 马歇尔则将公民身份分为三个组成部分:公民权

---

[1] 谢鹏程:《公民的基本权利》,中国社会科学出版社1999年版,第1—2页。

[2] [古希腊]亚里士多德:《政治学》,吴寿鹏译,商务印书馆2008年版,第116页。

[3] Thomas Janoski, *Citizenship and Civil Society*, Cambridge: Cambridge University Press, 1998, p. 9.

利（civil rights）、政治权利（political rights）和社会权利（social rights）。① 公民权利指实现个人自由必需的权利，包括人身自由、思想和信仰自由，拥有财产和订立有效契约的权利以及司法权利；政治权利指公民作为政治实体的成员或这个实体的选举者，参与行使政治权力的权利；社会权利指从享有某种程度的经济福利与安全到充分享有社会遗产并依据社会通行标准享受文明生活的权利等一系列权利。其中，公民权利和社会权利应该属于消极权利，而政治权利则属于积极权利。

不同的权利内容形成不同的权利与权力的关系，形成不同的政治认同理论。自由主义理论范式认为，政治现代化是国家权力保护"私权利"。但是政府滥用权力则容易会对公民权利造成威胁，因此需要对公共权力行使予以严格限制和约束，即"限政"。自由主义范式把个人置于国家之上，侧重于国家对于公民的工具性功能。那么公民对于政治共同体形成的是一种赞同性认同，保障了"私权利"的政权就获得认同，反之，则无法获得认同。赞同性认同的基本逻辑是权力行使——保障权利——产生认同，也是政治认同研究的合法性视角的论证路径。

但是共和主义范式则将共同体置于公民身份的核心，把公民在政治共同体中的获得视为公民自由的表现。主张基于"公权利"的政治认同。将政治共同体置于个人之上，侧重于个体对共同体的奉献和美德，追求作为"共同体的自由"。认为，"政治行动本身就是一种善，而不仅仅是为了达致各种善的工具。通过参与这种行动，公民实现了作为人的价值。"② 简单地说，自由主义所谓的"消极权利"并不自由。相反，生活中怀着很大的焦虑。"对被传唤到隐性的审判台前和被发现不够格的担心影响了（许多）日复一日在全身心奋斗的人的生活。在体现的性质上，它是一种隐性的重负，隐性的焦虑；是一种不能充分控制的情感，其中，一个进行着物质谋算的观察者可能会达到完全控制的程度。"③ 真正的自由是过自己的生活、实施自己的行为。人们知道自己的"位置"，并对其

---

① ［英］马歇尔等：《公民身份与社会阶级》，郭忠华等译，江苏人民出版社2008年版，第11页。

② 许纪霖：《共和、社群与公民》，江苏人民出版社2004年版，第36页。

③ ［英］布赖恩·特纳：《公民身份与社会理论》，郭忠华、蒋红军译，吉林出版集团有限责任公司2007年版，第148页。

行为负完全责任。相反,如果人们的行为不属于自己,如果人们对于给自己带来自尊的事情依赖别人,就不可能获得自尊。个体"位置"的确定给人们提供一种"归属感"和"在家感"。为此,人们需要生活在一个"想象的共同体"或"记忆的共同体",从而对该共同体产生"我们感",而非"他们感"。"我们"既是客观的描述,更是主观的建构。人们的"位置"或者"定位",不仅仅会激发和引导人们"情感",而且也会获得本体论意义上的资源。所以,话语的作用就至关重要。"话语的作用是要生产而不是简单反映客体,话语中说出的词汇似乎是指这些客体的,那该主张还是意义不明。我们仍然不自觉地假定:当我们使用一个字词时,其意思就是我们想要表达的意思,不多也不少。换句话来说,在我们对语言的常规使用中,我们不会欣赏到即便我们最严密和正式的说话和写作形式充满了诗意和隐喻(以及言辞华丽)所达到的程度——以及随之而来的不可避免的偏爱。"① 共和主义范式政治认同的基本逻辑在于:政治认同——我们感——建构——话语。论证的路径属于批判性论证。

　　无论自由主义范式还是共和主义范式,公民身份都是分析政治认同一个重要的概念。但是问题的复杂性在于公民身份是随着现代化的发展而不断变迁的,体现在法律、文化、社会和政治等广泛现代化进程中的实践。英国学者杰勒德·德兰迪(Gerard Delanty)指出:"社会性质的变迁迫使我们重新思考公民身份的涵义。"② 曾经由于自治的欧洲城市国家的兴起而产生,又因民族国家而进一步发展,最近又因少数族群、妇女、儿童及其他社会性团体的权利诉求而得到扩展。参见图 3-1 ③:

　　由图 3-1 可以看出:第一,在外延上,虽然国家依然是分析公民身份的主轴,但是成员单位、地区、城市和世界公民身份的兴起等因素也不容忽视。公民身份载体的多元性引起忠诚和归属对象的不确定性,对于国家的认同形成了巨大挑战。如欧洲公民身份对于其成员国政治认同的威胁。第二,在内涵方面,除了马歇尔提出的公民、政治和社会公民

---

　　① [英]布赖恩·特纳:《公民身份与社会理论》,郭忠华、蒋红军译,吉林出版集团有限责任公司 2007 年版,第 135 页。
　　② Gerard Delanty, *Citizenship in a Global Age*, Open University Press, 2000, p. xiii.
　　③ 肖滨、郭忠华、郭台辉:《现代政治中的公民身份》,上海人民出版社 2010 年版,第 61 页。

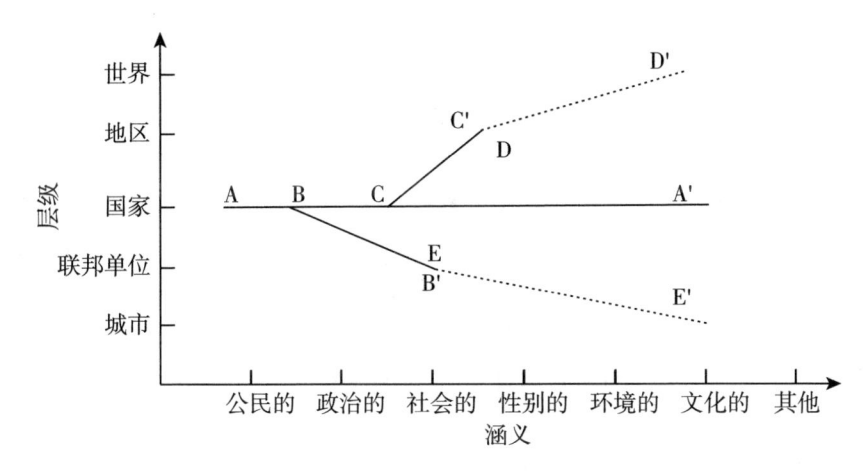

图 3-1 公民身份的当代变化趋势

身份之外，近年来兴起的性别、环境、文化及其他公民身份观念，使得公民身份内涵的复杂性增加，不同内涵的公民身份的政治取向差异巨大，也冲击着国家的政治认同。如环境公民身份对于政治共同体的经济绩效的价值合理性的怀疑，性别公民身份对于权力运行中男权倾向的批判和女性参与权的追求，文化公民身份对于文化纯洁性和独特性的追求导致文化边界挑战政治边界形成的政治认同危机。

总之，政治现代化是一个由传统政治共同体向现代国家转变的过程，权力的合法性也由传统权威获得向人民授予的法理型权威变革，权力由私有权力向公有权力变迁，由保护权力所有者利益向保障公民权利转变。但是，政治现代化打开了政治认同的大门，使政治认同出现在人们眼前并成为重要的问题。政治认同并不会随着政治现代化的展开而自然获得。传统政治共同体向现代化国家转变，政治认同由自发的情感性认同向自觉的认知性认同转变，政治认同资源由历史资源向现实资源转变。民主政治成为认同政治的一般样态。但是关于民主理解的差异造成政治认同的混乱，产生政治认同危机。因此必须通过合法的制度和程序缓解政治认同主体与政治参与主体的差距。保障公民权利是政治认同的关键，但是权利内涵和外延的变化本身可能冲击政治认同。而且，政治现代化的不同阶段，人们对于何为现代国家、何为民主、何为公共以及何为权利的认识会变迁，变迁的过程是原有政治认同变化、发展而新的认同形成的过程。也就是说，政治认同不是静态的而是动态的，始终处于由低级到高级、由简单到复杂的发展过程中。

第三节　政治文化现代化与政治认同

文化（culture）在拉丁语和中古英语中具有"耕耘"的意思。18世纪法语中，文化逐渐指称修炼心智、思想和情趣的结果和状态，指良好的风度、文学、艺术和科学修养，直到18世纪末，文化才逐渐获得了现在的内涵：个人的完善和社会的规范。当然，中外学者对于文化的界定存在较大的差异。卡西尔把文化界定为人所特有的，展示人之本质的符号系统；泰勒将文化归纳为包括全部的知识、信仰、艺术、道德、法律、风俗等在内的生活方式的总和；哲学人类学把文化理解为人超越自然，又补充人的自然本能之不足的"第二自然"或"第二本能"；梁漱溟和胡适将文化定义为"人们生活的方式"和"人类生活的样法"。一般而言，对于文化的理解分为"外在性范畴"和"内在性范畴"。"外在性范畴"即狭义的文化，主要指宗教、价值观念、习俗等精神领域，外在于政治、经济等领域，并与之交互作用的独立存在，对于政治活动产生重要影响。"内在性范畴"即人所创造的一切，如经济、政治、科学、技术、宗教、艺术、信仰、规范、哲学、教育、语言、知识、习俗、观念、价值等内容。人类历史凝结成的稳定的生存方式，这种内在的、精神性的文化不具有独立的外观，而是内在于总体性文明的各个层面和人类活动中，制约着人类的进步和发展。"内在性"否认文化对于政治、经济等领域的外在独立性，强调文化的非独立性和内在性，强调它内在于社会运动和人的活动所有领域的无所不在。本书研究的文化是指"外在性"的文化，即与政治、经济和社会并存的并且不断互动的精神范畴。"文化指一个社会中的价值观、态度、信念、取向以及人们普遍持有的见解。"[1] 文化一旦形成，就成为生活于其中的个体自发或者自觉遵循、赖以安身立命的依靠。"人总是文化的人，人的世界在某种意义上就是文化的世界；人们总是生活在文化中，文化现象在人的世界中无所不在。"[2] 由于文化的群

---

[1]　［美］塞缪尔·亨廷顿、劳伦斯·哈里森：《文化的重要作用》，程克雄译，新华出版社2002年版，第9页。

[2]　衣俊卿：《现代化与文化阻滞力》，人民出版社2005年版，第56页。

体性和共享性，赋予个体意识的连续性、价值取向的一致性，因此，文化与认同密切关联。个体如果明显地生活于"异文化"当中，成为文化的"陌生人"，就会感受到文化的障碍和约束，将无法找到归属感，产生认同问题。文化调节着个体的符号化体系，构成由文化所维系的作为价值和意义的寓所。文化现代化事实上就是价值现代化的过程。俞吾金认为：现代性体现在以下的主导性价值：独立、自由、民主、平等、正义、个人本位、主体意识、总体性、认同感、中心主义、崇尚理性、追求真理、征服自然等。[1] 其中自由、民主、平等、正义属于政治价值，个人本位、主体意识属于社会价值，追求真理、征服自然属于科学价值。因此，政治文化现代化即主导性政治价值形成的过程。

政治文化即共同体特定时期流行的政治态度、信仰和情感。每个社会都有自身特色的政治规范和价值要通过社会化的方式传递给成员，人们同时也有一套观念，希望政治系统如何运作、做什么以及对政治系统的要求。实质上，政治文化就是国家成员关于政治生活的心理学。最早关注政治文化的是阿尔蒙德。他认为，政治文化一词所包含的文化内涵与人类学、社会学和心理学使用的文化内涵有差异。"我们仅仅是使用文化概念许多含义中的一种，即对社会对象的心理趋向。当我们说到一个社会的政治文化时，我们所指的是：作为被内化于该系统居民的认知、情感和评价之中的政治系统。"[2] 他在《比较政治学：体系、过程和政策》中，明确将政治文化定义为："一个民族在特定时期流行的一套政治态度、信仰和情感。"[3] 派伊认为，政治文化是政权中存在的一个主观的政治领域，它给予政体以定义，给予制度以纪律，给予个人行为以社会关联。[4] 大体而言，政治文化主要指社会成员针对政权各层面的心理过程和心理特征。一般包括三部分：一是认知性成分，即对政治组织、政治过程、政治目的、政治角色、政治产品等方面的知识，一方面来源于政

---

[1] 俞吾金等：《现代性现象学》，上海社会科学院出版社2002年版，第36页。

[2] ［美］阿尔蒙德、维巴：《公民文化——五个国家的政治态度和民主制》，徐湘林等译，东方出版社2008年版，第13页。

[3] ［美］阿尔蒙德、鲍威尔：《比较政治学：体系、过程和政策》，曹沛霖等译，上海译文出版社1987年版，第29页。

[4] 杨光斌：《政治学导论（第2版）》，中国人民大学出版社2004年版，第49页。

治社会化，另一方面来源于政治实践，构成人们对于政权评判的基础；二是情感性成分，人们在政治生活中对于政权的直观评价和感受，表现为好恶之感、美丑之感以及由此产生的亲疏、信疑之感，是日积月累的知识和经验的积淀，带有极大的主观成分，主要反映个体或集体的政治偏好；三是评价性成分，即人们依据认知和情感而确立一定的价值标准，对于政权做出评价。政治文化是感性与理性、自觉与自发的对立统一。同时，由于社会成员构成的复杂性，政治文化具有非同质性。

政治文化影响政治认同。在特定的时空背景下，政权中成员的心理和行为取向不仅仅取决于社会经济发展水平、政治、经济和社会结构，还受到体系内风俗、习惯、价值取向和思维模式等文化因素的影响。孟德斯鸠在《论法的精神》中详细分析了一个民族的"普遍精神""道德和习俗"对该民族政治生活的影响。[1] 政治文化作为社会成员关于政权的认知、情感和评价，是政治认同的"软资源"。任何政权要维持一定的认同程度，必须有与之相适应的政治文化。一旦文化被打破受到冲击，就可能导致政权的认同危机，甚至解体。政治文化现代化是由传统政治文化向现代的转变，必然对于政权的认同产生深刻影响。传统在政治生活中至关重要。传统是人类知识的一种储备，积淀的传统的传递性、同一性和连续性保障了公民归属感和认同感。"在一个共同体内，传统给个人提供了认识世界的共同框架并成为个人自我认同的来源。当传统被看作是一种精神文化因素时，其组成的部分，如语言、风俗、惯例以及各种仪式等便带有一定的意义。这个意义是共同体内成员所共有的，以此作为一种身份的标志。"[2] 人是社会人、带有传统印迹的人。传统是维系人的观念的连续性的历史资源，并表明个人身份归属问题。

政治文化现代化是指由臣属型、狭隘型政治文化向参与型政治文化转变的过程。阿尔蒙德和维巴以社会成员对政权、政治制度、政治权力以及自己在政权中的角色的认知、情感和态度为标准，将政治文化分为参与型、臣属型、狭隘型（地区型）。参与型政治文化中，成员认识到他们是国家的"公民"，具有强烈的"主人"意识，对政权的输入和输出都有强烈和明确的认知、情感和价值取向，并对自己作为政权成员的权利、

---

[1] ［英］孟德斯鸠：《论法的精神》，张雁深译，商务印书馆1981年版，第19—29页。
[2] 陈明明：《革命后社会的政治与现代化》，上海辞书出版社2002年版，第112页。

能力、责任及政治行为的效能具有积极的评价。臣属型政治文化中，成员对政权中的角色、结构、权威、规范以及政权输出方面的责任等有较明确的认知、情感和价值取向，而对于政权输入方面的取向以及社会成员作为政治参与者的自我取向却非常低。地区型政治文化存在于那些比较原始阶段、由相对独立的子系统组成的社会政权，缺少专门的政治角色的分化，社会成员没有独立于他们地域性的宗教和社会取向的政治取向。臣属型政治文化与狭隘型政治文化属于传统政治文化，而参与型政治文化属于现代政治文化。政治文化现代化即由臣属型文化、狭隘型政治文化向参与型政治文化转变，意味着对于自我的认知的变革，由臣民、次级共同体成员到现代国家公民。政治文化现代化使人一定程度上摆脱传统政治文化的束缚，获得心理上的"政治自我"，相应地带来政治认同资源和对象的变革。个体角色和地位的变革决定了政治认同资源和对象的变化。

就认同资源而言，传统资源向现实资源转变倾向明显。传统政治文化是"臣民"文化，主体性意识缺乏使得臣民和次级共同体成员对于政治共同体的认知是自发的、被动的，"因为它是合法的，所以我认为它合法"，合法性更多依赖历史传统、习惯。即韦伯权威三分法中的传统型权威。公民对于政治共同体的认知是主动的，"因为我认为它合法，所以它合法"，认同更多来源于现实合理性，即现代的法理权威。反映在政治认同资源方面，历史记忆在政治认同中的位次下降，而现实利益、价值观念和话语体系的作用增强。或者说历史记忆阐述、反衬现实社会的利益满足感、价值观念的公平和正义感、话语体系的连续性和历史感。"古事所以知今。"历史记忆是过去的事实在眼前的成像，对于今人的认知、情感和态度产生影响。历史记忆通过特定的途径呈现给后人，如代际口传、媒体、历史教育等。历史与人的互动中，更多地是单向度、被动地接受。臣民型文化下，历史记忆塑造并决定公民的政治认同。公民文化情景下，公民主体性的确立意味着公民对于政权的认同更多来源于直接感知和积极体验，而非历史记忆和间接认识。主观感知的第一层次是利益感知，现实利益强调对于政权的绩效要求，以满足公民利益的利益需求作为政治认同的基础。利益满足程度与政治认同正相关；主观感知的第二层次是价值感知，如平等、正义等。价值观念强调政治价值是公民自我在政治上的方向感和意义感，是政治评价的标准。政治认同实质上是一种政治价值选择。政治认同度是个体政治价值观与政治共同体主流价值观一致性的反映。主观感知的第三个层次是自我话语感知。话语是个体意志和智性行为，是个体的表达。表达是一个双向行为，包括由谁说和为谁说两个因素。完全是说话人和听话人、发话人和受话人双向互动的产物。每一个词语都表达相对于"他"的"我"，是连接他与我的桥梁。话语感知强调政治认同中自我解释的重要性。自我解释并非纯粹的思辨，而是融入内容和意义的诠释；自我解释也不是纯粹的自说自话，而是互动中发出自己的"声音"。因此，能够塑造政治认同的话语体系首先是"我"与"他"共同认同的话语，是人类公共的话语，其次才是自我的话语。

就认同对象而言，由行为认同向制度认同和意识形态认同转变。公民是一种公共人格，是主权权威的参与者，因此，公民认同的是"公意"。卢梭指出，"因而，如果我们撇开社会公约中一切非本质的东西，我们就会发现社会公约可以简化为如下的词句：我们每个人都以其自身及其全部的力量共同置于公意的最高指导之下，并且我们在共同体中接纳每一个成员作为全体之不可分割的部分。"① 公意永远是正确的，以公共利益为依归。而体现公意的契约就是合法的契约，是公民间平等的契约。并不是上级与下级之间的一种约定，而是共同体和成员之间的一种约定。公意通过法律体现，因此人们服从法律也就是服从公意，就是服从自己的意志。因此，公民的认同主要不是基于特殊主义的个人的利益，而是基于普遍主义的公共的意志。前者主要的载体是具体的行为，后者的主要载体是一般化的法律和制度。虽然行为与制度密切相关，但是行为具有偶然性、具体性、瞬间性，而制度则具有可重复性和稳定性。公民文化下的政治认同主要以制度认同和意识形态认同为依归，而不仅仅止于行为认同。

小结　维度张力及其对政治认同的影响

现代化是包括经济、政治和文化等全方位、多层面的变革，不同领域中个体与政治共同体形成不同的政治关系、经济关系和文化关系模式。不同关系模式中，政治认同产生的逻辑基础不同，产生不同的政治影响。

---

① ［法］卢梭：《社会契约论》，何兆武译，商务印书馆1982年版，第20页。

现代化往往并不完全遵循人为的设计和规划。因此，不同领域现代化中人与共同体的互动中存在着张力，张力既反映在某一领域现代化的内在复杂性，也体现在不同领域之间的排斥性。张力造成公民对于政治共同体的认同相互"抵消"，无法形成合力并实现累积，降低了总体的政治认同水平。其一，就内部张力而言，经济现代化以利益满足为据可以增加政治认同，但是产生帕累托改进的经济行为是稀缺的，绝大部分经济行为增加一部分人利益而损害另一部分人利益。不完善的分配机制往往造成人与人之间贫富差距、利益相对剥夺感和社会不公平，使人们质疑社会的价值取向和正义性，侵蚀政治认同的价值资源，政治认同价值资源的缺乏反过来瓦解了对于政策行为、政治制度甚至意识形态的政治认同；政治现代化以民主政治为基本方向，权力保障权利为取向增加政治认同，但是权利的内涵和外延随着时空背景的转移而变迁，一些权利的实现可以提升政治认同，如选举权、投票权，实质就是表示政治认同的方式，赞成并投票支持某一政党及其候选人就是认同其施政纲领、制度安排和意识形态导向。但是另一些权利本身是以质疑甚至否定既有政权为前提，如游行、集会、示威等，实质就是政治认同危机的表现形式。同时，有些权利的膨胀会超出政权的承受能力，对制度安排产生质疑，威胁政权的合法性，降低政治认同，如信息时代参与权、知情权、决策权等迅速膨胀对于政治公开、透明、回应性的高度需求与政治体系供给能力产生巨大差距，引发政治认同问题；政治文化现代化以政治价值观变化为核心，以人的主体地位确立为表征。人的主体地位确立过程实质就是现代政治认同形成的前提。以自我作为政治评价的中心。表现就是公民文化的形成以及随之而来的价值观的颠覆性变革。新的政治价值观的传播抛弃了传统的政治认同标准、确立了政治认同的新标准，却极大摧毁了传统的连续性和政治认同的历史资源，损害政治认同。其二，就外部张力而言，经济、政治与文化现代化可能相互侵蚀对方的政治认同资源。经济现代化和政治现代化围绕权利和利益展开，两者都具有客观性、可衡量性和可对比性。政治文化现代化围绕政治生活的价值和意义以及人在政治生活中的地位，具有主观感知性。客观与主观相联系，客观存在是主观感知的前提和基础，主观感知影响客观存在。但是，客观并不是"绝对"的客观，而是"相对"的客观，客观当中具有"主观感知"的成分。换言之，客观的利益的增进与人们的主观感知之间存在"裂痕"。

总之，政治认同与权利和利益增进并非线性关系。特别是全球化时代，跨越政治共同体边界的流动使得政治认同复杂化，比如移民、永久居住。一方面，面对"他国"的陌生感往往强化对于"本国"的政治认同，产生心理归属感。另一方面，经济上的优势与劣势、先进与落后、贫穷与富裕，政治上的法治与人治、民主与不民主，政治文化上的强势与弱势、输入与输出等的对比却可能削弱"本国"的政治认同。特别是处于弱势的发展中国家与强势的西方发达国家的横向比较中，由于现代化的时间、背景和条件的差异决定了后发现代化国家的天然劣势，以发达国家的标准衡量发展中国家，必然削弱后者的政治认同。所以，全球化是政治认同的双刃剑。一方面与其他政治共同体交往中形塑政治价值观，学习和借鉴他国的政策、制度，比较中形成政治何种层面应求同、何种层面应存异的理性认知，求同与存异共同支撑政治认同的存续。特别是政治文化全球化必然带来价值观的变革，价值观念作为核心的政治认同资源，其颠覆性变革势必瓦解现有政治认同的传统价值资源。

第四章

年轮模式：早发现代化进程中的政治认同

现代化作为席卷全球的浪潮，涌向了世界每一个角落，地球上几乎没有那一块土地是逃离了现代化巨浪的"世外桃源"，不同国家和地区的区别只是在于在现代化的版图上，现代化的发展程度、历程、时序差异而已。不同国家的现代化，既存在普遍性的求同倾向，比如在理性的引导下，科学精神和技术的推动下，经济领域的工业化，政治领域的民主化，文化领域的世俗化。同时，又呈现出明显不同的现代化模式。亨廷顿提出了走向现代化的三条道路：欧洲大陆式、英国式和美国式。[①] 阿尔蒙德提出了自由主义模式、马克思主义模式和列宁主义模式。[②] 相比较而言，学术界相对普遍的划分是早发内生型与后发外生型。[③] 基于学术研究的本土关怀，为中国特色社会主义政治认同建构提供经验借鉴和理论支撑。中国是后发现代化的典型代表。同时为了比较的需要，本书选择早发现代化与后发现代化进程中的政治认同展开研究。两种现代化进程呈现出明显的差异性，本书主要考察早发现代化与后发现代化特点及其经济、政治与文化现代化展开次序对于政治认同的资源和对象的影响，进而概括各自的政治认同模式。

---

① ［美］塞缪尔·P. 亨廷顿：《变化社会中的政治秩序》，王冠华等译，上海世纪出版集团2008年版，第79页。

② ［美］塞缪尔·亨廷顿等：《现代化理论与历史经验的再探讨》，张景明译，上海译文出版社1993年版，第358页。

③ 罗荣渠：《现代化新论——世界与中国的现代化进程》，商务印书馆2009年版，第183页。

第一节　早发现代化的特点与政治认同

早发现代化，顾名思义即较早开启的现代化进程。一方面是时间序列上的领先，另一方面指现代化要素生发于自身内部。一般认为，早发现代化主要指在英国、美国、西欧及英国自治领发生的变迁过程。其中尤以英国、美国为典型。在世界现代化版图上，早发现代化不仅仅具有时间优势，而且具有由时间优势连带形成的其他优势，它们共同决定了早发现代化国家政治认同属性。

一　早发性与政治认同优势

在世界现代化图谱上，一批国家现代化进程起步相对较早，而且具有相似性。早发现代化是现代化的"排头兵"，是在充裕的时间和广阔的空间内展开的现代化。充足的时间意味着在现代化序列中的领先位置，给后来者留下深深的"足迹"。尽管后来者可以选择是否沿着先行者"足迹"行进，但是无论如何是后来者现代化无法绕开的"参照物"。无论后来者如何选择，都摆脱不了先行者的"阴影"。时间的优势在现实世界中留下了印迹，并以此作为后来者的参照。较高的参照标准批判和否定后来者的基本政治秩序的合理性，并破坏人们的政治认同。"当一个人注视着真实的时间时，正如人所共知的，向前和向后存在着重大的差别。过去和未来之间的这种差别来自何方？为什么我们能记住过去却不能记住未来？"[①] 时间的不可逆性决定了"先行者"的天然优势，"先行者"为"后来者"树立了"标杆"，"后来者"只能参照"先行者"而无法规避。"先行者"以"我"为中心，后来者往往以"他"为中心。尽管认同源于"我"与"他"的对比，只有"我"或"他"不会产生认同问题。但是，以"我"为中心是强化自我认同的逻辑，以"他"为中心是弱化自我认同的逻辑。因此，"先行者"与"后来者"的对比中，"先行者"政治认同的逻辑起点是以我为中心的"认同"，"后来者"的逻辑起点往往是以他为中心的"不认同"。换言之，"先行者"的认同取向是认同——

---

① [美]斯蒂芬·W. 霍金：《时间简史》，许明贤、吴忠超译，湖南科学技术出版社1995年版，第131页。

强化认同的问题,而"后来者"的路径则是不认同——获得认同的问题。此乃时间之于认同的价值。当然时间优势与认同优势并非等同,两者之间需要恰当的转换。时间优势是认同优势的必要条件。转换成功即是充分利用了时间优势,将既有资源合理转换为认同资源,并对相应的政治认同客体产生认同。这取决于政治客体的"作为"。空间优势主要指现代化进程中面临的外部环境。其与时间密切相关。"先行者"现代化启动时,世界的现代化舞台是"空场","剧本"是自编的,"观众"是宽容的,任由其尽情发挥。可以充分地利用外部资源,为加强对本国政权的政治认同服务。如殖民掠夺发展本国经济。"后来者"现代化启动时,舞台已经被"占满","剧本"已经有无数版本,"观众"越来越挑剔,几乎没有可以利用的外部资源,只能自力更生、艰苦奋斗谱写现代化的新篇章。"先行者"的时空优势可以转化为资源优势,进而创造出政治认同优势。

积极美好的历史记忆。记忆是"认知活动的一个方面,指储存与回想既往经验的能力"。①"先行者"主要面对"自己"的历史,而非"他人"的历史,民众感知的往往是历时性比较中展现的国家和社会进步,共时性比较中体现的优势和成就感,国家和民族自信心和自豪感油然而生。就记忆的性质而言,主要是辉煌胜利的历史记忆,而非丧权辱国的历史记忆;主要是积极、肯定的历史情绪,而非消极、悲痛的历史情绪。在政治哲学领域内,社会记忆所关切的时间和空间都具有政治价值。在大多数时候,它所呈现出来的最终面貌确实如愿以偿地表达的是强势政治权力的意志。对于现代化的先行者而言,优势的、自豪的社会记忆容易转化为本国民众的政治认同优势,同时侵蚀后来者的政治认同基础,并影响后来者的政治抉择和政治建设历程。

充分获得的现实利益。政治是社会价值的权威性分配。能够满足人的需要的价值成为利益。利益包括收入、尊重、安全等。对于个体而言,政治是实现个人利益的途径。事实上,人最终都将个人现实状态归因于政治。现实利益的巨大获得形成了政治认同的基础。"先行者"从"后来者"身上赚得衣钵满满,后来者则输的一败涂地。经过利益与权力的反

---

① [美]约翰·费斯克:《关键概念:传播与文化研究辞典》,李彬译,新华出版社2004年版,第162页。

复互动对于政治共同体的考验,"得利者"坚定了本国的政治认同,"失利者"削弱了本国政治认同。早发现代化国家依靠先发优势,利用军事、经济、文化、政治等力量,获得巨大利益。后发展国家往往成为廉价劳动力、原料输出地,工业产品输入地。同时,早发现代化国家还扶持亲我政权,甚至直接建立傀儡政府,为国家经济利益寻找政治保障。此外,文化为利益掠夺辩护,鼓吹种族、文化优越性,使后发国家自觉接受统治。利益的充分获得强化对于本国政权的认同。

先行占领的价值高地。前现代时期,不同国家和民族秉持不同的价值观念,彼此隔绝使得"各美其美"成为可能。自哥伦布发现新大陆使得全球联系在一起,全球化使不同文化碰撞之后,必然面临多元背景下价值认同问题。"价值认同的过程,就是对多样性的价值进行比较、选择的过程。价值认同不是消极被动地写照既存的社会状况,更重要的是对不同的价值观在比较的基础上,实现价值批判与价值继承的统一。"[①] 关键在于随着早发现代化国家的现代化运动,伴随经济和政治现代化步伐,其文化强势输出,文化蕴含的价值观念随之广泛传播,侵入后发现代化国家传统的价值系统,并造成价值和信仰体系塌陷。"先行者"已经占领了"价值高地",自由、民主、平等、博爱等思想武器随着对外扩张和全球化而不断传播、生产和强化,从观念上摧毁着"后来者"政治认同的价值基础。

强势输出的话语体系。话语是关于言说对象、言说方式、言说宗旨、言说内容的排列组合。话语既反映客观实在,又建构客观实在。话语的建构性决定了其政治性,话语权是一种批判性权力。预设地肯定或者否定特定的政治实践。不同的话语关注的社会现实、设立的解释框架、提出的解决方案不同。话语是由概念、价值取向、逻辑和理论构成。同类型的话语相互支持和强化,而且话语之间具有关联性和系统性,从而形成话语体系,话语体系犹如"手电筒",光束边界之内一片光明,而光束之外则一片漆黑。而且,具有强大的穿透性和自我生产能力。因此,在强势话语体系辐射下建立新的话语体系犹如推倒一座大厦另起高楼。现代化"先行者"的成功已经自然地占据了话语体系的中心位置。最典型的表现是其语言的扩张,如英语作为世界语言的扩张。语言是客观的,

---

① 张秀:《多元正义与价值认同》,上海人民出版社2012年版,第195页。

语言划定的边界的扩大，是话语体系的基础。"语言，特别是发展完成的语言，才是民族自我认知以及建立一个看不见的民族边界的基本特征。而这个国家的边界比起地域性来说，是比较不粗暴的；比起种族性来说，则是比较不具排除性的。"① 语言的普遍化瓦解了本国的认同。如诗句"这是压迫者的语言/可我需要用它和你说话。""语言像欲望一样捣乱作弄，拒绝囿于界域之内。语言不让我们的意志操控，自己言说，用自己的语词和思想闯入甚至侵扰我们身心最深层的私密处。"② 话语使我们以"他们"认可的方式述说"他们"，评价"我们"。"先行者"的时空优势编织了有利于强化其政治认同的话语体系，被轻易地转化为认同资源优势。

二 内生性与政治认同逻辑

内生性是指早发现代化是在社会内部自然生发出来，在国家本土的政治、经济、社会、文化的背景和传统下孕育的，它的原动力即现代生产力是内部生长起来的，具有自我发展的能力。其大部分是通过社会内部各种力量的变革和作用而促成的，外部因素对于现代化的启动影响比较有限。布罗代尔在论述早发现代化的国家英国时说："在英国，一切都是自发进行的，宛如天造地设一般，而这正是世界上第一场工业革命所提出的引人入胜的问题，这场革命也是现代历史最大的断口。"③ 欧洲形成"自驱动发展阶段的起飞"的原因暂且不究，如"新教伦理说""历史传统说"等，但是内生性现代化符合政治认同的生长逻辑，有利于政治认同的形成。

首先，内生性现代化中传统与现代的连续性，顺应政治认同的时间逻辑。现代化本是传统社会向现代社会的变迁，具有脱离传统的倾向。但是，早发现代化的自发性和内源性意味着传统中生发出的现代，两者具有明显的连续性。甚至即使是政治革命事件，如英国的资产阶级革命

---

① [美] 曼纽尔·卡斯特：《认同的力量》，夏铸九等译，社会科学文献出版社2003年版，第59页。

② 徐宝强、袁伟：《语言与翻译的政治》，中央编译出版社2001年版，第108页。

③ [法] 费尔南·布罗代尔：《资本主义的动力》，杨起译，生活·读书·新知三联书店1997年版，第73页。

和"光荣革命",16世纪荷兰的"尼德兰革命"以及随后的美国革命,都没有造成国家权力结构的颠覆性变革。有学者指出:"英国革命只是改变了国王和议会的权力关系,建立在旧社会结构上的很多权力并未改变,比如选举权。"美国建国历程同样具有自治和自发性,是一个从地方自治中成长起来的国家,民众通过投票先建立基层政府、州政府,最后建立联邦政府。作为美国建国标志的《独立宣言》没有一处提到国家,都是规定关于各州的权利。宣言的结尾部分宣告"自由独立的州独立",并确认这些州"作为自由、独立的州,它们完全有权宣战、缔结合约、结盟、通商和采取独立国家有权采取的一切其他行动"。即使1787年的联邦宪法也保留了"合众国",而摒弃了"全国"。美国的建国历程充分表明了政治现代化中的自发性和内生性。有学者认为,美国历史"不应该被任何假定的'革命'弄得含糊不清。对于许多认真思考问题的殖民地人民来说,独立战争只不过是过去一个半世纪英国历史的一种续篇而已。从英国辉格党的观点看,这是第二次内战,是把1689年(原文如此——作者)光荣革命的原则延伸到美国并使之地方化的斗争"。内生性现代化中的历史连续性,使得所有人类所创造的所有精神范型、所有的信仰或思维范型、所有已形成的社会关系范型、所有的惯例,在沿传过程中成为对象。传统作为代代相传的事物,可以成为人们热烈依恋的对象。传统可以相传事物的同一性,使后人非常容易确定时间链条上的"次序",获得"稳定感"和认同。关于连续性对于认同的价值,有学者指出:"认同是一种自我(认知)框架,通过现实的和想象的人们对自我内涵共同认识而形成和保持。"[1] 埃里克森明确指出:"认同是一种自我同一性和历史连续性感觉。"[2] 一方面是对时间和空间的自我同一性和连续性的自我认同,另一个是他人承认自我同一性和连续性事实的自我认知。政治认同是对于现存政权的赞同性态度、心理归属感及其外在行为表现,而衡量和评判政权是在一定的时间维度展开的。历史连续性和非断裂性有利于人们时间维度的确立,在历史时间坐标轴中找到自身的位置。

---

[1] B. R. Schlenker and M. F. Weigold, *Goals and Self—identification Process: Constructing Desired Identity*, in Goal Concepts in personality and Social Psychology, edited by Pervin, Hillsdale, Erlbaum, 1989, p. 245.

[2] E. H. Erikeson, *Identity, Youth and Crisis*, New York: Norton, 1968, p. 17.

其次，国家与社会的嵌合性，符合政治认同的空间逻辑。国家与社会关系是人类社会中最重要、最基本的一对关系，决定其他社会关系和政治关系的性质和结构。不同的社会状态下，国家与社会关系存在差异性，形成不同的理论模式。典型的如暴力论、掠夺论、社会契约论等。其中社会契约论是对早发现代化国家与社会关系的典型概括。社会契约论认为，社会先于国家而存在，人们在社会的"自然状态"下，为了避免"丛林社会"而缔结契约，让部分权利委托给一个公共人格即国家。社会与国家的委托代理关系意味着两者意志的一致性，消弭了两者之间的张力，国家与社会高度契合。而学术界的共识是社会契约论的现实原型是英国这样的早发现代化国家。国家与社会的嵌合使得现代化呈现内生性。如英国资产阶级革命是英国近代史的起点，但是革命形式的内战并没有带来国家权力结构的实质性变迁，议会和国王并存，直到1688年"光荣革命"将权力中心由国王转移到议会。有学者说："英国内战不是要废除君主制，而是要控制它；不是要削弱现存社会显贵的权力，而是要使之制度化。"① 有学者指出："在旧制度时期，国家总是习惯于向后看，而思想家总是向前看，二者之间总是或多或少地存在观念与政策上的冲突，但是在英国却能达成共识，这一点尤其难能可贵。在英国，经济和国家战略的要求，私人商人和国家利益的要求，都得到相当成功的平衡。社会与国家关系上的和谐性和目标上的一致性，应该是英国崛起的一个重要原因。"内生性现代化下国家与社会的嵌合性与政治认同语境下国家与社会关系具有耦合性，两者都是对于自下而上、由内而外的国家与社会关系的描述，具有空间逻辑一致性。事实上，早发现代化国家是滋生自由主义思想的温床，而政治认同则是典型的自由主义命题。以个体为中心和标准衡量和评判政权。既因自由主义观念普及提出政治认同需求，也因自由主义泛滥造成政治认同危机。早发现代化国家政治认同建设历程是在自由主义与保守主义和社群主义等思想观念互动时不断修正和完善中完成的。空间逻辑一致性催化了政治认同的形成。因此，内生性早发现代化国家很少出现全方位、深层次的政治认同危机，一般是一种浅层次的政策认同危机，至多涉及微观和中观制度认同问题，几乎不存在根本性宏观制度和意识形态认同危机。事实上，经过资产阶级

---

① 王觉非：《英国的政治和社会现代化》，南京大学出版社1991年版，第100页。

革命，英国已经解决了意识形态认同问题。"从世界史的观点来看，英国革命的主要意义在于确定并贯彻了自由主义的原则。"尽管 19 时期中后期发生了此起彼伏的大众政治运动，但他们政治诉求主要在于降低甚至取消财产、年龄、性别、种族等相关歧视和限制，提高工资和工作条件等具体利益诉求，实现真正意义的自由、平等和民主，维护自身的权益，并非推翻国家政权，并不否定游行、集会、示威、选举等权利之于现代政治的价值。以政治认同视角来看，各种各样的政治抗议表面反映的是对于政权的不认同，但是不认同的对象和层次是具体的政策，如财产、年龄、工资等不公正歧视政策，但是深层次恰恰反映的是对于自由民主制度、普选制度和自由主义意识形态的认同，诉诸体制内手段解决利益诉求。政策认同是政治认同的浅层次，与利益密切相关，是相对容易获得的认同。所以，马克思预言的资本主义政治制度将灭亡并被社会主义取代并未实现。相反，经过制度修补焕发了新的生机和活力。笔者认为，由于时代使然，马克思的思想局限性在于将工人阶级、农民阶级等社会中下层对政治行为和具体政策的不认同等同于对于整个资本主义政治制度和意识形态的不认同。"一叶障目不见泰山"。相反，经过统治阶级的调适，政权将中下层纳入其中，降低甚至取消一系列不公正的政策限制，早发现代化国家民主取得了重大进步，政治认同危机短期内就得到解决。当然，政治认同是动态的，早发现代化国家政治体系之所以保持相对稳定在于国家与社会的嵌合性，使得政治系统保持开放性，能够及时回应社会输入并创造性地转换，制定新的制度和政策，缓解政治认同危机。

三　渐进性与政治认同路径

渐进性是对现代化进程和轨迹的总体描述，呈现缓慢、有次序的特点，并不否定和排斥短期内的激烈变革。渐进性主要体现在两个层面：主观和客观。主观层面，现代化的推动者往往没有强烈的追赶意识、目标意识，甚至没有直接推动者，没有进行高度的社会动员；客观层面不同维度现代化渐次展开，在相对宽松的时间范围现代化自然推进，顺应现代化的基本规律。渐进性与政治认同的发展逻辑吻合，有利于产生稳定的政治认同。

其一，主观层面的渐进性指人被渐渐地卷入现代化的浪潮，社会动员缓慢。一方面，现代化的推动者由中心向边缘不断扩散，由权力中心向普通社会阶层扩散。由政治权力中心推动，并不断地从广泛的社会阶层中纳入新兴的、活跃的因素，两者具有较高程度的和谐性。不同群体被缓慢地、渐进地纳入现代化的框架，"在这个中心和边缘的现代化步伐之间的时间上的迟滞，已经减少了各种社会解体和社会问题的爆发对中心的政治活动、象征与取向的直接影响。"① "时间差"减少了不同群体同时进入政权带来的"阻塞"和各种矛盾和冲突，有利于维持政权的认同。另一方面，社会动员的缓慢。社会动员是一个过程，旧的社会、心理和经济原则被抛弃，人们在态度、价值观和期望等方面与传统社会决裂并向现代标准看齐。社会动员涉及个人、组织和社会期待的变化。缓慢的社会动员减少了期望与现实的堕距，增加了对于政权体系的满足感。按照亨廷顿的社会动员——社会颓丧——政治参与——社会动乱的公式，将社会动乱置换为政治不认同，缓慢的社会动员减缓了社会颓丧的程度和政治参与的动机，减少了政治不认同。同时缓解了经济发展的压力和政治制度化的要求。因此，渐进性降低了公民给予政治制度施加的外在压力，客观上提高了政治制度的经济和政治绩效，有利于政治认同的形成。

其二，客观层面主要指现代化沿着文化、政治和经济维度渐次展开。特定时空阶段面临相对单一的现代化使命，避免了重叠的现代化任务对于政权能力提出的挑战，有效地避免政绩危机，有利于维持政治认同。从公民权视角而言，不同维度现代化满足不同的公民权需求。典型的概括是马歇尔对于英国现代化中公民权发展次序的论断。他认为，18世纪主要满足的是公民权利，包括言论、思想和信仰自由、人身自由、财产权、缔约权等个人自由权利；19世纪主要发展的是公民作为政治权力共同体的成员，参与行使政治权力的权利，如选举权、决策权、参与权、监督权等；20世纪主要解决的是不论在市场或国家任何领域所处的位置如何，公民都拥有从某种程度的经济利益与安全到充分享有社会遗产并根据社会通行标准享受文明生活的社会权利。② 公民权是马歇尔切入现代

---

① [以] S.N. 艾森斯塔特：《现代化：抗拒与变迁》，张旅平等译，中国人民大学出版社1988年版，第68页。

② [英] 马歇尔等：《公民身份与社会阶级》，郭忠华等译，江苏人民出版社2008年版，第13页。

化的入口。公民权发展的"波浪式"景象表征着现代化中不同维度的渐进次序。大体而言,公民权利—政治权利—社会权利分别与文化现代化、政治现代化、经济现代化和社会现代化相对应。与此关联的重大事件则包括:文艺复兴、宗教改革和启蒙运动,资产阶级革命和工业革命。虽然可能存在部分叠加,但是基本顺序是明确的。渐进式现代化最大限度地缓解了现代化不同维度之间的张力,减少由于目标多元和政策冲突对于政治认同的消极影响,有利于政治认同资源的积累,为政治认同增添持续的资源与动力。资产阶级革命前的文艺复兴、宗教改革和启蒙运动作为文化现代化的重大事件,是确立意识形态认同的关键阶段,经过广泛宣传和科学技术的推波助澜,自由、平等、博爱、法治、人权等现代政治价值得到普遍认同,而资产阶级革命则是追求政治理想的标志性事件,并以制度化的方式确定下来,如制定宪法,价值实现有了最高的法律和制度保障。换句话说,政治革命往往是社会对于意识形态达成强大共识并推动制度变革的政治行为,也是意识形态认同建构基本完成的标志。如英国革命确立了自由主义的核心地位。同时,开启了制度认同的序幕,奠定了制度认同的框架。经过社会运动和经济现代化的推动,自由民主制度的认同建构不断完成,成为西方国家广泛认同的政治制度。最终经过以工业革命为标志的经济现代化,巨大的经济绩效奠定了政治制度认同的利益资源。总之,渐进式现代化政治认同发展的基本路径是:文化现代化往往是重大事件推动的思想解放和价值观念普及,形成对于美好政治生活的认知,达成意识形态基本共识,积累了政治认同的价值资源和话语体系,确立了自由主义意识形态认同的地位;政治现代化的标志性事件则是经过资产阶级革命,实现政治权力中心转移,建立了宪政体制,奠定了自由民主的政治制度认同的框架,并随着时代需要不断完善中观和微观政治制度,稳固根本的政治制度认同。现代化的渐进性往往意味着传统的连续性,历史与现实并未出现根本性断裂,历史合法性成为现实政治合法性的依据,历史记忆成为政治认同的重要资源;经济现代化使得社会财富增加,经济迅速发展,人民收入和生活水平提高,充实了政治认同利益资源,经济现代化过程中利益矛盾推动政策调试,最终形成对于国家政策的认同。当然,文化现代化、政治现代化和经济现代化对应的不同维度政治认同对象具有相对性和多向性,经济现代化并不仅充实政治认同的利益资源,也不仅只产生政策认同。但总而言之,渐进式现代化相对单一的现代化任务和目标有利于政治认同资源累积，顺应政治认同建设路径。

第二节　早发现代化进程中政治认同的资源与对象

先行性、内生性和渐进性决定了早发现代化中政治认同的天然优势。先行性赋予早发现代化国家在政治认同图谱上的先机，先占性带来的主位意识和自我中心符合强化政治认同的逻辑；内生性意味着现代性是社会内部生长出来的，嵌入社会的政治建设逻辑与政治认同是社会成员对于国家政权的态度和情感具有一致性。以自我为中心的现代化，社会与国家、传统与现代具有一致性，有效地整合了政治认同的资源。同时，渐进性现代化的文化、政治、经济维度的渐次展开，规避了维度之间的张力对于政治认同的相互"中和"，符合政治认同建设的自然逻辑，有利于形成政治认同相互强化的场景。实现政治认同资源与对象的多层次、立体化对应关系。

一　政治认同资源：全面性与一致性

政治认同资源是形成认同的决定性因素，即凭什么认同。政治认同程度的高低取决于资源的质和量。量的问题，即政治认同资源丰富还是单一。另一方面是质的优劣，即资源的内部结构科学性和同向性。政治认同的资源包括：历史记忆、现实利益、价值观念和话语体系。早发现代化进程中四种资源往往都具备，而且内部结构和谐性高，有利于形成相互支撑的资源合力，塑造稳定、强大的政治认同。

历史记忆是顺其自然的政治认同资源。个体是政治认同的主体，而历史记忆形塑个体的实在感。无论是集体记忆还是个体记忆，都是个体客观的组成部分。"在人们与自己的社会，或是与其中的某些制度、等级和部门的认同感中，都天然包含着某种程度的参与在过去之中的感觉。'生活在过去之中'可以是那种参与感的强烈形式。"[①] 早发现代化是较为平缓的变迁，传统与现代的张力并不显得特别强烈，现代化过程中大量传统被保留下来，成为历史记忆的载体。而这些历史记忆是真实的，

[①] [美] E. 希尔斯：《论传统》，傅铿、吕乐译，上海人民出版社1991年版，第284页。

成为社会的重要因子。有学者更是极端地认为:"社会就是它记住的东西;我们就是我们记住的东西;我就是我记住的东西;自我就是记忆的把戏。"① 历史记忆使人"处在过去的形象和摹本之中,处在文献和被发现的文物之中,并置身于后人所刻画的过去之中,能带来一种精神安慰和情感上的欣快。对那些感到世风日下、人心不古的人来说,过去是一个避难所"。② 传统作为合理反思的经验之积累,成为人们依恋和归属的对象,而建立在遵循传统基础上的政权也容易被接受。有研究指出,"文艺复兴在将欧洲提升到根源于古代世界、最终根源于希腊文明的地位上,发挥了重要作用"。③ 通过文艺复兴,希腊成为欧洲的合法祖先,作为所有东方事物的对立者,进步、自由、民主、科学成为欧洲的代名词。埃德蒙德·柏克(Burke)认为,建立在长期积累的传统之上的政府体制要优于建立在推理原则基础上的体制,而且这种优越性恰恰在于历代经验的积累和考验;他认为,各个时代的集体理智将初始正义的原则与人类无限众多的关注结合了起来。④ 对于传统色彩浓厚的国家而言,早发现代化国家政权与传统的紧密联系,较容易实现依恋和归属的迁移,对于传统的认同转移到对于遵循和保护传统的政权和国家的认同。拉彼德和克拉托赫维尔在《文化和认同——国际关系回归理论》中提出:"新政权只有吸收了旧政权的记忆、认同和忠诚,才能够生存,否则可能在内部成长为对抗的力量。"⑤ 以英国为例,政治传统主要是自发、自治、渐进等,而为他们做出脚注的是治安推事与习惯法、"王在法下"。正是传统的强大支撑,1689 年的《权利法案》基本成为传统的制度化文件:国王必须实行法治;除非经国会同意,不得提高税收或保持军队;若没有法律手续,不可逮捕和拘留臣民。一劳永逸地确立了国会的最高权力,确立了普选制,结束了英国革命,传统成为妥协的基础。妥协既是认同的表现,

---

① [美] 乔纳森·弗里德曼:《文化认同与全球性过程》,郭建如译,商务印书馆 1999 年版,第 214 页。

② [美] E. 希尔斯:《论传统》,傅铿、吕乐译,上海人民出版社 1991 年版,第 277 页。

③ [美] 乔纳森·弗里德曼:《文化认同与全球性过程》,郭建如译,商务印书馆 1999 年版,第 181 页。

④ [美] E. 希尔斯:《论传统》,傅铿、吕乐译,上海人民出版社 1991 年版,第 271 页。

⑤ [美] 拉彼德、[德] 克拉托赫维尔:《文化和认同——国际关系回归理论》,金烨译,浙江人民出版社 2003 年版,第 53 页。

也是新认同的原因。较高的认同是英国现代化成功的重要原因。有学者指出:"在旧制度时期,国家总是习惯于向后看,而思想家总是向前看,二者之间总是或多或少地存在观念与政策上的冲突,但是在英国却能达成共识,这一点尤其难能可贵。在英国,经济和国家战略的要求,私人商人和国家利益的要求,都得到相当成功的平衡。社会与国家关系上的和谐性和目标上的一致性,应该是英国崛起的一个重要原因。"① 美国则是一群清教徒为了逃避灾难,实现平等的理想而开创的新领地,在登陆之前,他们就签订了"五月花公约",这是一份未受任何外力或权力机关授权而制定的带有法律约束力的政治文本,成为美国重要的政治传统。文件规定:将来能随时制定和实施有益于本殖民地总体利益的一应公正和平等法律、法规、条令、宪章与公职,吾等全体保证遵守与服从。文件中的关键词:信仰、自愿、自治、法律、法规成为美国的建国原则和政治认同的起点。早发现代化国家由于政治传统的合理性和阶级矛盾的温和性,政治革命并非是"打破旧世界、建设新世界"的翻天覆地变化,没有将传统完全抛弃,而是进行适应性变革。而被保留的传统作为历史记忆的载体,界定了政治发展史上公民和政权的位置坐标,成为政治认同的重要资源。

尊重个体利益导向是政治认同的基点。早发现代化国家政治发展具有鲜明的社会中心主义色彩,国家对于公民切身利益的尊重,权力服务于大众经济活动是政治认同的现实原因。以早发现代化的典型英国为例,有学者指出:"在旧制度时期,国家总是习惯于向后看,而思想家总是向前看,二者之间总是或多或少地存在观念与政策上的冲突,但是在英国却能达成共识,这一点尤其难能可贵。在英国,经济和国家战略的要求,私人利益和国家利益的要求,都得到相当成功的平衡。"② 个体利益与国家利益一致性,增进个人利益的思想和观念在英国总是能够适时转化为国家政策,体现出社会与国家的高度契合性。首先,政权服务于生产经营活动。那个时代的名言是"对外贸易是使社会机器运转的伟大车轮,

---

① 杨光斌:《政治变迁中的国家与制度》,中央编译出版社2011年版,第193页。
② 同上。

而贸易是国家前进的动力"。① 而政府对于贸易的态度也是坚定地支持。18世纪初英国国务秘书说:"大自然确实为我们的生存提供了最低限度的必需品,而贸易却给我们带来各种各样的有用物,提供一切便利品和装饰品。因此在一国之内,商人是最重要的社会成员。他们通过商业交流将人们连接在一起,分配大自然所能赐予人类的物品,为穷人找到他们需要的工作,为富人带来财富,为统治阶级带来威严。"② 英国的政府对于人们利益的关注不仅体现在观念上,更体现在国家政治生活中。由于国家与社会关系的和谐性,或者说国家与保护商人利益为核心,两者具有利益一致性。因此,国家对商人阶层的要求做出积极反映,甚至战争也具有重大的商业价值。对此,俄国的凯瑟琳大帝嫉妒地说:"英国的体制使高尚之事过于明显地屈从于贸易,英国人,首先而且永远是商人。"③ 国家对于商业的重视,商业关乎所有富人和穷人的利益,建立在尊重大众利益的基础上的政治自然获得了认同。众所周知,地方政府(local government)一词起源于英国。早发现代化另一典型美国则是一个直接由"实业家"治理的国家④。建构之后的联邦政府仅是东部13个州,西部则处于无政府自治状态。此后100多年里,西部新兴城市基本由实业家建设并管理,辛辛那提与企业家德雷克密切相关、丹佛留着拉里默深深的痕迹。先有社会后有政府的国家建设符合政治认同的基本逻辑。政府是保障个人权益的重要力量,"一个新兴城市的政府既没有神圣不可侵犯的气息,也没有专制统治的味道。它是同时为个人发迹和社会繁荣服务的一种工具"。⑤ 英美国家建设以一种典型的自发秩序,社会力量推动国家现代化。其次,对于产权的保护。资产阶级从事经济活动的积极性一方面来源于政权对于商业的保护,另一方面来源于对于产权的保护。产权保护包含两个层次的内涵:一是保证财产不被"他人"抢夺,这需要政府

---

① [英]波斯坦:《剑桥欧洲经济史》(第5卷),王春法等译,经济科学出版社2002年版,第182页。

② 同上书,第183页。

③ 同上书,第522页。

④ "实业家"在美国是从1830年西部城市迅速兴起时开始使用的,主要指西部新兴城市的缔造者。

⑤ [美]布尔斯廷:《美国人:建国历程》,谢廷光译,上海译文出版社2009年版,第148页。

的积极作为维护社会治安和自由,即所谓的"守夜人政府"职能;二是保证财产不被政府抢夺,需要政府权力受到约束,面临"硬预算"约束,即所谓的"法治政府"。而政权保障公民权益的原因在于先社会后国家的建国逻辑,政权应社会之需要产生和行使权力。

价值观念共识是稳定的政治认同的根本。价值观念是推动社会变革的重要力量。早发现代化国家大多经历过价值观念的革命,如宗教改革、文艺复兴以及此后的启蒙运动。思想启蒙的价值在于终结了权力来源于神的观念,认为政治不再远离人民,不再处于"神治"之下,政治与人民密切相关,觉醒的民众不仅参与了政治而且视为自己固有的不可剥夺和转让的权利。如人民主权观念、社会契约观念,典型代表人物如霍布斯、卢梭、洛克、休谟等人。启蒙的实质在于人的理性力量的发现,认为不仅存在着控制自然世界的自然法则,如万有引力,而且存在着控制人类社会的自然法则,这一法则就是理性。理性被用来检视一切人、制度和传统等。但是问题的关键之处在于这些理论在早发现代化国家是内生的,或者说是基于"英美经验"的理论概括,甚至是"量身定做"的理论。在早发现代化国家被作为"共识"对待,它们激励着越来越多的阶层行动起来,并赋予这些阶层以世界上任何地区都无法与之相比的推动力和凝聚力。当他们向海外扩张时,他们遇到了统治者和被统治者之间关系不和谐的社会。"民众的冷淡——他们缺乏对自己的政府的认同感——可以解释欧洲人为何能够轻松地在一个又一个地区建立并维持他们的统治。"[1] 而国家在海外扩张的成功,一方面坚定了国内人民对于价值观念的信仰,强化了对于国家政权的认同;另一方面比较优势刺激了殖民地人民的信仰,使得价值观念的影响力越来越大。"正如整个世界都曾感受过斯蒂芬逊的机车、富尔顿的汽船和加特林的机枪的影响一样,它也感受到了《独立宣言》、《人权和公民权宣言》(简称《人权宣言》)和《共产党宣言》的影响。那些已经成为我们当代标志的世界性动乱都是这些激动人心的文件的直接结果。"[2] 由此可见,价值观念的广泛传播一方面强化了早发现代化国家的政治认同,又从根本上瓦解了封建专制

---

[1] [美]斯塔夫里阿诺斯:《全球通史》,董书慧等译,北京大学出版社2005年版,第508页。

[2] 同上书,第509页。

制度的政治认同。

先占原则支配下的话语体系是政治认同的统摄资源。作为政治认同的资源，话语体系在早发现代化国家政治认同建构中至关重要。作为一种社会建构力量，话语不仅服务于它所代表的客体，而且服务于它所赖以存在的主体。权力话语理论认为，权力是社会生活中不可或缺的部分，它存在于人类社会的所有领域；话语是权力的表现形式，所有权力都要通过话语来实现，话语是权力控制的工具。理想的权力话语状态应该是，世界上任何一个国家和民族，都拥有自主选择自己的文化制度、价值体系、生活方式的权力，因为文化的整体性是维持一个国家或民族生存和发展的前提条件之一。但是由于早发现代化国家在世界现代化版图上的时空优势和现实中的比较优势，往往主导和控制世界政治的话语体系，以服务于国家需要。"话语并非仅是斗争或控制系统的记录，亦存在为了话语及用话语而进行的斗争，因而话语乃是必须控制的力量。"[1] 话语成为另一个战争场。与早发现代化国家强势的军事、科技等输出相伴随，话语体系作为"软实力"也强势输出，服务于国家认同的建构，故产生了"殖民话语"。殖民话语是组成殖民关系内社会存在和殖民权力再生产的复杂的符号和实践。话语体系包括谁说、对谁说、说什么和怎么说的问题。具体而言，由概念、理论和逻辑构成。概念是构成话语的最基本单元，也是理论产生的前提。逻辑往往是一些共识性、先验的假设和信仰，被认定为较普遍的政治公理。理论是按照基本的政治逻辑演绎形成的关于概念与概念、现实与现实之间的因果关系表述，并诉诸于经验和现实佐证。众多概念、理论和逻辑相互印证，形成严密的、牢不可破的话语体系，譬如政治话语、经济话语、文化话语、意识形态话语等形成系统的话语体系。首先，早发现代化国家往往是主流话语的发明者、传播者。早发现代化国家的成功一方面对己验证了话语的科学性，具有丰富的经验证成材料，并倾向于在他国找寻经验支撑，另一方面实力优势使得对外话语争夺中占据高地，"胜者为王、败者为寇"法则在话语竞争中被奉为圭臬，容易成为主流和流行话语；其次，话语先占性使得早发现代化国家深刻影响后发现代化国家。话语是一种知识性权力，先占性原则至关重要。话语权对内论证早发现代化国家政治秩序的正义性，对外利用

---

[1] 徐宝强、袁伟：《语言与翻译的政治》，中央编译出版社2001年版，第3页。

话语权宣传既有的世界政治经济秩序的合理性和合法性以及秩序变革的危险性。同时,实力对比优势下早发现代化国家话语传播往往意味着后发现代化国家政治的非正义性,瓦解后发现代化国家政治认同,如随着门户开放,随着殖民入侵,伴随物品、资本、人员输入,自由、平等、民主话语广泛传播逐渐侵蚀中国君主专制政治的合法性,最终表现为辛亥革命推翻帝制,建立共和国;再次,话语的内容是由早发现代化国家控制的,存在话语的"禁律"(prohibition),像黑色方块一样禁止触碰,如1840年之后英国与中国交往中对于"夷"的禁用。有学者认为:"这是英国人在中文的'夷'和英文的'barbarian'之间单方面强加的对应。"① 大英帝国习惯于用"barbarian"指称其殖民地土著,自然不允许在"夷"字里照出自己的影子。因为这关系英国对于清国和世界的统治关系中到底谁是被统治者的问题。最后,话语的表达方式。早发现代化国家利用强制权力或者传媒、书籍、教育、宗教等社会化途径强化话语的影响力。控制偶然性,使话语成为默认而被接受。其中可以使用的方式包括:"评论原则、冲淡原则和话语社团原则。"② 评论原则是指某些话语除了表述之外,还被无限评说,现在评说将来也被评说。通过重复和相同形式的同一性限制话语中的偶然性,以实现话语强化的目的。冲淡原则通过采取个性和自我这种形式的同一性、连贯性来限制话语的偶然性,使人对于话语的理解更加具有确定性。社团原则是试图将话语在封闭空间中传播,且根据严格的规则分配它们,话语主体却不会因此而被剥夺权力。这是控制话语的应用条件,对话语持有者给予一定的规范,这样便不是任何人都能使用话语,进入话语界。

总之,早发现代化中由于现代化的早发性、内生性、渐进性展开,传统与现代相承继,国家与社会相融合,权力与权利相依赖,理想与现实相接近,创造了相应的政治认同资源,政治认同资源的累积遵循了由核心到外围、由宏观到微观的路径。相互之间的一致性形成了前后呼应的关系,不断强化既有的资源,并挖掘新的资源,互相证成,形成了话语体系、价值观念、现实利益、历史记忆相互支撑和补充的政治认同资

---

① 刘禾:《帝国的话语政治:从近代中西冲突看现代世界秩序的形成》,生活·读书·新知三联书店2009年版。

② 徐宝强、袁伟:《语言与翻译的政治》,中央编译出版社2001年版,第8—15页。

源结构，内在结构的科学性、稳定性有利于面对现代化浪潮对于政治认同的冲击，某一资源不足时往往会得到其他资源的补充，而不会轻易动摇对于政权的认同。

二 政治认同对象：递进性与层次性

政治认同对象即认同政治体系何种层面。对象的构成及其内在关系决定政治认同的质量、高低和稳定性。一般认为，政治认同对象由内到外依次包括意识形态、制度和行为。意识形态认同主要基于社会主流价值观念，由文化现代化创造，是政治认同的核心层面；认同制度既需要价值观念和话语体系，又需要现实利益和历史记忆，依靠社会、文化、经济、政治各层面的现代化共同创造，是政治认同的关键；行为认同主要基于现实利益，是最浅表层次的认同，主要依靠经济现代化创造。当然，社会各系统具有相关性，区隔具有相对性。早发现代化渐进式的特点决定了政治认同对象由内到外层层推进，呈现意识形态认同—制度认同—政治行为认同的"年轮式"发展的特征。

早发现代化的大体发展序列是文化—政治—经济—社会。对应的标志性事件则是文艺复兴和宗教改革、启蒙运动、资产阶级革命、工业革命和19世纪后半期各式各样的社会运动。当然，序列并不否定相互重叠和交叉，但总体样态呈现明显的阶段性特征。序列式现代化不断累积政治认同的资源，形成政治认同对象层级推进、环环相扣的场景，有利于稳定的政治认同的形成。

文化现代化推动社会主流价值观念共识形成。早发现代化国家文化现代化起源于15—16世纪文艺复兴，经过16世纪宗教改革，高潮于18世纪启蒙运动。是新兴资产阶级在思想观念领域的反神权、反专制、反封建斗争。文艺复兴是一场规模宏大、波澜壮阔的反对"神权"，争取"人权"的思想解放运动。源起于意大利，后来波及整个欧洲。恩格斯称其"是人类以往从来没有经历过的一次最伟大的、进步的变革"。[①] 它强调关注人活着时的现实世界，而不是人死后的精神世界，确立了世俗主义和人文主义的核心地位。文艺复兴倡导的以人为本的"人文主义精神"，以"人道"批判"神道"，以"人性"代替"神性"，抬高"人"

[①]《马克思恩格斯文集》第9卷，人民出版社2009年版，第409页。

的地位，贬低"神"的地位，以"人"为中心作为一切的出发点和归宿点。这一思想解放运动动摇了教会的地位，宣传了"天赋人权"学说，是资产阶级统治的思想和理论准备。宗教改革是16世纪源于德国、扩展到整个欧洲的关于社会的权力归属之争。宗教改革中，对于罗马天主教会的统治权力、教会腐败、等级制度进行彻底批判，宣扬人的理性和思想自由，按照自由、平等、民主精神改革教会。通过宗教改革，宗教权威让位于世俗权威，权力由教会向世俗政府转移。宗教改革使人从宗教束缚中解放出来，人与人的关系更加平等，一定程度上改变了社会权力结构。启蒙运动是17世纪发生的继文艺复兴之后又一次伟大的思想解放运动。其思想基础仍是人本主义，但是超出了思想和文化领域，对于封建主义批判更加彻底、激进，与政治关联更加紧密。在政治领域，启蒙运动提出了"自然权利""社会契约"等观念，将统治者视为"代理人"，统治权看作"代办权"，确立了人在政治中的核心地位。从意识形态角度而言，确立了自由主义的领导地位，成为"元意识形态"。典型代表人物如卢梭。卢梭指出，"人是生而自由的，但却无往不在枷锁之中。"① 人在自然状态下是自由的，那么在现实生活中如何获得自由？人们之间应有契约和道德，建立一个政治的和道德的共同体即国家保卫大家的自由与平等。国家制定的法律是全体国民的共同意志，人人必须遵守，法律面前人人平等。启蒙运动之后，自由主义成为影响西方政治传统发展方向的最强大意识形态力量。自由主义作为一套政治原则，除反对专制主义和封建特权之外，倡导建立立宪政府以及后来的代议制政府。总之，经过文艺复兴、宗教改革和启蒙运动组成的文化现代化三部曲，意识形态认同问题基本得到解决，自由、平等、人权作为核心的价值被广泛认同并成为推动社会进步的武器，启发资产阶级的理性革命意识，构想符合资产阶级利益需要的政治制度与政策行为。约翰·麦克里兰说："说西方自由传统的精华尽出于启蒙运动，并非夸张。启蒙运动到了19世纪的欧洲，可以说已不再是一个运动，已成为文明。"② 启蒙运动信奉民权，渐进主义；正义与法治、意见自由与结社自由、制衡政府权力及

---

① [法]卢梭：《社会契约论》，何兆武译，商务印书馆1982年版，第4页。
② [英]约翰·麦克里兰：《西方政治思想史》，彭淮栋译，海南出版社2003年版，第338页。

政治权威分立；社会平等但不危及自由；自由不至于扰乱有秩序的政府过程。启蒙运动确立的价值观念是如此被广泛认同，以至于成为一切行动的指导思想。"启蒙运动的政治语言之所以变成了革命性的语言，不是因为它讨论了革命而是因为'自由'、'平等'和'民族'这三个词语变成了指导思想，并且同'进步'的概念紧密联系起来。"① 总之，启蒙运动之后，意识形态认同得到基本解决，并以此为理想塑造现实政治生活。

  政治现代化奠定了制度认同的主要框架。关于价值观念对于现代化的意义，霍布豪斯指出："巨大的变革不是由观念单独引起的；但是没有观念就不会发生变革。"② 首当其冲的是早发现代化国家在文化现代化思想观念推动下经过资产阶级革命初步确立了自由民主的制度框架。它是一种平衡有限政府原则和大众同意理想的统治形式。"自由"印迹体现在为保障公民自由和保护公民免受国家侵犯而设计的对政府权力的制约网络。自由民主制的特征包括③："以正式的统治（通常是法治）为基础的立宪政府；对公民自由和个人权利的保障；机构的分立与制约、平衡系统的存在；定期举行尊重普选权与'一人一票'原则的选举；以选举人自由和政党竞争为形式的政治多元主义；健康的市民社会；其中有组织的群体和利益团体享有相对于政府的独立；按市场路线组织的资本主义经济或私营经济。"典型的代表则是美国《独立宣言》和《美利坚合众国宪法》。"其指导思想和原则直接来自欧洲的自由主义政治思想和'五月花公约'确定的政治原则，核心是分权、制衡、法治、同意、人民主权等。虽然在制定1787年宪法时有君主制和共和制之争，但在这之后美国就几乎不再对政体形式进行争论，只是共和制本身如何完善的问题。"④ 对于英国而言，1689年的《权利法案》和1701年的《王位继承法》初步确立了王权向议会转移的立宪君主制。⑤ 总之，早发现代化国家现代的

---

  ① ［意］萨尔沃·马斯泰罗内：《欧洲政治思想史》，黄华光译，社会科学文献出版社1992年版，第180页。
  ② ［英］霍布豪斯：《自由主义》，朱曾汶译，商务印书馆1996年版，第24页。
  ③ ［英］安德鲁·海伍德：《政治学核心概念》，吴勇译，天津人民出版社2008年版，第210—211页。
  ④ 在制宪会议上以杰斐逊为首的民主派和以汉密尔顿为首的联邦党人在共和政体和君主政体问题上曾激烈争论。
  ⑤ 阎照祥：《英国政治制度史》，人民出版社1999年版，第203页。

政治制度框架初步确立之后，都是相对平稳地发展。尽管具体时空背景下的政策不断调整，但是对于根本制度的认同则是稳定的。以政治认同的视角来看，早发现代化国家建国之后，没有出现重大的关乎根本制度的认同危机。意识形态的普遍性认同是政治认同的根本，而制度认同则是外在表现。经过文艺复兴、宗教改革和启蒙运动的思想解放和改造之后，自由主义作为根本性意识形态认同的确立，对于以此为指导原则建立的政治制度的认同是如此地水到渠成。当然，政治现代化并非一蹴而就，而是不断达致完善的历程。如选举权的普及，立法权、行政权和司法权的改革，政党制度的发展。但是实质是在自由民主政治框架内的修缮，是通往自由民主经历的变迁。

经济现代化促进政治系统内部政策行为认同的完善。经济现代化依靠科学技术进步、制度创新、资本、劳动力等生产要素有效配置，促进了社会生产力发展和社会财富增加，满足人的物质需要，实现人的经济利益。随着经济发展、职业分化和社会分工，不同人群的利益需求不同，以社会运动、政治参与推动政策和制度完善，逐步形成微观层面政治认同。工业革命通过在世界范围内有效地利用人力和自然资源史无前例地提高了生产率。

表 4-1　　　　　　工业生产的上升（1913 年 = 100）[①]

	德国	大不列颠	法国	俄国	意大利	美国	世界
1860 年	14	34	26	8	—	8	14
1870 年	18	44	34	13	17	11	19
1880 年	25	53	43	17	23	17	26
1890 年	40	62	56	27	40	39	43
1900 年	65	79	66	61	56	54	60
1910 年	89	85	89	84	99	89	88
1913 年	100	100	100	100	100	100	100

在关于工业革命期间所产生的财富分配问题上人们有许多不同看法。

[①] ［美］斯塔夫里阿诺斯：《全球通史》，董书慧等译，北京大学出版社 2005 年版，第 496 页。

一部分人相信,所有阶级都在不同程度上获益;其他人则坚持认为,少数人获得了巨大的财富,而多数人却在遭受无情的剥削,其生活水平不断下降。虽然不能肯定工业革命在18世纪后期和19世纪初叶对工人阶级生活水平所产生的影响,但到19世纪后半期我们完全确信,工人的生活水平是大大提高了。具体到英国,工资水平由1850年的57增长到1900年的100。① 随着工资的增长带来的消费能力的增强,出现了大众消费社会。经济现代化的推进和生活水平的提高与政治认同的提升似乎关联很小,最典型的是英国的宪章运动。1836年6月,伦敦部分工人和手工业者成立"伦敦工人协会",宗旨是"以各种合法手段使社会上一切阶层获得平等的政治权利和社会权利"。其内容包括:年满21岁男子享有普选权,秘密投票,废除议员财产资格限制,议员支薪,选区平均分配和议会每年改选。宪章运动共经历三次,发起请愿和签名者多达530多万人。② 如果将宪章运动作为抗议政权和政治不认同的表现形式,那么经济现代化飞速发展时期英国的政治认同水平是很低的。但是此时期的抗议是体制内的合法斗争,诉诸政权内的手段达到目的,事实上显示的是对于政权的信任和认同,政治不认同对象主要是针对具体的政策和政治行为微观和中观层面,而不否定意识形态和选举制度,相反追求平等、自由和民主,要求更加平等的选举权。其一,是在国家政治制度框架内的合法斗争行为。以合法手段争取政治和社会权利,表面上而言是对于政治现状的不认同,深层次体现出来的则是对于政治制度的认同,认为制度提供了满足他们诉求的空间和途径;其二,针对具体的政治权利和社会权利诉求。如普选年龄和财产限制、投票方式、选区划分等都是具体的政策和行为问题,是自由民主政治框架内基本的公民权利,是公民权在不同时空背景下的要求和体现,与《大宪章》《权利法案》等法案确立的宪政并不冲突,是民主化浪潮的具体表现。由于行为的即时性和利益直接性,当权利和利益得到满足之后,政治认同就容易得到提升。"宪章运动表明工人阶级已成为英国民主的动力。宪章运动虽败,它的一些基本要求,在以后英国政治史中逐渐法律化了。宪章运动以后,大规模的、

---

① [美] 斯塔夫里阿诺斯:《全球通史》,董书慧等译,北京大学出版社2005年版,第497页。

② 应克复等:《西方民主史》,中国社会科学出版社1997年版,第232页。

全国范围的示威与流血,在英国并未再见。民主史已进入一种更加和平、理性与秩序的阶段。我们如果进行客观的考察,这种手段所获的成就,不亚于暴力。"① 因此,宪章运动是英国民主化的重大进步,推动的议会改革和权力转移符合民主精神,标志着英国自由民主政治认同的基本形成。美国的经济现代化开始于18世纪末,起步比英国晚30年,高潮于19世纪后半期,即内战之后40年。关键在于以钢铁、石油、机器制造为主的大工业的兴起。工业化催化了社会分化,首当其冲的则是西部和南部的农民,组成声势浩大的人民党反抗工业资本,自由与平等是主要价值观念,主张所有人都是生而平等的,拥有平等的生存、劳动与享有劳动成果的权利,为黑人和妇女争取平等权利。并不是要求回到农业社会,而是利用自由平等的价值观推动社会进步,以民主的方法控制垄断资本,实行更平等的财富和权利分配,被后来共和党与民主党所采纳,成为20世纪初美国进步主义与30年代罗斯福新政的重要内容。而其法律依据则来源于《权利法案》。国会无权通过限制公民的言论、出版、集会、请愿自由的法律。其次是出现大量的中产阶层,他们基本都是由盎格鲁—撒克逊白人新教徒组成,在美国社会中占支配地位,基本价值观是私有财产观念,而中产阶级的改革是维护私有制,反对任何激进派,是政治认同的关键力量。美国宪法制定之后通过的《权利法案》(即宪法修正案第一至第十条)为民众政治参与权和选举权留足了空间,逐步赋予农奴、黑人、妇女平等权利。在美国人看来,政策改变都体现民主进步,体现政治认同逐步完善的历程。

总之,早发现代化中的不同维度现代化的次序性展开,创造了全面性和一致性较强的政治认同资源,并形成递进性和层次性的政治认同对象结构。递进性是指宏观、中观到微观的发展逻辑,意识形态、制度和行为三者存在逻辑包含关系,宏观性的认同的确立有利于推进中观和微观认同的实现。层次性是三者发展中存在明显的时间顺序,"时间差"的存在意味着特定时间段内主要解决特定问题,塑造特定对象的认同。同时,由于相互的区隔意味着对于特定对象的不认同并不会根本瓦解整个体系的认同。比如宪章运动,是在政权框架内合法的斗争行为,主要涉及与权利利益直接相关的政策不认同问题,并非否定自由民主政治体制。

---

① 应克复等:《西方民主史》,中国社会科学出版社1997年版,第232页。

当利益诉求得到满足之后，相应的认同危机即消失。政治认同对象的递进性和次序性有利于形成完整的政权认同。

小结　年轮模式

早发现代化国家的政治认同伴随其现代化进程的展开完成建构。大体而言，内生性现代化下国家与社会的和谐、传统与现代的融洽，有利于充分挖掘政治认同的历史记忆资源。早发性现代化的时空优势，塑造政治认同的话语体系资源，广泛宣传政治认同的价值观念资源。渐进性现代化下文化—政治—经济现代化的次序发展，有利于形成政治认同的意识形态认同——制度认同——行为认同三个阶段发展路径。三个层面由内到外、由宏观、中观到微观，呈现环环相扣、层层生长的"年轮模式"的政治认同。（见图4-1）

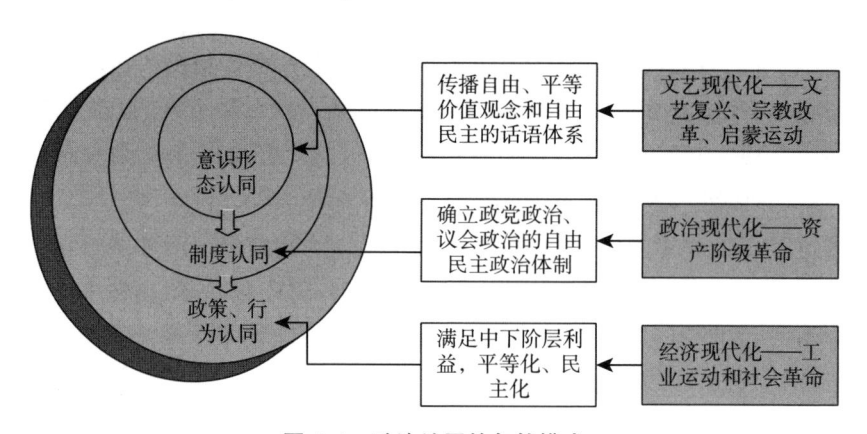

图 4-1　政治认同的年轮模式

年轮模式政治认同的特点在于：其一，现代化展开过程具有阶段性和次序性，并相应地创造了政治认同的资源，形成对于特定对象的政治认同。大体而言，以文艺复兴、宗教改革和启蒙运动为主要内容的文化现代化确立了自由、平等的价值观念的主流地位和自由民主的话语体系，形成了相对稳定的意识形态认同；以资产阶级革命为主要内容的政治现代化确立了法治、民主、宪政、参与的自由民主政治框架，形成了较为稳定的政治制度认同，一方面是意识形态认同推动的结果，另一方面为政策行为认同奠定了基础；以工业革命为主要内容的经济现代化确立了资本主义生产方式的优势和创造财富的巨大能力，特别是经过风起云涌的社会运动的推动之后，民主和平等实现程度增加，政治、经济和社会权利分配更加平均，利益的普遍增加奠定了政策行为认同的基础。其二，政治认同对象的层次性明显。政治认同对象之间存在区隔，特定时空背景下聚焦某一维度政治认同对象问题，呈现由内向外依次发展形态。政治系统核心层认同问题确立之后，产生政治系统外层认同需求，往往内层是目标，外层是途径。早发现代化国家政治发展历程的基本经验表明，政治系统外层的政治认同可能出现危机，但并不意味着核心层面的政治认同危机。所以，马克思、恩格斯根据资本主义生产的特点和19世纪风起云涌的社会运动提出的资本主义将很快灭亡的预言并没有成为现实。以政治认同视角来看，各式各样的社会运动反映的只是政策和行为层面的认同危机，是在政治制度框架内合法的政治斗争行为，并没有发展成制度认同和意识形态认同危机。所以经过政策调适之后，政治认同危机得到解决，并且宣告自由民主政治认同建设基本完成，此后鲜见发生全国性政治认同危机。其三，年轮式的政治认同是在特定的时空背景下现代化进程中形成的。既与相关国家内在社会因素有关，更与特定的时空背景有关。时空的不可再现性决定了模式的不可复制性。早发、内生、渐进共同决定了年轮模式政治认同的独特性。因此，年轮模式可以视为政治认同发展的理想模式，但是对于后发现代化国家具有不可模仿性。后发现代化国家只能在遵循自身政治认同建构的特殊性基础上探索政治认同发展的规律，并适当借鉴早发现代化中政治认同建构的经验，实现政治认同模式的合理转换，形成相对稳定的政治认同。

第五章

鸟巢模式：后发现代化进程中的政治认同

早发现代化国家经过渐进的、内生的变革过程，形成了较为稳定的"年轮式"政治认同。后发现代化国家在强大外力推动下被迫觉醒，强行拉入现代化的激流漩涡，在世界体系中的边缘地位以及与早发现代化国家的较量中的弱势地位，内外困境往往瓦解了本国政权的认同基础。在"亡国亡族"的内忧外患中，现代化的任务和应对外来挑战迫切需要后发现代化国家形成强大的政治认同。但是后发现代化与早发现代化的差异决定了它们政治认同的差异。后发现代化面对的社会、政治现实、国内外环境决定了政治认同的脆弱性，不利于现代化顺利推进。

表 5-1　　　　　　　　早发现代化与后发现代化的差异比较

	早发现代化	后发现代化
国际形势	相对分散的农业世界，发展差距较小	全球化的工业世界，发展差距越来越大
文化背景	西方文化的自我革新和扩散	强势的外来文化对本土文化的冲击
内部条件	内部资本主义因素的增长，渐进式的内部变革	自我转型艰难，外来挑战造成民族和社会危机
外部条件	开拓海外市场，掠夺资源和资本积累	被殖民和边缘化，但可利用外资和技术发挥后发优势
现代化的发展次序	文化—政治—经济—社会的次序	以政治革命为先导，推进经济、社会和文化叠加现代化
特点	早发性、内生性、渐进性	后发性、外生性、叠加性

注：表格为作者自制

现代化一定程度上意味着时空一体化。出现了标准化的时间，如公元纪年，将不同国家拉入同一时间体系。"标准化时间"的出现不必参照具有明显地利之便的优势场所便可以对空间进行描述和概括，使不同的空间单元相互替换成为可能。因此各自的发展就具有了可比性。除了标准时间，还出现了标准空间。比如，经度和纬度等描述地理空间的概念，方便进行空间性比较。作为人类现代化总体进程的一部分的各个国家的现代化，除受制于其自身的自然资源、经济和政治结构、历史文化传统等因素之外，还与其在总体进程中的时空坐标紧密相关。后发现代化所面对的国际环境、外部条件很大程度上决定了其现代化的启动次序和特点。以政治革命为先导，推进经济、社会、文化叠加现代化。政治革命往往批判既有的政治、经济秩序和文化传统，与过去历史决裂，激发人们建立新秩序的勇气和激情。所以，政治认同的历史资源往往被抛弃。文化现代化往往是价值观念的颠覆性的变革，但是新旧价值观交替中的"时间差"往往意味着价值资源的真空。经济现代化所创造的利益满足往往成为政治认同的重要甚至唯一来源。后发现代化展开的时空背景决定了其政治认同建构的空间是有限的。面对险恶的国际环境，强势的外来文明，深重的社会危机，被边缘化的国际地位，叠加的现代化任务，后发现代化国家需要短期内建立起政治认同，树立强大的政治权威以推进现代化建设。但是后发现代化的后发性、外生性和叠加性特点决定了资源的单一性和堆积性、对象的逆向性和捆绑性，政治认同模式脆弱而不牢固。

第一节 后发现代化的特点与政治认同

一 后发性与问题牵引的政治认同取向

后发现代化启动之时，世界部分地区已经处于高速现代化的国际环境中。伴随早发现代化国家的大炮、工业、资本、文化、人员、科技的涌入，经济秩序和规则也由早发现代化国家制定并受其支配。军事和政治力量庇护下商品交换造成的经济干预和不平等交换使得后发现代化国家独立自主的经济现代化几无可能。政治势力范围的瓜分和竞争使得后发现代化国家政治道路的选择空间被大大压缩，政治认同建构空间狭窄。因此，"后发地位是本质性的最大劣势"。[①]

现代化的后发性是政治认同的天然短板。时间是人类社会最基本存

---

① 谷晓芸：《后发现代化之审思》，《中国石油大学学报》（社会科学版）2006年第6期。

在形式。时间规定国家、社会、人和制度的存在界限,既规定主观意识又限定客观存在。认同是主客体互动的过程。主观反映客观,客观决定主观。面对客观的后发性现代化,必然形成一种主观的认知。产生关于落后原因的认知。人的自我解释倾向和自我保护本能决定了首先是外在归因倾向。面对先进的、强大的"不速之客"的闯入,外在归因倾向决定了后发现代化国家首先将早发国家的先进归结为掠夺、入侵等非正义的行为,并认为如果没有外来的侵略打乱了既定发展步骤,后来者也会走向富强与文明。以中国为例,鸦片战争以后,清朝保守派认为,中国的落后只是武器、技术层面,因此主张拥护现有政权,学习西方的器物文明,"中体西用""师夷长技以制夷",日本也有"和魂洋才"之说。换句话说,外在归因阶段,希望旧政权推动现代化,实现强国富民的目标。外在威胁迫使内部凝聚力迅速增强,短期内政治认同得到提升。但是认同不是基于虚幻的期待,更需要立足于客观的资源,以政权能够唤起美好历史记忆,切实保障公民权益,提出良善价值和科学的话语体系为必要条件。

外在归因是第一阶段,也是后发现代化国家面对外来威胁的自我本能反应。如日本的明治维新,中国的洋务运动、戊戌变法等改革。外在归因阶段面对明显异质的政权,自我保护的本能决定了短期内政治认同的升高。但是当旧政权始终无法承担自己的历史使命,带给民众伤痕累累的痛苦记忆,日益减少的利益满足,落后腐朽的价值追求,公民对现存政权的政治认同就会降低直到消失,则会进入内在归因阶段。面对强势的对手节节败退之时,对于现有的政权产生严重的怀疑,削弱现存的政治认同,迫切需要新的政权的建立和新的政治认同的塑造,寻找能够完成历史任务的替代政权。希冀依靠新的政治权威推进现代化,实现国富民强,对抗早发现代化国家的威胁。在世界现代化史上,后发现代化国家在外在归因阶段积极学习外来文明,积极推动本国改革并推进现代化,成功化解政治认同危机的似乎很少。譬如,中国则是典型的后发现代化中的"难产儿",经历了一个又一个失败,清政府、北洋政府、孙中山领导的国民政府、蒋介石国民政府都始终难以完成现代化使命,重新塑造中国人民的政治认同。直到中国共产党建立新中国,建立社会主义制度,中国人民政治认同取向基本确立。但是,无论现代化第一阶段还是第二阶段的政治认知,对于政权的政治认同都是问题牵引的,即认同能够完成应对外来威胁、推进现代化建设、能够实现国富民强历史使命的政权。强烈的现实危机决定了政治认同的现实主义逻辑取向，但是问题深重性、时间紧迫性排除了大多政治选项。与早发现代化国家意识形态指导下想过何种政治生活，就试图建构能够实现理想价值的政治制度、出台相应的政策、实践对应的政治行为的理想主义逻辑相比，后发现代化国家则是何种行为能够应对国际威胁和国内现实危机，完成历史使命，就采取何种行为并试图建立相应的政治制度并使之制度化，寻找何种意识形态进行合法性证明，属于现实主义导向逻辑。问题牵引的政治认同逻辑的弊端在于现实问题的经常性转换。由于时空的变迁，问题的转换是必然的。新问题对于既有的政治认同提出了新挑战，那么政治行为就需要变革、制度面临改变、意识形态重新调试，政治认同面临重塑的危机，无法完成科学合理的政治认同资源积累，一直低水平重复地徘徊。

二 外生性与求同存异的政治认同困境

后发现代化国家传统社会内部缺乏自发走向现代的推动力。或者自发走向现代化需要经历相当长时间。被外在力量打破既有的发展轨道，被早发现代化国家强行拉入现代化浪潮中，才开始接触现代的政治价值、经济制度、文化观念。但是，现代的政治价值、文化观念、经济制度都是外生的，不可避免地与本国既有的政治和文化传统、经济生产方式产生冲突。本土与外来对比中弱势使得自我怀疑和否定，异质性的外来压迫产生强烈的焦虑感。因此，外生的现代化与既有的政治认同产生对立。尼赫鲁在《印度的发现》一书中写道：

> ……英国人的来临就使得情形大为不同了。旧的制度在多方面连根拔去了。他们从西方带来了一种完全不同的推动力。这种推动力是从文艺复兴、宗教改革以及英国的政治革命时代起就在欧洲慢慢地发展起来，而在工业革命的初期才具体化的。美国革命和法国革命又使这推动力前进了一步。……最重要的是，在印度的历史上这是第一次，印度的政治管理权完全由外人来操纵，而它的经济中心是在一个遥远的地方，他们把印度造成为现代的典型殖民地，使

它在漫长的历史中第一次做一个附属国。①

现代化的外生性及其与现有政权政治认同的张力大小决定了向现代转型的顺利程度以及政治认同的可持续性。现有政权政治认同在本土性与外来性、传统与现代的角力中陷入窘境。既无法抗拒现代化引致传统的断裂与解构对于政治认同的消解,培育新的认同既无法抛弃传统也无法依靠传统,既无法全盘接受外来文明也无法完全拒斥外来文明。激进主义者过分强调现代化的外生性和传统政治与现代性的互斥性,认为现存政权无法担当现代化的重任,主张重构现有的政治体系,确立新的政治共同体认同,造成现有政权政治权威迅速式微,使得现代化缺乏强有力的组织者,现代化的迟滞和徘徊影响政治认同塑造;保守主义者过分强调现代化的特殊性和自主性,排斥外来的现代文明,强调既有政权政治认同相对于现代化的根本性,忽视现代化的发展性和未来性,现代化迟滞反过来也动摇政治认同的根基。自我认同与他者认同是政治认同的两轮,两者平衡则稳定、可持续,失衡则脆弱、不可持续。自我认同符合事物特殊性、自我性的属性,他者认同符合事物一般性、普遍性的属性。因此,稳定的政治认同在于找到"自我认同"与"他者认同"的平衡,外生性现代化与现有政权政治认同的恰当连接,实现自我认同与他者认同有机融合,缓和现代化外生性与政治认同保守性的张力。对于外生性现代化而言,"求同"取向的他者认同与"存异"取向的自我认同的偏激是不可取的。一方面,过分"求同"追求他者认同,容易移植和照搬外来的价值观念、政治制度、甚至具体政策,否定现有政权的合法性,往往短期内就会瓦解既有政权的认同,使政权丧失执政合法性,凝聚力、向心力和权威性衰弱,无法成为现代化的推动者,影响现代化的进程。同时,可能面临外来价值观念、政治制度和政策适应性不足,与本国根深蒂固的传统无法兼容,有效性大打折扣,"淮南柑橘淮北枳"。传统政治秩序被打破而新政治秩序无法建立,从而出现政治权威"真空",对现代化产生致命打击。另一方面,刻意"存异"维护自我认同,顽固维护现有政权的认同,往往短期内可以保持较高的政治认同水平。但是过分

---

① [印]贾瓦哈拉尔·尼赫鲁:《印度的发现》,齐文译,世界知识出版社1956年版,第302页。

排斥外来文明，可能丧失改革、发展的动力和空间，否定人类政治文明的有益成果，脱离人类社会政治文明大道，使政治认同缺乏科学理论的指引，脱离现代化的轨道，外在刺激缺乏造成现代化动力不足，出现长期认同衰落的问题。对于后发现代化而言，通过现代化战略的合理选择，解决"求同"与"存异"的困惑对于政治认同建构和现代化的成败至关重要。现代政治学基本原理一般认为，人作为类存在，人性具有相通性，人类面临许多共同的政治问题，如何解决集体生活是共同的政治主题。西方政治学理论与马克思主义政治学理论都以解决人类政治问题和理想的政治生活为理论指南。因此，人类政治生活追求许多共同的目标，并作为人类普遍的政治文明成果，譬如平等、自由、民主、正义、和平、秩序等。政治系统的宏观、核心层面更倾向相同，也符合人类政治发展的普遍逻辑，政治系统微观、外围层面的更可能相异，符合国情、民情、政情、社情，符合国家政治发展的特殊样态，符合政治系统、经济系统、社会文化系统相互影响的辩证唯物主义基本原理。人类对于美好政治生活追寻具有同一性，相比较而言，对于良善政治价值追求比制度设计更应趋同，宏观制度比中观和微观制度更趋一致，长期制度比短期政策更该求同。因此，后发现代化中政治认同建构需处理好"求同"与"存异"的平衡。自我认同与他者认同缺一不可，"掩耳盗铃"与"邯郸学步"都不可取。实质上，一个国家政治现代化与政治认同形成过程，就是在与其他政治共同体交往以及与经济、社会互动中逐步明晰政治系统"求同"与"存异"的过程，对于何者为同、何者应异形成稳定认同的过程。但是对于后发现代化而言，由于早发现代化国家的标杆和辐射作用，"求同"与"存异"中面临心理上艰难抉择，"求同"往往被视为"崇洋媚外"，而"存异"被视为"顽固不化"，都受到道德谴责。

三　压缩性与无序叠加的政治认同路径

早发现代化国家政治、经济与文化不同领域的现代化依次序展开，呈现明显的阶段性特征。不同阶段主要解决不同的现代化问题，在相对长的时间内从容不迫地进行现代化。没有先行者的"背影"，可以相对自主地展开现代化，遵循现代化发展自然规律。而后发现代化国家启动现代化之时，面对的是先行者建立的国际政治经济秩序，外在压力和内在危机共同规定现代化的时空背景，也限定政治认同发展空间路径。早发现代化国家在政治、经济和文化领域的现代化成就随着全球化浪潮为后发现代化国家树立了标尺。面对巨大的"差距",后发现代化国家领导人往往具有强烈的危机意识,面临较高的社会动员和巨大的政绩压力,力争在短时期内赶上甚至超越,寻求短期内、系统性解决方案,政治、经济、文化现代化同步,现代化目标多样且存在张力。"压缩式"现代化意味着政权在短时间内完成早发现代化国家几个世纪的现代化任务,目标多元性决定了政治认同来源多样性,而目标的冲突和变幻使得政治认同无序发展,政治认同资源结构不良,堆积性和排斥性明显,无法形成合力。

从客观方面而言,社会运行中政治、经济和文化系统具有相关性,互为因果关系。后发现代化国家内部相对缺乏现代性要素,传统往往成为现代化的枷锁,任何领域现代化的推进都面临其他领域的掣肘。因此,后发现代化的顺利推进客观上需要革命性变革。但是,革命性现代化面临的问题在于现代化进程中呈现出的客观上的"异步性"。其一,瓦解与建设的时间迟滞。后发现代化内部的现代性因素很少,革命性现代化直接导致传统的政治、经济和文化结构的快速瓦解。但是传统社会的瓦解与现代社会的确立存在巨大时间差,那么不可避免地出现"权威真空"[①],传统与现实缺乏连续性,不利于在政治谱系和政权序列中定位现存政权的"正统性",影响统治合法性。同时,传统价值观因不符合现代化而被抛弃,而新价值观被普遍接受需要漫长的政治社会化过程。因此,转型期社会失范与政治认同资源匮乏,不利于提升政治认同。其二,经济、政治与文化现代化的时间落差。经济、政治与文化现代化都属于现代化的范畴,但是不同领域现代化的内涵存在明显差异。经济现代化主要指人追求财富创造,个体追求利益正当化,功利主义思想被信奉,突出表现为工业化;政治现代化主要指国家政治权力来源观念变革,人民主权成为普遍政治理念,国家以满足公民需要为价值依归。"古代国家"与"现代国家"的差别主要并非时间意义上的,而是构成国家的人的类本质的差异。换言之,古代国家中个体存在的意义是为了国家,现代国家则是国家存在的价值是为了个体。人成为国家的主人,成为政治价值的终极标准并以此衡量政治活动是现代政治的基本原则。因此国家与公民关

---

① 孙立平:《权威基础转换的异步性与"权威真空"》,《天津社会科学》1990年第6期。

系转变，突出表现为民主化；文化现代化主要指价值观念的世俗化、理性化等，突出表现为对于自由、平等等现代价值的追求，是最核心层面的现代化。相比较而言，经济现代化主要依靠科技、资本、劳动力、机械等相对容易借鉴和习得的东西，是构成社会的器物层次。而文化现代化是人内心深处的价值观念现代化，是在社会变迁中逐步改变的，是现代化总体水平的反映。革命性现代化焦急的心态、激进的政策选择一定程度可以加快现代化进程，但是无法跨越人类社会现代化的普遍规律的"鸿沟"，反而容易造成较高的社会动员，多维度现代化客观上造成价值目标多元冲突，传统的价值被抛弃而新的主流价值短期内无法形成，出现政治认同危机。

面对政治认同危机，统治者具有强烈的化解危机的压力和主观意愿，利用政权掌握的资源和权力塑造政治认同体系，采取权宜性举措短期内提高政治认同水平，打破政治认同资源和对象的对应关系，缺乏可持续性和可累积性。此外，后发现代化国家政治认同的工具性。早发现代化国家政治认同具有"自发性""理想性"，追求良善政治生活和政治价值，后发现代化国家政治认同往往具有工具性，后发现代化国家很少将政治认同置于实现优良政治生活和"善治"的理想层面，大多作为维护政权稳定和推进现代化的必备工具，是实现国家、民族理想的途径。譬如，实现国家独立、富强，民族解放、振兴。因此，政治认同资源挖掘与培育具有明显的即时性、功利性，扰乱政治认同自然发展中资源累积过程，不利于形成持续稳定的政治认同。

第二节 后发现代化进程中政治认同的资源与对象

后发现代化往往是在内外危机围困下启动的。"危机把时间和空间高度浓缩为一个临界点，把一切问题推到非此即彼、直截了当的境地，从政治改造入手，寻求一揽子解决办法便成为精英人物的选择。"[①] 所以，后发现代化大多数都具有强烈的革命式现代化的色彩。但是革命排斥确定的体制程序和法律，运用完成革命的力量非程序、非常规地组织现代

---

① 陈明明：《革命后社会的政治与现代化》，上海辞书出版社2002年版，第234页。

化建设时，使现代化具有强烈的不确定性，容易陷入困境。① 革命式现代化创造财富主要通过政治斗争所形成的社会运动创造，而非科学的制度安排和利益驱动，具有相当大的权力意志和理想色彩；同时，破坏了正常的社会秩序、社会结构和社会发展逻辑，破坏了制度的权威基础和正常运转，破坏了传统的价值和信仰体系，使社会精神陷入一种非理性状态。因此，制度成为一种短暂功利性选择，始终无法确立制度的稳定形态。"随着制度功能的散失和社会合理的价值和信仰体系的瓦解，依据社会主义原则所确立起来的政治制度实际上已无法正常地起作用。"② 以政治认同视角来看，认同的历史传统资源往往被革命抛弃，价值观念往往适应革命需要而提出，具有强烈的空想性和批判性，无法与现实利益相结合。特别是革命后社会的政治认同，由于理性的回归，价值观念对于政治认同的价值降低之后，历史传统已经被抛弃，现实利益往往成为重要的资源。与此相对应，认同的对象始终在行为层面徘徊，不同的时空背景和现实情景，不同的政治行为受到颂扬，但是，始终较难深入到制度和意识形态层面，政治认同"空心化"。

相对于早发现代化的自然生长的"年轮式"政治认同而言，由于现代化的后发性、叠加性和外生性特点，决定了后发现代化中"鸟巢式"政治认同。一方面，政治认同资源的单一性和堆积性。单一性意味着政治认同资源的匮乏，堆积性意味着内在结构的无序化，两者决定了无法形成政治认同的合力。另一方面，政治认同对象的逆向性和捆绑性。逆向性意味着政治认同的建设是由外到内的路径，先产生政治行为认同，再到制度认同和意识形态认同。捆绑性意味着政治认同的一体性和模糊性，缺乏层次性，很难明确区分行为认同、制度认同和意识形态认同的界限。与此相对应，对于某一层面的不认同会直接波及其他层面的认同。同时，认同的问题导向、无序和断裂造成政治认同结构的脆弱性。问题的转换往往意味着政治认同资源和对象的变化，对象和资源的简单对应关系决定了政治认同的低水平徘徊，经常面临现实问题的冲击和挑战。

---

① 陈明明：《革命后社会的政治与现代化》，上海辞书出版社2002年版，第247页。
② 林尚立：《当代中国政治形态研究》，天津人民出版社2000年版，第286页。

一 资源：单一性与堆积性

与早发现代化国家政治认同资源的齐备性相比，后发现代化国家面临政治认同资源的匮乏。压缩性现代化中"一揽子解决"往往是激进式革命，是"打破旧世界、建设新世界"，传统作为旧世界的代表往往被抛弃，同时把传统承载的历史记忆资源，丢进了历史的"垃圾桶"，成为现实批判的对象。"正统"是政治认同的历史资源，历史非连续性造成资源缺乏。同时，与早发现代化国家的交往中，实力差距往往意味着话语权微弱。实力是话语权的基础，反过来话语权影响和塑造实力。因此，后发现代化国家政治认同主要依赖对公民的现实利益满足。资源的单一性使得政治认同陷入"搭建式"的利益陷阱。为了获得认同须满足利益诉求，而后产生新的更高的利益诉求，利益资源的"堆积"使政治认同偏离科学的发展轨迹，政治认同稳定性不高。

就政治认同的资源而言，历史记忆、现实利益、价值观念和话语体系作为政治认同的四大支柱，共同决定了政治认同的稳定性。缺失其中任何一个或几个资源的政治认同具有不稳定性。后发现代化国家往往存在资源单一和结构不合理的问题。

传统承载的历史记忆往往随着激烈的政治革命被抛弃。后发现代化国家与早发现代化国家碰撞之后，必然产生外来文明与本土传统之间的对抗。而对抗的结果往往是两种国家之间人口、政治、军事和经济实力的反映。"当传统的拥护者被带到或来到其他传统的面前时，传统便发生了变化。外来传统支持者的经济、政治和军事力量，外来传统明显的方便性和有效性，以及在既有传统的假设之内的知识上令人信服的优越性——所有这些都促使既有传统发生变迁。"① 当外来与本土的力量对比越来越失衡，外来传统的优势越来越明显，社会的危机越来越深重。往往诉诸颠覆性的社会变革。"现代化经验表明，如果现代化不能幸运地以比较接近传统的方式走渐进改革的道路，那就很可能选择与传统决裂的激进革命的道路。"② 激进的革命式现代化往往将传统抛弃，将传统视为落后、保守的象征，而且将彻底性与革命性和现代性等同，而妥协则被

---

① [美] E. 希尔斯：《论传统》，傅铿、吕乐译，上海人民出版社1991年版，第271页。
② 陈明明：《革命后社会的政治与现代化》，上海辞书出版社2002年版，第231页。

视为软弱、保守、落后的代名词。传统作为历史记忆的载体,抛弃传统就会割断历史的延续性,人们大脑中呈现时断时续的历史记忆。历史记忆的断裂性使人无法确定政权在历史时空中的坐标和历史演进中的合理性,"正统"性不足使得统治合法性存疑,无法为政治认同提供支撑。

主流价值观念短期内无法确立。抛弃和破坏传统容易,但是价值观念的普及化和现代化则是长期的过程,是最深层次的现代化。因此,传统价值观的坍塌与现代价值观的确立存在"时间差",时间差意味着存在价值观"真空期"或"混乱期"。在此期间,往往无法形成普遍信仰的价值观念。价值观的虚无与混乱决定了政治认同的复杂性和不稳定性。而且,在价值观念的竞争中,早发现代化提出的价值观念已经占据了支配地位。因此价值观念的现代化与早发现代化中的价值观念不可避免地存在一致性而与既有的政权存在冲突。冲突的结果之一是外来的价值观念取得决定性优势并成为人们普遍的信仰,对于现有的政权产生冲击,其合法性受到价值层面的质疑,那么既有政权可能面临变革,也即认同与外来价值一致的新政权;结果之二是提出一种有别于外来价值与本土传统的新的价值观,同时批判早发与后发政权,但是对于后发现代化国家而言,需要建立符合新的价值观的政权。无论哪种情况,"真空期"和"混乱期"的价值观念往往无法成为塑造政治认同的资源。

话语权已经被早发现代化国家掌握。话语体系是政治认同的支柱之一。但是在国际政治经济秩序基本定型的情形下,游戏规则也由早发现代化国家制定,话语权掌握在早发现代化国家手中,他们利用话语权为既有的国际政治经济秩序辩护。对于后发现代化国家而言,打破既有的国际政治经济秩序和话语体系霸权需要足够的实力,一方面是政治、经济、军事等"硬实力"的保障,另一方面是文化、价值观等"软实力"的吸引力。而这两者对于后发现代化国家而言几乎是难以完成的任务。无法打破既有的国际政治经济秩序和话语霸权的情况下,只能在现存秩序下"苟且"生存。而现有的话语体系是早发现代化国家创立的,伴随着全球化和对外扩张而输入到后发现代化国家,以宣扬早发现代化国家价值、制度、文化优越性为内容,以维护早发现代化国家的利益为目的。但是,话语体系是客观社会实在的反映,受到时空场域规定。因此,话语体系产生的社会历史背景决定了其是对早发现代化经验的概括和总结,具有时空局限性和适用性,必定与后发现代化的经验和进程不一致。以早发现代化创立的话语体系衡量后发现代化的实践，是典型的"削足适履"。同时，话语体系的价值预设和基本立场决定了对于后发现代化国家政治的批判性，瓦解后发现代化国家的政治认同。

因此，传统被革命式现代化抛弃，价值确立过程中的"真空"和"混乱"，完全不同"语境"的话语体系下，后发现代化国家政治认同可依赖的唯一资源就是现实利益。现实利益是政权获得人们认同的重要依据。但是，现实利益是政治认同的双刃剑。利益满足可以增进政治认同，但是相应地带来了"期望革命"，两者之间的"落差"往往又瓦解政治认同。"在现代性面前感到眼花缭乱；社会的传统生活方式四分五裂；整个国家面临着经济、社会、政治各方面的要求改弦更张的压力；制造经济产品和提供劳务的新的更好的方法连珠炮般地杀来；现代化进程中的变革一般来说已使大家牢骚满腹，而政府未能满足群众日益提高的期待，尤其使百姓怨声载道。"① 换句话说，现实利益满足与政治认同并非线性相关，还与期望这一变量相关。政治认同的状况取决于利益满足与期望之间的差距。

同时，利益满足往往诉诸经济现代化，而在文化和政治现代化没有为财富分配设定合理规则之时，经济现代化带来的利益满足在不同地区、领域和群体之间并非匀质分布。不均衡的经济现代化往往造成巨大的贫富差距。亨廷顿指出："经济增长的直接影响常常是扩大收入的不平等。经济迅速增长的集中受益者往往是少数人，而大多数人却蒙受损失；结果，社会上日益穷困的人便会增加。"② 长期的经济发展不平衡会影响人们的公平感，损害社会正义的基础，侵蚀政治认同的价值基础。

总之，后发现代化的特质决定了政治认同的资源的匮乏。一方面表现为单一性。抛弃传统的革命式现代化的破坏性使历史记忆缺乏连续性，支离破碎和模糊的记忆不利于政治认同的塑造；同时抛弃传统的价值标准，出现价值观的"混乱"，使政治认同缺乏价值基础；基于早发现代化和既定国际政治经济秩序的话语体系往往维护早发现代化国家的利益，损害后发现代化国家的政治认同。因此，可以依赖的政治认同资源只有现实利益满足，甚至掉入政治认同的"利益满足陷阱"。暂且不论现实利

---

① [美]塞缪尔·P. 亨廷顿：《变化社会中的政治秩序》，王冠华等译，上海世纪出版集团2008年版，第36页。

② 同上书，第44页。

益对于政治认同的消极影响。另一方面表现为堆积性。堆积性意味着政治认同资源积累的无规律性和随意性。资源发展的不平衡使得资源结构的不合理性，相互缺乏支撑和合力，不利于政治认同资源的积累和政治认同的稳固。

二 对象：逆向性与捆绑性

就认同对象而言，政权是包含意识形态、制度与行为在内的多层次、多维度系统。三者之间关系一致与互洽决定了政治认同结构的稳定性。与此相对应，政治认同三个层次的一致性直接决定政治认同的稳定性。对于早发现代化国家而言，现代化的文化、政治与经济维度的渐进性展开决定了政治认同的基本路径是由内到外的意识形态—制度—政策行为次序。由内到外、由宏观到微观的发展路径意味着政治认同对象具有递进性和层次性，"继发性"政治认同问题建立在坚实的"先发性"政治认同基础之上。或者意识形态认同基本完成后出现制度认同问题，制度认同与价值认同相对分离。制度认同危机并不质疑制度依据的价值基础。相应地，行为认同危机推动完善政策和行为，并不动摇制度认同本身。由内到外、由宏观到微观的发展路径决定了政治认同的累积性发展。

相反，后发现代化中政治认同对象则呈现"逆向性"与"捆绑性"的特点。后发现代化国家面对强加的国际政治经济秩序及其压迫式后果，政治发展以解决问题为导向。"应景式"政治发展意味着政治认同与问题解决紧密关联。比如，国家独立、富强，民族解放、振兴，发展就是硬道理，"白猫黑猫抓住老鼠就是好猫"的"猫论政治"。政治认同对象必然是行为—制度—意识形态由外到内、由微观到宏观逻辑的逆向性发展。制度和意识形态工具性色彩明显，直接服务于解决问题的政策行为。意识形态是对于良善政治生活的理想描绘，是制度的理论和价值根基；制度是规范政治生活运行的规则，是实现意识形态理想的载体和途径；行为是个体和群体的政治活动，是意识形态和制度的外在表现。三者存在明确的宏观—中观—微观的层次和逻辑关系。"逆生长"意味着行为认同引导制度认同，制度认同牵引意识形态认同，"牵一发而动全身"，与政治系统运行宏观规定中观和微观的基本政治逻辑相悖，违背政治良性运行的规律，不利于政权巩固和政治认同的发展。政策行为认同危机很容易上升到制度和意识形态认同危机，进而威胁政权安全和国家安全。

行为认同、制度认同与意识形态认同的"捆绑性"。与早发现代化政治认同的层次性相比，后发现代化的叠加性决定了政治认同对象发展空间的狭窄，不会出现早发现代化中意识形态认同—制度认同—行为认同的发展逻辑，而是三者交织在一起，每一层面认同建设都没有完成。"捆绑"的政治认同意味着公民的政治认同缺乏层次性、自主性和区隔性。而是互相纠缠干扰。换言之，三者存在混同问题。对于政策行为层面的认同被视为对政治制度、意识形态甚至整个政权的认同，反过来，对于某一政策行为的认同危机往往被牵扯到更深层面的政治认同问题。任何政治行为的无效性往往直接否定制度和意识形态。持续的行为无效性使得制度和意识形态经常面临重组的压力和风险。对于公民而言，容易将政策和行为"失灵"的原因扩大化，上升到制度甚至意识形态高度，从而产生对于整个政权的不认同。比如"上纲上线"。对于政权而言，为了塑造政治认同，不得不全面地顾及意识形态、制度和行为三个层面，而且许多情境中三者之间存在冲突，比如"打左灯向右转"，造成人民群众政治认同困境，使得政权面临巨大的政治认同压力。行为、制度和意识形态的不一致性无法形成政治认同的合力，决定了政治认同的低位徘徊。

面对"捆绑"的困境，统治者面临两难选择："松绑"即摆脱行为对于制度和意识形态的羁束，承认意识形态、制度和政治行为的结构性矛盾，将意识形态作为政治发展的优先考虑方向，那么需要思考人类政治生活的理想并可能需要寻找更先进的意识形态，意识形态的重组将迅速瓦解既有的政治认同，甚至直接丧失政权合法性，政治、经济和社会制度重组，可能产生灾难性的后果，如苏联解体、东欧剧变；继续"捆绑"则坚持既有的制度和意识形态，但是具体治理中政策和行为往往具有优先性，制度和意识形态的工具性使得"制度失灵"和"意识形态口号"成为常态，而且需要不断地证明制度和意识形态的合法性和科学性，错失制度与意识形态变迁的最佳时机。因而，正式制度与非正式制度、官方意识形态与民间价值信仰张力无法缓和，无法确立制度信任和意识形态信仰。出现官方意识形态与公民价值信仰、正式制度与"潜规则"、法律规则与事实行为的不一致，呈现"打左灯向右转""说一套做一套""形式主义"泛滥的畸形政治。对于此类政治认同困境，迅速"解绑"与长期"捆绑"都不利于政治认同建设和现代化发展，应该通过全面改革，理顺意识形态、制度和政策行为关系，明晰什么是可以改变的，什么是坚决不可以改变的，在坚守底线的前提下保持适应性变革，合理利用政治认同建构空间，理顺体制机制，消除制度性障碍，实现治理体系现代化，巩固政治认同，在"解绑"与"捆绑"中逐步找到均衡，最终实现政治认同模式转换。

小结　鸟巢模式

后发现代化国家的时空背景决定了其往往是被动地卷入现代化的浪潮。问题的紧迫性决定了政治认同的"应景性"。政治认同建构犹如"鸟搭巢"躲避风雨一般，风雨的猛烈使得鸟往往将应对天气变化和短期生存作为优先问题，而忽视"家"的本来意义和建构逻辑。因此，短期问题导向和归属感的缺乏意味着后发现代化国家政治认同天然的劣势。

对于认同主体而言，由于现实的紧迫性和外在压力，对于政权的认同更多地基于问题解决引致的短期现实利益，忽略政权本来的全面功能和价值以及公民对于政权的归属感。险恶的外在环境往往激发主体单一的需求，忽略人的需求多样性和复杂性，政治认同资源单一化。譬如普遍的战争和饥荒往往使得生存和物质需求成为首要目标，并以此衡量政权一切政治行为。但是外在环境变动性显著，因此，政治认同随着问题情境以及短期绩效而变化，忽视政治发展的普遍规律和长远利益。问题导向使得对于政权的关注更多是浅表层次的行为，无法深入到更深层次。无法获得认同本来意义的归属感。因此，政治认同往往是公民对于政权特定时空背景下特定问题解决的满意度的反映。离开时空背景和具体问题，政治认同就发生变迁。即时性的政治认同不具有稳定性和可持续性。

对于政权而言，对于政治认同的建构缺乏长远规划和顶层设计，往往围绕问题而引导公民的政治认同。为了获得较高的认同，政权往往对于问题进行选择，选择那些较容易解决并取得较好成效，有利于获得政治认同的问题。问题的解决需要挖掘相应的政治认同资源，并形成资源积累。但是弊端在于政治认同资源的非均衡发展。现实利益资源往往占据较大比重，而历史记忆、价值观念和话语体系资源严重匮乏。资源的非均衡性使得政治认同缺乏系统的发展路径，无法形成整体性的政治认同合力。资源的单一性与公民的即时性、功利性认同相适应，使得公民对于政权的认同更多地停留在行为层面，逻辑起点是现实利益满足。较难深入到制度和意识形态层面。特定时空背景下表面的政治认同水平较高，但是问题的转换可能造成政治认同的骤降。

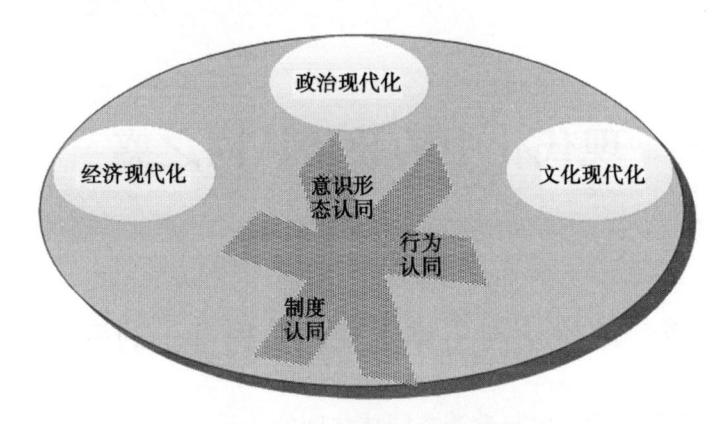

图 5-1　鸟巢模式的政治认同

鸟巢模式的特点在于：其一，政治认同资源的单一性和堆积性。后发现代化的压力决定了经济、政治与文化现代化短时间内几乎同时展开，不同的现代化逻辑决定了相互之间存在张力，某一领域现代化创造的政治认同资源往往被其他领域现代化冲淡，无法形成政治认同资源合力，而是主要依靠某一资源的支撑。同时，为了政治认同的需要，可能盲目堆积该资源而忽视其他资源；其二，政治认同对象界限模糊。行为认同、制度认同与意识形态认同三者界限模糊，混合叠加，极大地压缩了政治认同发展的空间，无法找到政治认同的生长点。任何的政治行为都要面临政策行为、制度和意识形态三重合理性拷问。对于其中任何不认同都伤及整个政权的认同；其三，政治认同结构的脆弱性。后发现代化的后发性、外生性和叠加性决定了政治认同资源的单一性和堆积性，政治认同对象的逆向性和捆绑性。因此，政治认同资源和对象的关系和内在结构具有脆弱性，无法形成相互支持和强化的网络化关系，很难应对现实问题的挑战；其四，政治认同的问题导向。由于后发现代化国家面临的深重的内外压力和危机，公民对于政权的认同具有强烈的问题解决倾向。相应地政治认同对象也是行为优先，制度次之，意识形态为末。制度与意识形态的工具性意味着政治认同的功利性、搭建性，围绕问题运转。但是问题的经常性转换往往意味着制度的改变和意识形态的重塑，无法确立常态的意识形态和制度认同。

第六章

现代化中的政治认同之惑

第一节 政治认同主体之变：公民身份的变幻莫测

政治认同指涉个体与政治共同体之间的关系，由于价值取向、利益矛盾、思想观念等变化，不同时空背景下，正式或者非正式地规定那些人属于或者那些人不属于政治共同体成员，以及由于成员资格引致的权利、义务、情感和态度。公民身份（citizenship）是西方政治史上核心的概念，具有古老的政治传统，也是理解西方政治思想、政治制度和政治行为的钥匙。古希腊时期，公民身份是理解雅典政治的关键。雅典城邦公民是所有雅典居民中的少数，不仅奴隶和外邦人被排除，即使公民的妻子和孩子也不包括在内。以数字来看，公元前5世纪时，成年男性公民的人数在3万至5万人之间，而雅典居民总数则在25万至30万之间。其中大约有8万民奴隶（有人估计超过10万名），以及大约2万5千名外侨（成年男子、妇女和他们的家人）。成年的男性公民，或许不超过所有成年人的30％。① 我们可以考察古希腊亚里士多德对雅典城邦的公民做作的分析。在亚里士多德著作的不同语境中内涵差异甚殊。亚里士多德认为："政体有多少种类，公民也就有多少种类"。② 城邦的政治体制决定了什么样的人具有参与统治的资格，同时也决定了不同的公民具有不同权限的统治资格。从亚里士多德的论述中，有学者可以概括出三种类型的公民。③ 第一种乃是严格意义上的执政者或曰统治者。亚里士多德说，公

---

① ［英］约翰·索利：《雅典的民主》，上海译文出版社2001年版，第95页。
② 亚里士多德：《政治学》，商务印书馆1981年版，第127页。
③ 参见韩水法《民主的概念》，《天津社会科学》2007年第5期。

民就是参与司法和治理的人。① 亚里士多德列举了古希腊城邦三种常态的政体即君主制、贵族制和共和制。在这些政体之中，执掌权力的都是少数人，相对于前两者，共和制下的权力为较多的人所分享，但那也仅限于武士。一般而言，公民之所以为公民，乃是他们的利益在这三种政体下都会得到照顾。亚里士多德说，如果他们的利益不受到照顾，他们也就不能被称为公民了。这是一个含糊的规定，却包含了重要的区分，就是在这三种常态的政体里面，公民是包含两个层次的，基层的是所有城邦的正式成员，即一般公民，此上的就是具有统治资格的公民即执政者，倘若正式成员的利益不受维护，那么，他们实际上就失去了公民资格中的基本要素，因而不再是公民。这样来看，公民就等于执政者。第二种公民等同于城邦的正式成员，他们中的绝大多数没有参与城邦的统治，但是在三种常态的政体下，他们的利益必须得到照顾。这就是亚里士多德所谓的另一种类型的公民或自由民：梭伦和其他某些立法者赋予他们以选择官员（或执政者），以及监督和审查执政者的权力。② 第三种类型的公民最接近民主之人民的字面意义，指城邦中所有的正式成员并都有参与治理与司法的资格，唯有存在这层意义的公民，雅典所谓的直接民主政体才有可能，才能在现实中实行。然而，这种类型的公民并不存在于三种类型的常态政体中，而只存在于亚里士多德看来是共和政体的变态形式即民主政体。因此，公民身份是与参与治理的权力和权利直接结合在一起的，它无法脱离后者而被理解和规定。

现代化进程中，首当其冲的是人的现代化。人的主体性、主位性意识的产生，出现了共同体中的成员资格，一方面是享有的政治、经济、社会权益，另一方面是履行的相关义务。两者往往都由法律规定。《不列颠百科全书》从权利与义务角度对公民身份进行了解释："公民身份指个人同国家之间的关系，这种关系是，个人应对国家保持忠诚，并因而享有受国家保护的权利。公民身份意味着伴随有责任的自由身份。一国公民享有的某些权利、义务和责任是不赋予或只部分赋予在该国居住的外国人和其他非公民的。一般地说，完全的政治权利，包括选举权和担任公职权，是根据公民身份获得的。公民身份通常应负的责任有忠

---

① 亚里士多德：《政治学》，商务印书馆1981年版，第111页。
② 同上书，第145—146页。

诚、纳税和服兵役。"[1] 公民身份规定了成员和政治共同体之间的关系，是共同体分配利益的边界，具有明显排他性，也是个体获得利益的基本途径，在此过程中形成归属感和政治认同。在同一国家现代化不同阶段和不同国家现代化历程中，公民身份规定性不同。一方面公民身份主体性排斥，如性别、种族、年龄、财产、教育等限制，符合门槛的具有公民身份，否则就没有。马克思曾对当时资本主义国家公民身份进行深刻批判："当国家宣布出身、等级、文化程度、职业为非政治的差别时候，当国家不管这些差别而宣布每个人都是人民主权的平等参加者的时候，当它从国家的观点来观察人民现实生活的一切因素的时候，国家就是按照自己的方式废除了出身、等级、文化程度、职业的差别。尽管如此，国家还是任凭财产、文化程度、职业按其固有的方式发挥作用，作为私有财产、文化程度、职业来表现其特殊的本质。国家远远没有废除这些实际差别，相反地，只有在这些差别存在的条件下，它才能存在。"[2] 由此可见马克思揭示的公民身份的不平等。另一方面是客体性转变，即不同时空下公民身份所指不同。西方论述公民身份第一人的马歇尔在《公民身份与社会阶级》中指出，公民身份包括公民权利、政治权利和社会权利的三个层面。公民权利是个人自由必不可少的权利，如人身自由、言论和思想自由，财产权等；政治权利指参与以议会和代议制政府为依托的政治权力结构和运作的权利；社会权利指经济福利与安全以及公民充分分享社会发展成果和按照社会一般标准过文明生活的权利。公民权利主要发展于18世纪，政治权利主要发展于19世纪，社会权利主要发展于20世纪。马歇尔的公民身份三维图没有揭示公民身份的全部内涵，但是反映了公民身份在现代化中的地位。笔者认为，现代化进程实质上是公民身份发展史。一是主体性而言，谁现实享有公民身份，谁应该享有公民身份，非公民身份者争取平等的公民身份的历程；二是客体性而言，公民身份包含的具体内容。主要指涉以民主为取向的政治权利，譬如选举权、被选举权、参与权、知情权等；以财产权为取向的经济权利，比如私有财产不受侵犯，生产经营权等；以自由为

---

[1]《不列颠百科全书国际中文版》第四卷，中国大百科全书出版社1999年版，第236页。注：书中将citizenship译为公民资格，为了上下文统一，引用时改为公民身份。

[2]《马克思恩格斯全集》第1卷，人民出版社1965年版，第427页。

取向的社会权利，比如生命权、言论自由、出版权、结社权等。三者之间犬牙交错，相互影响。不同国家现代化三者的优先性和发展次序不同。

不同的公民身份观念、资格认定和个体认知以及三者之间张力，塑造不同的个体与政治共同体互动关系，影响政治认同主体构成、客体指向、资源依据以及总体模式。一方面涉及国家层面的公民身份认定，比如以法律形式规定的权益享有者；另一方面涉及社会层面的公民身份认知，如非成员资格者争取公民身份的斗争，比如黑人争取与白人相同的权益，妇女争取与男人同等的权益。特别是"人生而平等"的价值观被普遍接受，弱势者向强势者争取公民身份的斗争永无止境。现代化中公民身份往往与物质利益相关，争取公民身份实质就是争夺权益；其次，随着平等作为人类普遍的价值追求，公民身份平等化成为人类发展的必然趋势，歧视被认为是非正义的；此外，公民身份的内容多元复合，包括基本公民权利、政治权利和社会权利。有学者对古代公民身份（公民资格，英文 citizenship）与现代公民身份比较如下：[①]

表6-1　　　　　　　古代公民身份与现代公民身份的比较

对比项	古代公民身份	现代公民身份
共同体规模	小	大
共同体特征	道德至上的城邦	统一法律的民族国家
经济基础	奴隶制农业社会	资本主义工业社会
原则	排外、不平等	（国家内部）增长的包容性、平等主义
内容	义务本位：献身于共同体的义务等于权利	权利本位：充分的公民、政治、社会权利，有限的义务
价值取向	集体的、道德的	个人的、物质利益的

与古代公民身份相比，现代公民身份内核是平等，或者更追求普遍平等。既包括人格平等，又包括权益平等。既指涉机会平等，又追求结果平等。因此，平等是现代社会的首要价值。现代化进程中，平等的理

[①] 褚松燕：《个体与共同体：公民资格的演变及其意义》，中国社会出版社2003年版，第188页。

想追求和不平等现实矛盾成为政治认同危机根源。政治认同的不稳定性与平等的变动性密切相关,谁之平等、为何平等、何为平等、何者平等。既有平等的客观存在,也有主观的平等感知。总之,公民身份内涵和外延的变幻莫测造成政治认同主体之惑。

第二节 政治认同客体之惑:民族、国家与世界

政治认同是一种个体与政治共同体的关系。由于自然地理环境分割、历史文化传统延续、经济生活联系、个体主观认知,政治共同体被区隔为不同的政治单元,由此形成不同的政治关系和政治认同。传统社会中,人的流动性很小和环境相对封闭,政治共同体具有确定性和唯一性,与政治单元的政治关系是单一的,因此政治认同不成为问题。随着现代化进程,交通工具、通讯方式、经济交往、人口政策极大地改变了人的存在方式、人与人之间以及人与政治共同体之间关系,在相互关系中界定自我认知并产生政治共同体感,形成政治认同。个体自主性的获得,使得个体存在对于政治共同体的依赖性减弱,甚至可以自由选择政治共同体。比如,中国国籍的公民工作关系属于美国公司、经常派驻日本工作,该人会形成对于中国政治、美国政治、日本政治的交叉认同,甚至会出现世界共同体意识和认同,而且相互之间经常会冲突。政治世界观差异会影响我们到底隶属于那个层面的政治共同体,产生政治认同客体之疑惑,最重要的政治共同体包括民族、国家与世界。

民族认同。随着现代化中人的自主性获得,自我意识逐渐觉醒,对于自我认知产生强烈的"我们"意识。特别全球化把人种、肤色、语言、信仰、历史文化等完全不同的人扯到一起,面对异质群体和政权,出现了共同体身份归属问题。首先面临的就是民族认同。费孝通指出:"民族是一个具有共同生活方式的人们共同体,必须和'非我族类'的外人接触才发生民族的认同。"[①] 不同学者对于民族的界定不同,但是民族对于现代社会至关重要。英国史学家霍布斯鲍姆在《民族与民族主义》一书导论中指出:"若想一窥近两世纪以降的地球历史,则非从民族以及衍生

[①] 费孝通主编:《中华民族多元一体格局》,中央民族大学出版社1999年版,修订2版,第7页。

自民族的种种概念入手不可。"① 汉语中，民族一词由 nation 英译而来。一般认为，19 世纪末梁启超留学日本，根据 nation 的日语翻译转译为汉语"民族"。我国一般较多使用斯大林的民族定义。他认为："民族是人们在历史上形成的一个有共同语言、共同地域、共同经济生活以及表现在共同文化上的共同心理素质的稳定的共同体。"② 民族辨别既是客观的，涉及地理环境、宗教信仰、肤色、语言、风俗习惯、政治制度等，也是主观的，涉及个人情感归属，是社会建构的产物，是想象的共同体。民族不仅包括社会、历史、文化要素，更包括政治要素。民族认同不仅是社会认同，更是政治认同。特别是随着民主观念普及，民主与民族相结合，民族主义和民族自决思想产生，民族国家成为现代国家的主要形态。对于单一民族构成的国家而言，政治认同相对简单。但是对于大多数国家而言，民族认同和政治认同是重叠和交叉的。民族因素是政治认同的重要影响因素，民族认同直接关乎政治认同，甚至产生政治认同危机。特别是加速全球化时代，文化冲突、价值多元、利益矛盾引致的民族碰撞造成的民族认同愈加强烈。诸如同一民族分属不同国家，或者一些民族在国家内属于少数民族，民族向同性倾向造成的离心力往往威胁政治认同和国家认同。民族认同与国家认同、政治认同发生冲突时，何种认同处于主导和支配地位决定认同结构以及政治稳定性。与国家认同和政治认同相比较，由于受到本民族历史文化、风俗习惯、家庭传统、民族情感等因素支撑，民族认同往往更加强烈与凸显。而且民族认同代际传递色彩浓厚，受到家庭成员影响较大，甚至具有先天性，如出生时确定民族身份以父母民族身份为依据。故一些西方民族理论家认为民族认同具有原生性。③

国家认同。国家是当今世界最重要的政治共同体和政治主体。任何人都依附于国家而存在，国家满足人的需要。现代社会由于国家间密切交往产生人口流动以及随之带来的国家比较甚至移民，使得国家认同成

---

① [英] 埃里克·霍布斯鲍姆：《民族与民族主义》，上海人民出版社 2006 年，导论第 1 页。

② [苏] 斯大林：《马克思主义和民族问题》，《斯大林选集》上卷，人民出版社 1979 年版，64 页。

③ 叶江：《当代西方的两种民族理论》，《中国社会科学》2002 年第 1 期。

为问题。国家认同基于国家合理性基础上建构出对某一国家的身份归属感。确切地说，国家认同是"一个人确认自己属于哪个国家，以及这个国家究竟是怎样一个国家的心理活动"，[①] 国家特性以及对于国家的认知影响认同的形成。国家是一个复合概念，具有表示地理维度、政权维度、人口和民族维度三重内涵，都对于国家认同产生影响。一般而言，地理环境比如国土、气候、自然资源等影响生产生活方式，进而影响国民性格、法律制度。孟德斯鸠在《论法的精神》中有精彩论述。但是，地理环境一般遵循自然规律形成，具有天然性和不可选择性，后天可以一定程度改变但是具有明显限度，故地理环境往往不会成为不认同的因素。政权维度国家认同也即政治认同，政权通过法律法规规定每个人的生存状态，影响每个人的利益，与个人生活密切相关，个人在与政权互动中形成政治认同。也是理解"怎样一个国家"素材的主要来源，是形成国家认同的主要途径。意识形态先进、科学，政治、经济、社会绩效突出，廉洁、稳定、安全、民主、法治、自由、公平、正义等表征先进政治的国家，认同往往稳固。反之则面临国家认同危机。人口和民族维度国家认同往往指国家的历史、文化，也是人民和民族历史上的国家。历史影响现实，历史照进现实，也是理解现实的重要领域，可以说历史是现实的一部分。因此，具有辉煌历史、灿烂文明的民族和国家往往容易增加国家认同，而历史惨淡、屈辱、不光彩的国家往往损害国家认同。现实中国家认同往往是地理意义、政治意义和人口、民族意义三者的混合，其中后两者影响更大。

世界共同体认同。地球是人类共同的家园。随着全球政治、经济、文化、人员交流和快速流动，一些人类文明的规则和共识逐渐被广泛接受，助推世界公民意识的产生，形成全球公民社会。尤其是自由主义价值观的流行，个体的生存选择权增加，比如可以自己决定国籍、居住地、生活方式等，出现世界主义观念。反映在政治领域，首先是普遍主义政治价值观认同。伴随国际交往增多，对于共同的规则、文化和价值需求增加。普遍的价值观是国际政治行为的重要支撑。尤其是伴随美国等国家价值观输出，在军事、经济、文化等强势助推下，有人将西方自由民主作为普世政治价值观，其他政治价值观被视为不符合人类政治发展方

[①] 江宜桦：《自由主义、民族主义与国家认同》，扬智文化事业股份有限公司1998年版。

向而遭到批判。换言之，自由民主政治价值观解构国家现有的政治价值观。但是政治价值观往往是国家在特定时代背景下对于理想政治的认知和评价，具有时代性、地方性。将地方性知识上升到人类政治普遍准则的高度，往往会遇到具有不同政治情景、不同历史文化国家的顽强抵抗，产生价值观冲突。但是全球化的不可逆决定了世界主义倾向不可避免，只是到底什么是人类共享的世界主义政治价值观存在争论。2015年9月28日习近平在联合国大会讲话指出："和平、发展、公平、正义、民主、自由是全人类的共同价值。"共同价值不同于普世价值，共同价值是在尊重差异和特殊性基础上形成的政治共识，是异中求同，而普世价值则是将自由民主奉为圭臬并抹平甚至试图否认差异和特殊性，认为普世价值就是自由民主价值观，是文化价值殖民。毋庸置疑，全球化必然带来政治价值重构，求同是一个过程和趋势，也是世界主义政治价值观认同形成过程。其次，世界性政治共同体认同。全球化带来的人口、信息、资本等跨国流动，打击恐怖主义、毒品、腐败、非法移民、环境污染等世界性事务越来越多，国家主权面临越来越多冲击，对于世界性政治共同体要求愈加强烈。联合国作为国家间议事协调机构，不足以有效解决国际矛盾和冲突，权威性受到挑战和质疑。具体而言："当前全球治理机制提供全球公共物品的能力不足；在传统的国际治理领域，联合国和其他国际组织提供公共物品能力下降，大国治理世界的意愿下降，多极世界或者无极世界带来的往往是失序而非秩序；当前全球治理机制更多的是外部或替代治理机制，能够深入到国家内部监管的深度治理机制几乎空白。"① 那么，国家让渡部分主权，建立权威性高的世界政府是否可能。民族国家研究的著名学者安东尼·吉登斯在世纪之交曾乐观地预言："我们可以合理地认为，世界主义观将取得胜利。"② 尤其是随着信息、文化全球化，为世界性共同体建立提供了支撑。但是历史、文化、信仰、宗教差异造成的文明冲突越来越多，如何化解矛盾成为人类面临的共同问题。罗伯茨坚定地认为："在一个分殊的世界，显然只有世界公民资格的

---

① 张胜军：《为一个更加公正的世界而努力——全球深度治理的目标和前景》，《中国治理评论》2013年第1期。

② ［英］安东尼·吉登斯：《失控的世界》，周红云译，江西人民出版社2001年版，引言第5页。

积极意识形态能够抵制偏见和不宽容,世界公民资格事实上是21世纪对种族主义和民族主义的惟一充分的令人满意的替代选择。"[1] 但是由于现实中的种种限制,世界共同体仍处于逻辑推理和观念层面,但是为解决人类问题提供了一张蓝图。

第三节 政治认同面向之难:求同与存异之辨

政治认同关系统治合法性和治理有效性,关乎社会的秩序与稳定,是政权的必然追求。政治认同既是现代化的结果,也是渐进式过程,与现代化伴随而生。政治认同是政治主体性、主位性意识形成的过程,求同与存异双向互动中实现,最终政治共同体成员达成关于"我们"政权与"他们"政权同与异的共识,形成稳定的理性认知。同者有利于获得他人认同,异者有利于获得自我认同,两者互相促进。但是特定时间节点的政治横截面,政治认同面临求同与存异的艰难,求同往往意味着学习、模仿、照搬其他政治模式、政治观念、政治制度甚至具体政策,存异往往意味着创造、强化巩固自我政治体系,求同可能抹杀存异,忽视本国政治的特殊性,走不符合本国国情的政治发展道路,而存异可能阻碍求同,忽略人类政治文明的普遍性,走上违背人类政治文明的邪路歧途。事实上,政治现代化过程就是与他国政治体系反复比对中,人民群众对于本国政治体系逐步形成稳定政治认同的过程。稳定的前提是坚定的政治自信,对于政治普遍性和本国特殊性形成稳定的理性认知。也即本国政治体系那一部分符合人类政治文明,成为世界政治文明的组成部分并作出贡献,那一部分属于民族、国家、历史等特殊性因素造成的本国政治的特殊性,但是符合政治发展规律,具有科学性和合理性。普遍性和特殊性互不否定,相得益彰。无普遍性无法界定特殊性,反之亦然。但是在特定时间节点,求同与存异存在矛盾。

现代化中的求同倾向。现代化起源于西欧,后扩展到北美以及整个欧洲大陆,随后向全球扩展。特别是随着交通、通讯、信息技术发展,人流、物流、信息流的规模和速度空前提升,"地球村"成为现实,一体化和全球化日趋明显,其中内涵之一是标准全球化,标准也是不同民族、

---

[1] John C. de V. Roberts, *World Citizenship and Mundialism*, Praeger Publishers, 1999, p16.

国家交流互动的基础，是事实评判的标尺。求同在不同领域都有鲜明体现。文化方面而言，随着文艺复兴、宗教改革和启蒙运动，打破了中世纪神学的统治地位，脱魅祛魅、人的解放成为人类社会的重要主题，人的主体性获得成为可能，人本主义思想出现，理性化、世俗化成为人类发展趋势，人本身成为衡量一切价值的标准。具体来说，主张人民主权、保障人的生存权利。经济方面而言，随着机器工业发展，英国圈地运动和工业革命推动了工业化，以纺织业为龙头，规模化、机械化物质财富生产出现，极大地提高了生产率，工业效率可以直接比较与衡量。如投入产出比、利润率、劳动力数量、工资、劳动时间、产品标准、工作流程等。一定程度上，工业化就是规模化、标准化的过程，也是工业生产与农业生产的重大区别。政治方面而言，由于文化现代化引致的政治价值观革命，对于民主、自由、平等、人权的追求，对于暴力、专制、腐败的恐惧，各国先后发生了资产阶级革命，建立了三权分立权力制衡、政党政治、议会民主的宪政法治体系，尽管不同国家由于历史文化传统和国情差异，具体的制度设计有所不同，但是核心的政治原则求同倾向明显。布莱克则直接指出："现代的思想和制度所具有的普遍性可能达到这样一个阶段，在这个阶段上，各个社会是那么同质，以致有可能形成一个世界国家。"[①] 现代化中求同倾向的具体表现则是学习和借鉴，尤其是后发现代化国家学习借鉴早发现代化国家。如日本明治维新学习借鉴英美德法的科学技术、文化观念、政治经济制度等，典型做法则是派遣留学生、使团访问等，从此走上了富国强兵的现代化国家，成为"学习强国"的典型代表。再比如近代以来中国洋务运动、戊戌变法、辛亥革命、新文化运动等近代以来一系列为走上现代化进行的学习活动，主要内容由军事武器、政治经济制度、价值观念等，学习对象包括日本、英美、俄国等。遗憾地是中国算不上"好学生"，直到学习马克思主义并与中国国情结合，中国共产党带领中国人民推翻"三座大山"，建立新中国才走上现代化道路。而且此后的改革开放也是不断学习发达国家的过程，引入市场经济、外国资本、科学技术、管理模式等。特别是对于后发现代化国家，力量对比中弱势使得求同成为认同的首要要求，渴望获得他

[①] [美] 西里尔·E·布莱克：《比较现代化》，杨豫等译，上海译文出版社1996年版第46页。

者的肯定和支持，在与他者一致性中获得存在的力量和意义。

现代化中的存异追求。"同"与"异"具有相对性，也是彼此存在的参照物。求同往往意味着改变自我，获得与他者的一致性和一般性，存异往往意味着肯定自我，保持与他者的不一致性和特殊性。求同与存异辩证统一，互斥又互吸。现代化中任何求同的倾向，都受到存异的力量的阻碍。存异者一般认为，世界上任何国家都是独特的，不同国家的人种、民族、信仰、宗教、文化、地理、历史、国情等诸多不同，因此都有自我的存在价值和发展道路，学习和借鉴他国往往成为"邯郸学步"的笑柄。尤其是面对外来的强势文明的压力，自我生存的本能往往激发强大的自我保护欲望，压迫越强烈存异本能越强烈。出现亨廷顿所谓的"文明的冲突"。任何国家都不愿被殖民、侵略、同化，相反都追求独立自主证明自我存在感。比如，德国曾提出雅利安人种族优势，犹太人等其他民族是劣等民族，并为德国扩张提供辩护，世界大战给人类造成灾难性后果，同时也受到其他民族激烈反抗。日本明治维新前后保守派也存在强烈的特殊主义情节，提出"尊王攘夷论"。而以福泽谕吉为首的改革派则主张政治、经济、教育等全面学习西方，持有普遍主义观念。中国近代以来，面对硬实力和软实力都强大的西方工业文明，力量对比中弱势使得自我保存成为本能，"中体西用"观念下保守派拒斥贬低外来文明，拒绝学习或者学习武器、器物等浅层次文明，节节败退后开始学习西方的政治制度、思想观念，如清末的"戊戌维新""预备立宪"以及此后的"辛亥革命"以及"德先生""赛先生"，学习对象由日本转为欧美，最终学习苏联马克思主义，中国共产党带领中国人民走上了革命道路。可以说近代中国史就是一部学习—不成功—再学习—仍不成功的历史，也是一部纠结于普遍和特殊的精神焦虑史，特殊与普遍不断比对中中国现代化缓慢前行。中国共产党带领中国人民从站起来、富起来到强起来的实践，是马克思主义与中国不同阶段国情相结合取得的，也是普遍性与特殊性完美融合的结果。

现代化中求同与存异的困境，本质上源于共同体归属矛盾。传统社会，人的共同体身份归属单一，不存在认同危机。而现代化进程中人的主体性意识觉醒后，为了实现个体的权利和利益，人需要组织起来。但是人的需求多样性，不同的需求只有在特定的组织中得到满足。因此，主观想象的共同体和客观形成的共同体两方面都决定了人的共同体身份归属困境。常见的共同体认同包括宗族、种族、民族、职业、社区、地域、国家、世界等。不同共同体身份认同交叉重叠，求同与存异并存。比如，民族共同体身份更指向特殊性，不同民族的历史文化、习俗观念差异明显，而国家共同体身份更指向普遍性，公民身份无差别对待，法律面前人人平等。世界共同体身份则更强调平等性，超越国家、民族、文化等差异，强调普世性价值规范。此外，诸如生存、财富等经济权利，选举、民主等政治权利更突出求同性，而安全、归属、社会交往、自我价值实现等精神性、文化性权利更需要存异，更依赖特殊的历史文化传统。只有经过求同考验、吸收人类政治文明精华的存异认同才稳定。反过来，只有充分吸收接纳差异性民族、国家历史文化的文明才称得上真正的人类政治文明。

第四节 结论

政治认同与现代化相伴随，与现代化创造的主客观条件相关。主观上而言，传统社会中个人从属于政治共同体，自我意识的缺乏无法形成自觉的政治评价。因此，传统社会的政治认同主要是自发性认同。归属感的明确和自我的蒙昧意味着很少发生政治认同危机。现代社会中，自我觉醒使人成为具有主体人格的人，人以自我为中心认识和评价政权，出现了自觉性政治认同，并超越自发性政治认同。客观上而言，产业结构多样化，社会结构复杂化，使得资源的异质性大大增加，交换和贸易成为必要。特别是跨国贸易促进了人的超越国界的流动，共同体的边界的模糊和消失，面对明显的"他国"，同与异的反思中政治认同出现问题。同与异的比较包含两个层面：一是客观的呈现，如语言、皮肤、人种、宗教等，面对不同的客观呈现，身处"他国"的"陌生感"无法找到自我的归属感，往往会加强本国的政治认同。二是主观的认知，如文明与野蛮、先进与落后、自由与压制、平等与等级，当本国与他国相比处于优位往往会强化本国的政治认同，相反则削弱本国的政治认同。但是现代化与政治认同存在契合与张力。契合是指本质上而言，现代化有利于政治认同形成，政治认同有助于现代化的实现。张力是指现实中不同的时空条件下，现代化可能导致政治认同，政治认同可能阻碍现代化。问题的关键在于现代化展开过程中政治认同资源与对象是否形成全方位、多层次、网络化的对应关系。

现代化进程中,早发现代化与后发现代化的现代化模式存在巨大差异,因而它们政治认同的建设也极为不同。早发现代化具有早发性、内生性和渐进性的特点,现代化的时空条件、内在逻辑和展开过程确立了政治认同的时空优势、资源优势,有利于形成政治认同资源的全面性和一致性、政治认同对象的递进性与层次性的"年轮式"政治认同模式,具有相当的稳定性。当然并非一劳永逸的认同。随着现代化的深入,政治认同也出现波动。如女性公民身份、环境公民身份、欧洲公民身份等观念的提出冲击既有的政治认同。后发现代化的后发性、外生性与叠加性,决定了政治认同资源的单一性与堆积性,政治认同对象的逆向性与捆绑性。因此政治认同建构的空间极为狭窄,往往形成"鸟巢式"的政治认同模式(见表6-2)。

表6-2　　　　　　　　现代化进程中政治认同模式比较

		早发现代化	后发现代化
现代化特点	时间	早发性 内生性 渐进性	后发性 外生性 叠加性
	空间		
	内容		
政治认同资源	历史记忆	一致性 相关性	单一性 堆积性
	现实利益		
	价值观念		
	话语体系		
政治认同对象	行为认同	意识形态和制度认同为主	行为认同为主
	制度认同		
	意识形态认同		
政治认同发展路径		宏观到微观 核心到外围	微观到宏观 外围到核心
政治认同模式		年轮模式	鸟巢模式

注:表格为作者自制

早发现代化稳定的政治认同模式既有利于政治统治和政治发展,增强政权的合法性,降低统治成本,也有利于现代化的顺利实现,为政权推动现代化提供强大的动力支撑,其优势是毋庸置疑的。优势一方面来源于现代化启动前的现实基础、现代化的展开顺序，另一方面与现代化启动的时空背景密切相关，两者共同决定了早发现代化国家的政治认同优势。后发现代化国家的政治认同方面劣势既与现代化启动前的政治、经济、社会、文化的传统遗产有关，也与现代化启动的时空条件和展开顺序有关。有益的历史传统，可以减少现代化的阻力，有利于缓和地走向现代化，保留有利于政治认同的传统资源。有利的时空背景，可以减少外来因素对于政治认同的不良影响，创造良好的外在环境。合理的现代化次序，可以最大限度缓和现代化维度之间的张力及其对于政治认同的消极影响。一定意义上而言，传统遗产和时空条件具有不可选择性，但可以创造性地利用，可以相对自主选择性地进行变革和继承，但需要保障变革与继承的相对平衡，某些领域的变革使得其他领域的变革变得不必要或者不可能。

对于后发现代化国家而言，面对已经相对成型的国际政治经济秩序，根深蒂固的腐朽传统往往成为现代化的掣肘，内外危机的压力往往决定了政治现代化的优先发展和不合理的现代化次序。革命式政治现代化的激烈性和破坏性，精华与糟粕往往同时被遗弃，抛弃了一些可以依靠的历史、价值和话语资源。后发现代化的后发性、外生性和叠加性决定了其政治认同的特殊性。这种特殊性一方面具有合理性，是时代和现实的选择，对于后发现代化及其政治认同特殊境遇的理解，"鸟巢模式"具有一定的客观性。另一方面具有局限性，无法赋予政治统治足够的合法性，无法为现代化提供强大的政治动力，对其政治认同脆弱性的理性认知，存在巨大的改进空间。对于后发现代化国家政治认同建构而言，如何在理解合理性的基础上，克服其局限性是根本问题。换句话说，在观照后发现代化政治认同的特殊性前提下，如何借鉴早发现代化中政治认同的发展经验和规律，实现政治认同模式的创造性转换成为摆在后发现代化国家统治者面前的难题。稳固的政治认同是政治的特殊性的关照与普遍性的追寻的完美融合。在两者的互动中，既能经受普遍性的冲击，又能应对特殊性的抵御。成功转换往往意味着摆脱了后发现代化的政治认同缺陷，实现较高的政治发展水平。同时，转换会成为推动现代化深入发展的新的动力。

本土关怀是学者的基本品质和学术研究的重要取向。对于中国特色社会主义政治认同的建构的理论价值是研究的根本宗旨。首先，中国特色社会主义政治认同建构必须置于社会主义现代化建设的时空范围下考量。社会主义现代化建设与中国特色社会主义政治认同存在契合，密切相关。一方面，政治认同建构是社会主义现代化中必须高度重视的重大问题，任由政治认同流失会瓦解政权的统治合法性，使现代化失去政治推动力，危及现代化的顺利实现。因此，政治认同建构必须基于社会主义现代化的大背景，否则就会成为虚无缥缈的"海市蜃楼"。换句话说，社会主义现代化划定了政治认同建构的下限时空范围，不能突破现代化的普遍规律和社会主义现代化的一般规律。脱离社会主义现代化"主轴"的政治认同是短暂而不牢固的，缺失了源源不断的动力资源。另一方面，两者存在张力。张力意味着现实中的社会主义现代化与政治认同存在不一致，并非简单线性相关。社会主义现代化并不必然生成社会主义政治认同。张力释放了政治认同建构的上限空间，可以依照政治认同的规律进行建构和塑造。然而，政治认同并未必然推动现代化建设。如果将政治认同的历史性、保守性和主观性发挥到极致，突破现代化"主轴"的下限，会阻碍社会主义现代化建设的顺利实现。因此，中国特色社会主义现代化视阈中的政治认同建设应该坚持两大原则。

第一，拓展政治认同的空间"上限"，深刻挖掘中国特色社会主义政治认同的资源。政治认同的历史性决定了历史记忆是政治认同的参照资源。政治认同的主体首先是历史的人，只有在特定的历史时间中才可以确定自己的身份和方向感，才可能产生认同。历史记忆是使人跳出标准的地理时间，进入历史时间的根本工具。历史时间形成了"虚化"的时间尺度。吉登斯认为，"时—空分离及其标准化了的、'虚化'的尺度的形成，凿通了社会活动与其'嵌入'到在场情境的特殊性之间的关节点"。通过时间坐标的改变，历史记忆使人能够"穿越"历史与现实。人对于现实政权的评判不仅仅依靠共时性的横向比较，更重要的是源于历时性的纵向比较，从而扭转了落后国家与发达国家、发展程度低的政权与发展程度高的政权不公平"竞争"的态势，形成了特定政权自我历时性比较的局面，极大缓解了发展中国家的政治认同压力。具体而言，唤醒有利于中国特色社会主义政治认同的历史记忆。展示中华民族5000年来创造的灿烂文明，增强历史自豪感。宣传近代以来中国人民为了实现现代化、为了推翻"三座大山"，为了中华民族伟大复兴做出的艰苦卓绝的奋斗，以及在抗日战争、解放战争和社会主义革命和建设中创立的中国特色社会主义政治制度的必然性、优越性和合理性。政治认同的主观性意味着必须强化个体的自我满足感。一方面体现在人对自我利益满足的感知。现实利益是政治认同的直接资源。应将利益公平作为利益满足的出发点，公平分配比数量增加更重要。主观性另一方面体现在人的自我认知。人与一般动物的区别在于人是一种主观意向性存在，具有"自我解释"的倾向。自我解释需要诉诸语言，通过语言将人类的意义世界的丰富与分歧尽可能呈现出来，彰显人的情感、价值，表达人的意向，并以此理解世界与人本身。不同的话语体系言说不同的主题、运用不同的表达方式、呈现不同的客观实在。所以，话语是构建知识领域和社会实践领域的重要方式。话语的建构性决定了其必然肯定特定的社会存在而否定特定的社会存在，肯定或否定本身就是认同的过程。具体而言，必须深化利益分配机制改革，将利益公正置于优先地位。实现政府、企业与个人的利益分配公正，实现城乡、不同区域和不同行业居民的利益公正。必须挖掘具有中国特色的社会主义政治话语体系资源。"四个自信""中国梦""协商民主"等政治概念的提出和广泛传播，"中国道路""中国经验"等中国故事的叙述，有利于确立中国政治话语体系的优势地位。当然，中国的政治话语体系一方面不偏离人类政治文明的大轨道，符合人类政治文明发展的基本方向，能够解释人类政治运行的普遍性问题，被国际社会理解、接受和认同，而非"众人皆醉我独醒"的自说自话。另一方面，形成中国的政治话语风格和气派，能够解释并改进中国的政治现实，为中国政治发展指明方向。同时，中国的政治话语体系并非与当今世界流行的话语体系对抗，而是基于一些人类共同的政治文明基础上的平等对话。

另一方面，坚守中国特色社会主义政治认同的"下限"，坚决保障政治认同的社会主义现代化指向。政治认同是在现代化的时空背景下展开的。现代化是政治认同建构的主轴。政治认同可以具有发展空间，但是无法脱离现代化的标尺。自我觉醒是现代化与政治认同的同一起点；自我觉醒意味着政治认同的主体是获得自我的个人，是保障个体意志表达的基础上的自觉赞同，而非不尊重个体意志的强制同意。缺乏自我表达的同意不符合现代政治认同的发展方向，不利于真正稳定的政治认同的形成；发展性是现代化与政治认同的共同特点；发展性意味着政治认同在现代化中是保持动态稳定的，而非静态的。没有一劳永逸的认同，也没有自始至终的不认同。而是随着外在时空条件的变化而变化，要求政权的适应性变革，应对新的挑战，追求一种变动中稳定的政治认同。因此，问题的关键在于是否充分利用了政治认同的建构空间，充实了政治认同的资源；求同性是现代化与政治认同的相同倾向。求同性意味着政治认同是人类政治文明的范畴内被接受的认同，不是"唯我独尊"的标新立异式认同，而是同中求异、异中求同的辩证认同。

中国特色社会主义政治认同建构，应该坚守两者契合划定的下限，充分利用悖离创造的空间上限。既不能突破下限又不能压缩空间上限。过分利用政治认同的主观性、历史性和保守性，对现代化的基本规律置若罔闻，突破两者的一致性下限，会使政治认同成为空中楼阁，丢失生长根基，失去长期的发展动力；过分推崇现代化的客观性、革命性和超越性，对政治认同的发展逻辑熟视无睹，压缩悖离的空间上限，容易放弃政治认同的生长空间。

此外，必须深刻认知中国特色社会主义政治认同作为后发现代化政治认同模式的脆弱性并实现创造性转换。中国作为后发现代化国家的典型代表，政治认同必然存在后发现代化国家政治认同的"鸟巢模式"的劣势。而为了确立稳固的中国特色社会主义政治认同，必须实现政治认同模式的创造性转换。具体而言，问题导向决定的行为—制度—意识形态的逆向发展逻辑似乎是在所难免的。但是长期逻辑倒置形成的"鸟巢式"政治认同是不稳定的。既不利于政治统治的实现，也不利于现代化的顺利推进。那么由"鸟巢式"政治认同转变为"年轮式"政治认同的关键在于问题的认定。只有具体、暂时、微观问题服从于根本性、普遍性、长期性问题，提高对于微观问题的容忍度，不因噎废食，不因小问题贻误大问题，避免问题的经常性转换"牵着"认同变动，才有利于确立对于意识形态和制度的认同，实现政治认同逻辑的合理转换，形成较为稳固的政治认同。换句话说，制度与意识形态问题认同是更加根本性的认同。因此，在适当的时机，应该为意识形态和制度"松绑"，摆脱行为的摆布，提高对于具体和微观问题的容忍度，寻找各种问题的"命门"，以"大问题"的解决化解"小问题"，最终实现意识形态认同引导制度认同和行为认同的认同传动机制逆转。当完成了政治认同模式的转换，即由"鸟巢式"政治认同转换为"年轮式"政治认同，也就意味着中国摆脱了后发的劣势，中国特色社会主义政治认同基本确立。

参考文献

一 外文文献

Brubaker, Rogers and Frederick Cooper, *Beyond Identity*, Theory and Society, 2000.

Bryan Sterner, Peter Hamilton, *Citizenship: Critical Concepts*, London and NewYork: Rutledge, 1994.

B. R. Schlenker and M. F. Weigold, *Goals and Self—Identification Process: Constructing Desired Identity*, in Goal Concepts in personality and Social Psychology, edited by Pervin, Hillsdale, Erlbaum, 1989.

Cardoso, Fernando Henrique, *An Age of Citizenship*, Foreign Policy 2000.

Charles Taylor, *Human Agency and Language*, Cambridge: Cambridge University Press, 1985.

Charles Taylor, *The Politics of Recognition*, in Philosophical Arguments, Harvard University Press, 1995.

Closa, Carlos, *The Concept of Citizenship in the Treaty on European Union*, Common Market Law Review, 1992.

Delanty, Gerard, *Model of Citizenship: Defining European Identity and Citizenship*, Citizenship Studies, 1997.

E. H. Erikeson, *Identity, Youth and Crisis*, New York: Norton, 1968.

Gamberale, Carlo, *European Citizenship and Politicial Identity*, Space and Polity, 1997.

Gerard Delanty, *Citizenship in a Global Age*, Buckingham:: Open University Press, 2000.

John Locke, Of Identity and Diversity, In John Perry ed., *Personal Iden-

tity, Berkeley: University of California Press, 1975.

Krishan Kumar, *From Post-Industrial to Post-Modern Society*, Oxford: Blackwell, 1995.

Lehning, Percy B, *European Citizenship: Toward a European Identity*, Law and Philosophy, 2001.

Littleton, James, *Clash of Identities: Essays on Media, Manipulation, and Politics of the self*, Upper Saddle River NJ: Prentice Hall, 1996.

Michael Oakeshott, *On Human Conduct*, Oxford: Charendon Press, 1975.

Miller David, *Citizenship and National Identity*, Cambridge, England: Polity Press, 2000.

Paul Pierson, *Increasing Returns, Path Dependence, and the Study of Politics*, American Political Science Review, 2000.

Richard D. Ashmore, Lee Jussim and David Wilder (edited), *Social Identity, Intergroup Conflict, and Conflict Reduction*, Oxford University Press, 2001.

Richards Jenkins, *Soeial Identity*, NewYork: Routledge, 1996.

Schauer, Frederick, *Community, Citizenship, and the Search for National Identity*, Michigan Law Review, 1986.

Somers, Margaret R, *Genealogies of Citizenship: Market Stateless and the Right to Have Right*, Cambridge: Cambridge University Press, 2008.

Stuart Hall, *Representation: Cultural Representations and Signifying Practices*, Sage Publication, 2002.

S. P. Huntington, and C. H. Moore (eds), *Authoritarian Politics in Modern Society*, New York: Basic Books, 1970.

Thomas Janoski, *Citizenship and Civil Society*, Cambridge: Cambridge University Press, 1998.

二　中文译著

［德］哈贝马斯：《交往与社会进化》，张博树译，重庆出版社1989年版。

［德］哈贝马斯：《在事实与规范之间：关于法律和民主法治国的商

谈理论》，童世骏译，生活·读书·新知三联书店 2004 年版。

［德］马克斯·韦伯：《世界经济通史》，姚增广译，上海译文出版社 1981 年版。

［法］阿尔弗雷德·格罗塞：《身份认同的困境》，王琨译，社会科学文献出版社 2010 年版。

［法］卢梭：《社会契约论》，何兆武译，商务印书馆 1982 年版。

［法］让-马克·夸克：《合法性与政治》，佟心平、王远飞译，中央编译出版社 2002 年版。

［法］托克维尔：《旧制度与大革命》，冯棠译，商务印书馆 1992 年版。

［加］查尔斯·泰勒：《现代性之隐忧》，程炼译，中央编译出版社 2001 年版。

［加］查尔斯·泰勒：《自我的根源：现代认同的形成》，韩震等译，译林出版社 2012 年版。

［加］威尔·金里卡：《多元文化的公民身份——一种自由主义的少数群体权利理论》，马莉、张昌耀译，中央民族大学出版社 2009 年版。

［美］C. W. 莫里斯：《开放的自我》，定扬译，上海人民出版社 1965 年版。

［美］E. 希尔斯：《论传统》，傅铿、吕乐译，上海人民出版社 1991 年版。

［美］阿尔蒙德、鲍威尔：《比较政治学：体系、过程和政策》，曹沛霖等译，上海译文出版社 1987 年版。

［美］阿尔蒙德、维巴：《公民文化》，徐湘林等译，华夏出版社 1989 年版。

［美］阿兰·博耶：《公民共和主义》，应奇、刘训练译，东方出版社 2006 年版。

［美］白鲁恂·派伊：《政治发展面面观》，任晓译，天津人民出版社 2009 年版。

［美］贝迪阿·纳思·瓦尔马：《现代化问题探索》，周忠德等译，知识出版社 1983 年版。

［美］贝思·J. 辛格：《实用主义、权利和民主》，王守昌等译，上海译文出版社 2001 年版。

［美］本尼迪克特·安德森：《想象的共同体：民族主义的起源与散步》，吴叡人译，上海世纪出版集团 2011 年版。

［美］彼得·卡赞斯坦：《国家安全的文化：世界政治中的规范与认同》，宋伟、刘铁娃译，北京大学出版社 2009 年版。

［美］布莱克等：《日本和俄国的现代化》，周师铭等译，商务印书馆 1984 年版。

［美］戴维·伊斯顿：《政治生活的系统分析》，王浦劬译，华夏出版社 1999 年版。

［美］丹尼尔·贝尔：《社群主义及其批评者》，李琨译，生活·读书·新知三联书店 2002 年版。

［美］丹尼尔·贝尔：《意识形态的终结》，张国清译，江苏人民出版社 2002 年版。

［美］福克斯、米勒：《后现代公共行政》，楚艳红等译，中国人民大学出版社 2002 年版。

［美］汉密尔顿、杰伊、麦迪逊：《联邦党人文集》，程逢如译，商务印书馆 1980 年版。

［美］亨廷顿：《我们是谁？美国国家特征面临的挑战》，程克雄译，新华出版社 2005 年版。

［美］科恩：《论民主》，聂崇信、朱秀贤译，商务印书馆 2007 年版。

［美］拉彼德、[德]克拉托赫维尔：《文化和认同——国际关系回归理论》，金烨译，浙江人民出版社 2003 年版。

［美］莱斯利·里普森：《政治学的重大问题：政治学导论（第10版）》，刘晓等译，华夏出版社 2001 年版。

［美］罗伯特·贝拉：《心灵的习性：美国人生活中的个人主义和公共责任》，翟宏彪译，生活·读书·新知三联书店 1991 年版。

［美］罗伯特·达尔：《论民主》，林猛、李柏光译，商务印书馆 1999 年版。

［美］罗伯特·达尔：《现代政治分析》，王沪宁、陈峰译，上海译文出版社 1987 年版。

［美］罗森鲍姆：《政治文化》，陈鸿瑜译，台北桂冠图书有限公司 1984 年版。

［美］玛丽·安·格伦顿：《权利话语》，周威译，北京大学出版社

2006年版。

［美］迈克尔·A. 豪格、多米尼克·阿布拉姆斯：《社会认同过程》，高明华译，中国人民大学出版社2011年版。

［美］曼纽尔·卡斯特：《认同的力量》，夏铸九等译，社会科学文献出版社2003年版。

［美］曼纽尔·卡斯特：《网络社会的崛起》，夏铸九等译，社会科学文献出版社2000年版。

［美］乔纳森·弗里德曼：《文化认同与全球性过程》，郭建如译，商务印书馆1999年版。

［美］塞缪尔·亨廷顿：《变化社会中的政治秩序》，王冠华译，上海世纪出版集团2008年版。

［美］塞缪尔·亨廷顿：《第三波——20世纪末期民主化浪潮》，刘军宁译，三联书店1998年版。

［美］塞缪尔·亨廷顿、劳伦斯·哈里森：《文化的重要作用》，程克雄译，新华出版社2002年版。

［美］塞缪尔·亨廷顿等：《现代化理论与历史经验的再探讨》，张景明译，上海译文出版社1993年版。

［美］斯蒂芬·W. 霍金：《时间简史》，许明贤、吴忠超译，湖南科学技术出版社1995年版。

［美］斯塔夫里阿诺斯：《全球通史：1500年以后的世界》，吴象婴、梁赤民译，上海社会科学院出版社1999年版。

［美］西里尔·E. 布莱克：《现代化的动力》，段小光译，四川人民出版社1988年版。

［美］西里尔·E. 布莱克主编：《比较现代化》，杨豫等译，上海译文出版社1996年版。

［美］西摩·马丁·李普塞特：《政治人——政治的社会基础》，张绍宗译，上海人民出版社1997年版。

［美］英克尔斯：《人的现代化》，殷陆君译，四川人民出版社1985年版。

［美］约翰·费斯克：《关键概念：传播与文化研究辞典》，李彬译，新华出版社2004年版。

［美］约翰·罗尔斯：《正义论》，何怀宏等译，中国社会科学出版社

1988年版。

［美］约翰·罗尔斯：《政治自由主义》，万俊人译，译林出版社2002年版。

［美］约瑟夫·熊彼特：《资本主义、社会主义与民主》，吴良健译，商务印书馆1999年版。

［日］山口定：《政治体制》，韩铁英译，经济日报出版社1991年版。

［希腊］亚里士多德：《政治学》，吴寿鹏译，商务印书馆2008年版。

［以］S·N.艾森斯塔特：《现代化：抗拒与变迁》，张旅平等译，中国人民大学出版社1988年版。

［意］萨尔沃·马斯泰罗内：《欧洲政治思想史》，黄华光译，社会科学文献出版社1992年版。

［印］贾瓦哈拉尔·尼赫鲁：《印度的发现》，齐文译，世界知识出版社1956年版。

［英］埃德蒙·柏克：《自由与传统——柏克政治论文选》，蒋庆等译，商务印书馆2001年版。

［英］安德鲁·海伍德：《政治学核心概念》，吴勇译，天津人民出版社2008年版。

［英］安东尼·吉登斯：《现代性的后果》，田禾译，译林出版社2011年版。

［英］巴特·范·斯廷博根主编：《公民身份的条件》，郭台辉译，吉林出版集团有限责任公司2007年版。

［英］波斯坦：《剑桥欧洲经济史（第5卷）》，王春法等译，经济科学出版社2002年版。

［英］布赖恩·特纳：《公民身份与社会理论》，郭忠华、蒋红军译，吉林出版集团有限责任公司2007年版。

［英］德里克·希特：《何为公民身份》，郭忠华译，吉林出版集团有限责任公司2007年版。

［英］格雷厄姆·沃拉斯：《政治中的人性》，朱曾汶译，商务印书馆1995年版。

［英］霍布豪斯：《自由主义》，朱曾汶译，商务印书馆1996年版。

［英］雷蒙德·威廉斯：《现代主义的政治》，阎嘉译，商务印书馆2002年版。

［英］里斯特、露丝：《公民身份——女性主义的视角》，夏宏译，吉林出版集团有限责任公司 2010 年版。

［英］马歇尔等：《公民身份与社会阶级》，郭忠华等译，江苏人民出版社 2008 年版。

［英］孟德斯鸠：《论法的精神》，张雁深译，商务印书馆 1981 年版。

［英］尼克·斯蒂文森主编：《文化与公民身份》，陈志杰译，吉林出版集团有限责任公司 2007 年版。

［英］诺曼、费尔克拉夫：《话语与社会变迁》，殷晓蓉译，华夏出版社 2003 年版。

［英］汤姆·肯普：《现代工业化模式——苏、日及发展中国家》，徐邦兴、王恩光译，中国展望出版社 1985 年版。

［英］约翰·麦克里兰：《西方政治思想史》，彭淮栋译，海南出版社 2003 年版。

［英］约翰·汤普森：《意识形态与现代文化》，高铦等译，译林出版社 2005 年版。

三　中文著作

陈嘉明：《现代性与后现代性》，人民出版社 2001 年版。

陈明明：《革命后社会的政治与现代化》，上海辞书出版社 2002 年版。

褚松燕：《个体与共同体：公民资格的演变及其意义》，中国社会科学出版社 2003 年版。

封永平：《大国崛起困境的超越：认同建构与变迁》，中国社会科学出版社 2009 年版。

宫志刚：《社会秩序与秩序重建》，中国人民公安大学出版社 2004 年版。

韩震：《全球化时代的文化认同与国家认同》，北京师范大学出版社 2013 年版。

河清：《现代与后现代——西方艺术文化小史》，中国美术学院出版社 1998 年版。

江宜桦：《自由主义、民族主义与国家认同》，扬智文化事业股份有限公司 1998 年版。

鲲水：《制度之争与制度认同》，人民出版社 2009 年版。

李建华：《伦理学与公共事务》，湖南人民出版社 2009 年版。

李友梅等：《社会认同：一种结构视野的分析》，上海人民出版社 2007 年版。

梁丽萍：《中国人的宗教心理》，社会科学文献出版社 2004 年版。

林尚立：《当代中国政治形态研究》，天津人民出版社 2000 年版。

刘禾：《帝国的话语政治：从近代中西冲突看现代世界秩序的形成》，生活·读书·新知三联书店 2009 年版。

刘军宁主编：《民主与民主化》，商务印书馆 1999 年版。

刘小枫：《现代性社会理论绪论》，生活·读书·新知三联书店 1998 年版。

龙小农：《从形象到认同：社会传播与国家认同建构》，中国传媒大学出版社 2012 年版。

吕元礼：《政治文化：转型与整合》，江西人民出版社 1999 年版。

罗荣渠：《现代化新论——世界与中国的现代化进程》，商务印书馆 2009 年版。

罗晓南：《当代中国文化转型与认同》，生智文化事业有限公司 1997 年版。

麻宝斌等：《十大基本政治观念》，社会科学文献出版社 2011 年版。

马胜利等：《欧洲认同研究》，社会科学文献出版社 2008 年版。

毛寿龙：《政治社会学》，中国社会科学出版社 2001 年版。

彭定光：《政治伦理的现代建构》，山东人民出版社 2007 年版。

钱乘旦：《世界现代化历程（总论卷）》，江苏人民出版社 2012 年版。

上官酒瑞：《变革社会中的政治信任》，学林出版社 2013。

施雪华：《政治现代化比较研究》，武汉大学出版社 2006 年版。

宋慧昌：《当代意识形态研究》，中央党校出版社 1993 年版。

孙景峰：《新加坡人民行动党执政形态研究》，人民出版社 2005 年版。

汪晖、陈燕谷：《文化与公共性》，生活·读书·新知三联书店 2005 年版。

王成兵：《当代认同问题的人学解读》，中国社会科学出版社 2003

年版。

王沪宁：《比较政治分析》，上海人民出版社1987年版。

王觉非：《英国的政治和社会现代化》，南京大学出版社1991年版。

王蔚：《现代化视野中的当代中国政治运动研究》，中国社会科学出版社2010年版。

王宗礼：《中国西北农牧民的政治行为研究》，甘肃人民出版社1995年版。

吴玉军：《现代性语境下的认同问题》，中国社会科学出版社2012年版。

肖滨、郭忠华、郭台辉：《现代政治中的公民身份》，上海人民出版社2010年版。

谢立中、孙立平：《20世纪西方现代化理论文选》，生活·读书·新知三联书店2002年版。

谢鹏程：《公民的基本权利》，中国社会科学出版社1999年版。

徐宝强、袁伟：《语言与翻译的政治》，中央编译出版社2001年版。

许纪霖：《共和、社群与公民》，江苏人民出版社2004年版。

阎照祥：《英国政治制度史》，人民出版社1999年版。

杨光斌：《政治变迁中的国家与制度》，中央编译出版社2011年版。

杨光斌：《政治学导论（第2版）》，中国人民大学出版社2004年版。

杨国枢：《现代化的心理适应》，台北巨流图书公司1978年版。

衣俊卿：《现代化与文化阻滞力》，人民出版社2005年版。

衣俊卿：《现代性的维度》，黑龙江大学出版社2011年版。

于文杰、成伯清：《欧洲社会的整合与欧洲认同》，中国大百科全书出版社2010年版。

俞吾金：《现代性现象学》，上海社会科学院出版社2002年版。

俞吾金：《意识形态论》，上海人民出版社1993年版。

张凤阳：《现代性的谱系》，江苏人民出版社2012年版。

张秀：《多元正义与价值认同》，上海人民出版社2012年版。

张友渔：《中国大百科全书·政治学卷》，中国大百科全书出版社1992年版。

郑晓云：《文化认同论》，中国社会科学出版社1992年版。

周凡：《后马克思主义：批判与辩护》，中央编译出版社2007年版。
祝基滢：《现代人的深思》，九歌出版社有限公司1987年版。

四　中文论文

学位论文

范迎春：《当代中国政治认同问题研究——基于意识形态分析的视角》，博士学位论文，南京理工大学，2012年。

方旭光：《政治认同的基础理论研究》，博士学位论文，复旦大学，2006年。

高飞：《查尔斯·泰勒的政治认同观研究》，博士学位论文，福建师范大学，2011年。

韩晓峰：《大学生政治认同状态模型理论构建与实证研究》，博士学位论文，吉林大学，2006年。

胡建：《当代中国公民政治认同的理论与实践研究》，博士学位论文，西南交通大学，2011年。

孔德永：《当代中国社会转型时期的政治认同问题研究》，博士学位论文，山东大学，2006年。

李冰：《当代中国政治社会化中的公民认同研究》，博士学位论文，河北师范大学，2012年。

李素华：《对政治认同的功能和资源分析》，博士学位论文，复旦大学，2005年。

石大建：《人的现代化——社会现代化之魂》，博士学位论文，广西师范大学，2000年。

徐一心：《人的现代化进程中的个性发展研究》，博士学位论文，北京交通大学，2009年。

薛中国：《当代中国政治认同心理机制研究》，博士学位论文，吉林大学，2007年。

张国平：《当代政治认同研究》，博士学位论文，湖南师范大学，2011年。

期刊论文

白钢、林广华：《论政治的合法性原理》，《天津社会科学》2002年第4期。

常士闾：《贵和精神与当代中国政治认同建构》，《晋阳学刊》2011年第6期。

戴均：《改革开放以来政治认同变迁的轨迹及其规律》，《社会主义研究》2012年第4期。

丁志刚、董洪乐：《政治认同的层次分析》，《学习与探索》2010年第5期。

方旭光：《政治认同：政治实践的范畴》，《兰州学刊》2006年第9期。

方旭光：《政治认同的价值取向与政治生活》，《学习论坛》2012年第7期。

房正宏：《政治认同的合法性价值：分析与建构》，《社会主义研究》2010年第4期。

傅丽芬：《关于人的现代化的诠释与反思》，《理论探讨》1995年第1期。

高清海、余潇峰：《类哲学与人的现代化》，《中国社会科学》1999年第1期。

谷晓芸：《后发现代化之审思》，《中国石油大学学报》（社会科学版）2006年第6期。

郭台辉：《Citizenship的内涵检视及其在汉语界的表述语境》，《学海》2009年第3期。

郭台辉：《公民身份认同：一个新研究领域的形成理路》，《社会》2013年第5期。

郭晓东：《多元价值反思中的西方合法性理论》，《天津社会科学》2005年第2期。

郭忠华：《动态匹配·多元认同·双向建构——再论公民身份与国家认同的关系》，《中山大学学报》（社会科学版）2011年第2期。

韩震：《现代性、全球化及其认同问题》，《新视野》2005年第5期。

韩震：《现代性与认同问题的思考》，《学习与探索》2004年第6期。

胡建、刘惠：《社会公正：政治认同的制度性资源》，《理论探索》2009年第5期。

黄相怀：《当代中国中间阶层的政治学解读》，《科学社会主义》2003年第2期。

金奇：《人的现代化素质略论》，《北京社会科学》2002年第2期。

金相文：《政治认同及其在自由主义政治哲学的分野》，《兰州学刊》2004年第5期。

孔德永：《政治认同的逻辑》，《山东大学学报》（哲学社会科学版）2007年第1期。

孔德永：《政治认同与政治稳定》，《社会主义研究》2012年第3期。

孔德永、卢业美：《政治认同的类型、特征与功能》，《中共天津市委党校学报》2008年第6期。

李德玲：《浅谈人的现代化》，《理论学刊》1998年第3期。

李素华：《政治认同的辨析》，《当代亚太》2005年第12期。

李侠、邢润川：《论科学主义与现代性认同的危机》，《东南学术》2003年第4期。

李雪彦：《政治认同：从传统到现代的变迁》，《安徽农业大学学报》（社会科学版）2010年第2期。

梁丽萍：《政治认同的理论发展》，《浙江学刊》2012年第1期。

林尚立：《现代国家认同建构的政治逻辑》，《中国社会科学》2013年第8期。

龙太江、王邦佐：《经济增长与合法性的"政绩困局"——兼论中国政治的合法性基础》，《复旦学报》2005年第3期。

吕元礼：《克服现代化进程中的政治危机》，《特区理论与实践》1996年第5期。

彭勃：《自我、集体与政权：政治认同的层次及其影响》，《上海交通大学学报》（哲学社会科学版）2010年第1期。

任剑涛：《特殊主义、普遍主义与现代性政治的认同》，《江海学刊》2007年第1期。

沈远新：《论转型期的政治认同危机与危机性认同及对策》，《理论与现代化》2000年第3期。

孙吉胜：《语言、身份与国际秩序：后建构主义理论研究》，《世界经济与政治》2008年第5期。

孙立平：《权威基础转换的异步性与"权威真空"》，《天津社会科学》1990年第6期。

王成兵：《对当代认同危机问题的几点理解》，《北京师范大学学报》

（社会科学版）2004 年第 4 期。

王成兵：《国家认同：当代认同问题研究的新焦点》，《学术论坛》2010 年第 12 期。

王成兵：《略论理性与非理性在当代认同中的作用》，《江淮论坛》2006 年第 6 期。

王成兵：《略论全球化语境中的当代认同危机问题》，《学术论坛》2006 年第 11 期。

王成兵：《认同危机：一个现代性问题》，《新视野》2005 年第 4 期。

王成兵：《试论个体认同与集体认同之间的内在关系》，《理论学刊》2007 年第 8 期。

王正中：《人的现代化与社会现代化关系的哲学思考》，《理论学刊》2003 年第 1 期。

吴建业：《认同的逻辑——刍议政治认同与国家认同、民族认同、宗教认同的关系》，《社科纵横》2012 年第 5 期。

肖滨：《两种公民身份与国家认同的双元结构》，《武汉大学学报》2010 年第 1 期。

谢立中：《现代性及其相关概念词义辨析》，《北京大学学报》（哲学社会科学版）2001 年第 3 期。

邢媛：《试论人的现代化与社会现代化》，《山西大学学报》（哲学社会科学版）1999 年第 2 期。

徐一飞：《人的现代化与社会现代化》，《延边大学学报》2007 年第 10 期。

薛中国：《国外政治认同心理机制理论评述》，《社会科学战线》2009 年第 9 期。

薛中国：《政治认同概念解读》，《吉林省教育学院学报》2007 年第 3 期。

闫玉联：《论观念现代化及其在社会和人的现代化中的地位》，《毛泽东邓小平理论研究》2003 年第 2 期。

杨华、吴素雄：《政治认同的社会基础：从权力结构均衡考察》，《浙江学刊》2010 年第 6 期。

约翰·佩里：《人格认同和人格概念》，韩震译，《世界哲学》2004 年第 6 期。

张江河：《对权利与义务问题的新思考》，《法律科学》2002 年第 6 期。

张蕾蕾：《政治认同建构的空间逻辑》，《求索》2012 年第 9 期。

张平：《当前中国政治认同问题研究述评（上、下）》，《党政论坛》2010 年第 7、8 期。

张莹瑞、佐斌：《社会认同理论及其发展》，《心理科学进展》2006 年第 3 期。

赵克荣：《论人的社会化与人的现代化》，《社会科学研究》2001 年第 1 期。

忠甫、郑林：《政治认同的合力论分析》，《云南行政学院学报》2009 年第 3 期。

周平、白利友：《多民族国家的政治认同及认同政治》，《思想战线》2012 年第 4 期。

索　引

底线　65,66,152

归属感　1,5,9,19,20,23,26-28,40,41,44-46,50,53,55,58,63,70,81,88,104,107,108,112,118,152,156,160,165

后发现代化　6,7,9-12,16,27-32,35,112,113,116,128,129,137-141,143-153,163,166,167,170

话语体系　65-67,75-77,83-86,92,109,110,116,117,122,123,128-130,136,140,147-149,152,166,169

价值观念　10-12,36,41,46,65,67,73-75,82-87,106,109,112,116,122,123,127,129,130,132,135,136,139,142,145-148,152,163,166

经济现代化　7,13,87-92,111,122,130,133-136,139,144,145,149

空间　9,28,37,50,52,57,58,62-64,67,69,74,85,95,114,115,118,119,129,134,135,138,139,143,145,151-153,166-170

历史记忆　57,63,65-70,77,83-86,92,109,115,122-125,129,130,136,140,147-149,152,166,168

年轮模式　113,115,117,119,121,123,125,127,129,131,133,135-137,166

鸟巢模式　138,139,141,143,145,147,149,151-153,166,167,170

文化现代化　8,29,87,92,106-109,111,113,122,130-132,136,139,144,145,153,163

现代性　2,3,6,8,12-17,22,26-29,32-38,41,51,52,54,57-61,65,90,107,123,142,144,147,149

现实利益　21,65,67,71,77,79,83-86,92,109,115,123,129,130,146,147,149,152,166,169

早发现代化　6,7,11,29-31,113-117,119-121,123-133,135-141,143-151,163,166,167

政治现代化　7,13,14,28,87,92-94,96,98-101,103,105,111,116,118,122,132,133,136,143,144,149,162,167

后　　记

　　拙作是在笔者博士毕业论文基础上修改完善的，一方面沿着毕业论文选定的主题，对于不全面、不深刻或者未充分展开论述的部分进行修缮，并增加了《现代化进程中政治认同之惑》一章，另一方面也是基于对于现实政治生活中政治认同问题进一步思考的结果。自从2010年9月跨入吉林大学行政学院，博士学习生涯历经四载春秋。遗憾地是，在导师身边学习的时间较短，没有充分吸收老师给予的丰富营养，在吉大停留的时间仓促，无法全身心深刻感受吉大行政学院浓厚学术氛围的熏陶。责任在己，想来十分懊悔，但也确实属于无奈。四年间有兴奋、有激动、有喜悦、有惶恐、有泪水、有痛苦、有焦虑……大概人生该有的味道无一缺席。拙作付梓之际，其他的感受都已成为无足轻重的"浮云"，唯有沉甸甸的感恩永驻心头。

　　感谢恩师杨海蛟教授纳入门下，进入"杨门"是人生路上的重大转折点。自从成为杨家将的一员，就感受老师的恩泽与教诲，从"发音"、说话、做人、做事、作文到工作、生活与人生，老师的谆谆教导时常在脑海浮现。然而，学生天性愚钝，没有充分理解老师的深邃思想和苦口婆心，少数有所进步，多数裹足不前。本书即是在老师的指导下完成的，从选题、提纲、开题到遣词、造句、写作都浸透了老师的心血和汗水。聊以自慰的是能够入选中国社会科学出版社"社会科学博士文库"，也算向恩师一个阶段性汇报和交代。但是可以肯定的是未来一段时间，笔者将会在政治认同领域继续深耕。十八大以来，中国共产党和国家提出的"中国梦""四个自信""两学一做""历史纪念系列活动"等一系列政治认同命题和举措，我才越来越发现政治认同问题研究的重大理论价值和实践意义，由衷地佩服老师选题眼光的敏锐性和深邃性，给我开辟了学术研究的高地。感谢周光辉教授、张贤明教授、王彩波教授、颜德如教授、姚大志教授的精彩授课带来的启发与思考。感谢我的山西大学硕士期间导师王臻荣教授，王老师对我家庭、工作和生活的关心，免除了我许多后顾之忧，使我将更多精力投入学术研究。感谢日本明治学院大学毛桂荣教授给予我在日本学术访问期间的学术指导和各种帮助，异国他乡的经历和感受极大促动我对政治认同问题的深入思考。感谢云南大学民族政治研究院周平教授、黄清吉教授、方盛举教授、张会龙教授的关心和帮助，使我的学术研究找到了"家"一般的平台和价值。感谢华南理工大学文宏教授、中国矿业大学亓光教授、清华大学林毅副教授、以及其他师兄弟在学习和生活中的鼓励和帮助。感谢中国社会科学出版社许琳女士的鼓励和宽容，给我充足时间修改完善。但是所有错讹之处由本人承担。

感谢妻子张丽媛女士，既要应付纷繁复杂的行政工作，还要承担照顾家庭的重任。她陪我走过太多的风风雨雨，一路任劳任怨、无怨无悔。感谢聪明可爱的女儿常欣悦、活波开朗的儿子常欣锐带给我的快乐和感动，家庭是生命的重要意义所在。感谢父亲在天之灵的保佑，父亲的突然离开是我心中永远的痛，愿您在天堂幸福、快乐！感谢斗大字不识一个的母亲在最艰难时刻让我上学，给了我改变命运的选择。感谢生活的磨难带给我的成长。

路漫漫其修远兮，吾将上下而求索，谨以自勉！

常轶军
2019 年 4 月